中华人民共和国
新法规汇编

2024
第 4 辑

司法部 编

中国法制出版社

编辑说明

一、《中华人民共和国新法规汇编》是国家出版的法律、行政法规汇编正式版本，是刊登报国务院备案并予以登记的部门规章的指定出版物。

二、本汇编收集的内容包括：上一个月内由全国人民代表大会及其常务委员会通过的法律和有关法律问题的决定，国务院公布的行政法规和国务院文件，报国务院备案并予以登记的部门规章，最高人民法院和最高人民检察院公布的司法解释。另外，还收入了上一个月内报国务院备案并予以登记的地方性法规和地方政府规章目录。

三、本汇编收集的内容，按下列分类顺序编排：法律，行政法规，国务院文件，国务院部门规章，司法解释。每类中按公布的时间顺序排列。报国务院备案并予以登记的地方性法规和地方政府规章目录按 1987 年国务院批准的行政区划顺序排列；同一行政区域报备两件以上者，按公布时间顺序排列。

四、本汇编每年出版 12 辑，每月出版 1 辑。本辑为 2024 年度第 4 辑，收入 2024 年 3 月份内公布的法律 1 件、行政法规 3 件、国务院文件 4 件、报国务院备案并经审查予以登记编号的部门规章 22 件、司法解释 1 件，共计 31 件。

五、本汇编在编辑出版过程中，得到了国务院有关部门和有关方面以及广大读者的大力支持和协助，在此谨致谢意。

司法部

2024 年 4 月

目　录

法　律

行政法规

国务院文件

国务院部门规章

司法解释

法　律

中华人民共和国国务院组织法

（1982年12月10日第五届全国人民代表大会第五次会议通过　并于同日公布施行　2024年3月11日第十四届全国人民代表大会第二次会议修订　2024年3月11日中华人民共和国主席令第21号公布　自公布之日起施行）

第一条　为了健全国务院的组织和工作制度，保障和规范国务院行使职权，根据宪法，制定本法。

第二条　中华人民共和国国务院，即中央人民政府，是最高国家权力机关的执行机关，是最高国家行政机关。

第三条　国务院坚持中国共产党的领导，坚持以马克思列宁主义、毛泽东思想、邓小平理论、“三个代表”重要思想、科学发展观、习近平新时代中国特色社会主义思想为指导，坚决维护党中央权威和集中统一领导，坚决贯彻落实党中央决策部署，贯彻新发展理念，坚持依法行政，依照宪法和法律规定，全面正确履行政府职能。

国务院坚持以人民为中心、全心全意为人民服务，坚持和发展全过程人民民主，始终同人民保持密切联系，倾听人民的意见和建议，建设人民满意的法治政府、创新政府、廉洁政府和服务型政府。

第四条　国务院对全国人民代表大会负责并报告工作；在全国人民代表大会闭会期间，对全国人民代表大会常务委员会负责并报告工作。

国务院应当自觉接受全国人民代表大会及其常务委员会的监督。

第五条　国务院由总理、副总理、国务委员、各部部长、各委员会主任、中国人民银行行长、审计长、秘书长组成。

国务院实行总理负责制。总理领导国务院的工作。

副总理、国务委员协助总理工作，按照分工负责分管领域工作；受总理委托，负责其他方面的工作或者专项任务；根据统一安排，代表国务院进行外事活动。

第六条　国务院行使宪法和有关法律规定的职权。

第七条 国务院实行国务院全体会议和国务院常务会议制度。国务院全体会议由国务院全体成员组成。国务院常务会议由总理、副总理、国务委员、秘书长组成。总理召集和主持国务院全体会议和国务院常务会议。国务院工作中的重大问题,必须经国务院常务会议或者国务院全体会议讨论决定。

第八条 国务院全体会议的主要任务是讨论决定政府工作报告、国民经济和社会发展规划等国务院工作中的重大事项,部署国务院的重要工作。

国务院常务会议的主要任务是讨论法律草案、审议行政法规草案,讨论、决定、通报国务院工作中的重要事项。

国务院全体会议和国务院常务会议讨论决定的事项,除依法需要保密的外,应当及时公布。

国务院根据需要召开总理办公会议和国务院专题会议。

第九条 国务院发布的行政法规、决定、命令,向全国人民代表大会或者全国人民代表大会常务委员会提出的议案,任免人员,由总理签署。

第十条 国务院秘书长在总理领导下,负责处理国务院的日常工作。

国务院设副秘书长若干人,协助秘书长工作。

国务院设立办公厅,由秘书长领导。

第十一条 国务院组成部门的设立、撤销或者合并,经总理提出,由全国人民代表大会决定;在全国人民代表大会闭会期间,由全国人民代表大会常务委员会决定。国务院组成部门确定或者调整后,由全国人民代表大会或者全国人民代表大会常务委员会公布。

第十二条 国务院组成部门设部长(主任、行长、审计长)一人,副部长(副主任、副行长、副审计长)二至四人;委员会可以设委员五至十人。

国务院组成部门实行部长(主任、行长、审计长)负责制。部长(主任、行长、审计长)领导本部门的工作,召集和主持部务(委务、行务、署务)会议,讨论决定本部门工作的重大问题;签署上报国务院的重要请示、报告和发布的命令、指示。副部长(副主任、副行长、副审计长)协助部长(主任、行长、审计长)工作。

国务院副秘书长、各部副部长、各委员会副主任、中国人民银行副行长、副审计长由国务院任免。

第十三条 国务院可以根据工作需要和优化协同高效精简的原则,按照规定程序设立若干直属机构主管各项专门业务,设立若干办事机构协助总理办理专门事项。每个机构设负责人二至五人,由国务院任免。

第十四条 国务院组成部门工作中的方针、政策、计划和重大行政措施,应当向国务院请示报告,由国务院决定。根据法律和国务院的行政法规、决定、命令，主管部门可以在本部门的权限范围内发布命令、指示。

国务院组成部门和具有行政管理职能的直属机构以及法律规定的机构，可以根据法律和国务院的行政法规、决定、命令，在本部门的权限范围内，制定规章。

第十五条 国务院统一领导全国地方各级国家行政机关的工作。

第十六条 国务院坚持科学决策、民主决策、依法决策，健全行政决策制度体系，规范重大行政决策程序，加强行政决策执行和评估，提高决策质量和效率。

第十七条 国务院健全行政监督制度，加强行政复议、备案审查、行政执法监督、政府督查等工作，坚持政务公开，自觉接受各方面监督，强化对行政权力运行的制约和监督。

第十八条 国务院组成人员应当坚决维护党中央权威和集中统一领导，模范遵守宪法和法律，认真履行职责，带头反对形式主义、官僚主义，为民务实，严守纪律，勤勉廉洁。

第十九条 国务院组成部门、直属机构、办事机构应当各司其职、各负其责、加强协调、密切配合，确保党中央、国务院各项工作部署贯彻落实。

第二十条 本法自公布之日起施行。

节约用水条例

（2024年2月23日国务院第26次常务会议通过　2024年3月9日中华人民共和国国务院令第776号公布　自2024年5月1日起施行）

第一章　总　　则

第一条　为了促进全社会节约用水，保障国家水安全，推进生态文明建设，推动高质量发展，根据《中华人民共和国水法》等有关法律，制定本条例。

第二条　本条例所称节约用水（以下简称节水），是指通过加强用水管理、转变用水方式，采取技术上可行、经济上合理的措施，降低水资源消耗、减少水资源损失、防止水资源浪费，合理、有效利用水资源的活动。

第三条　节水工作应当坚持中国共产党的领导，贯彻总体国家安全观，统筹发展和安全，遵循统筹规划、综合施策、因地制宜、分类指导的原则，坚持总量控制、科学配置、高效利用，坚持约束和激励相结合，建立政府主导、各方协同、市场调节、公众参与的节水机制。

第四条　国家厉行节水，坚持和落实节水优先方针，深入实施国家节水行动，全面建设节水型社会。

任何单位和个人都应当依法履行节水义务。

第五条　国家建立水资源刚性约束制度，坚持以水定城、以水定地、以水定人、以水定产，优化国土空间开发保护格局，促进人口和城市科学合理布局，构建与水资源承载能力相适应的现代产业体系。

第六条　县级以上人民政府应当将节水工作纳入国民经济和社会发展有关规划、年度计划，加强对节水工作的组织领导，完善并推动落实节水政策和保障措施，统筹研究和协调解决节水工作中的重大问题。

第七条　国务院水行政主管部门负责全国节水工作。国务院住房城乡建设主管部门按照职责分工指导城市节水工作。国务院发展改革、工业和信息化、农业农村、自然资源、市场监督管理、科技、教育、机关事务管理等主管部门按照职责分工做好节水有关工作。

县级以上地方人民政府有关部门按照职责分工做好节水工作。

第八条 国家完善鼓励和支持节水产业发展、科技创新的政策措施，加强节水科技创新能力建设和产业化应用，强化科技创新对促进节水的支撑作用。

第九条 国家加强节水宣传教育和科学普及，提升全民节水意识和节水技能，促进形成自觉节水的社会共识和良好风尚。

国务院有关部门、县级以上地方人民政府及其有关部门、乡镇人民政府、街道办事处应当组织开展多种形式的节水宣传教育和知识普及活动。

新闻媒体应当开展节水公益宣传，对浪费水资源的行为进行舆论监督。

第二章 用水管理

第十条 国务院有关部门按照职责分工，根据国民经济和社会发展规划、全国水资源战略规划编制全国节水规划。县级以上地方人民政府根据经济社会发展需要、水资源状况和上级节水规划，组织编制本行政区域的节水规划。

节水规划应当包括水资源状况评价、节水潜力分析、节水目标、主要任务和措施等内容。

第十一条 国务院水行政、标准化主管部门组织制定全国主要农作物、重点工业产品和服务业等的用水定额（以下称国家用水定额）。组织制定国家用水定额，应当征求国务院有关部门和省、自治区、直辖市人民政府的意见。

省、自治区、直辖市人民政府根据实际需要，可以制定严于国家用水定额的地方用水定额；国家用水定额未作规定的，可以补充制定地方用水定额。地方用水定额由省、自治区、直辖市人民政府有关行业主管部门提出，经同级水行政、标准化主管部门审核同意后，由省、自治区、直辖市人民政府公布，并报国务院水行政、标准化主管部门备案。

用水定额应当根据经济社会发展水平、水资源状况、产业结构变化和技术进步等情况适时修订。

第十二条 县级以上地方人民政府水行政主管部门会同有关部门，根据用水定额、经济技术条件以及水量分配方案、地下水控制指标等确定的可供本行政区域使用的水量，制定本行政区域年度用水计划，对年度用水实行总量控制。

第十三条 国家对用水达到一定规模的单位实行计划用水管理。

用水单位的用水计划应当根据用水定额、本行政区域年度用水计划制定。对直接取用地下水、地表水的用水单位，用水计划由县级以上地方人民政府水行政主管部门或者相应流域管理机构制定；对使用城市公共供水的用水单位，用水计划由城市节水主管部门会同城市供水主管部门制定。

用水单位计划用水管理的具体办法由省、自治区、直辖市人民政府制定。

第十四条 用水应当计量。对不同水源、不同用途的水应当分别计量。

县级以上地方人民政府应当加强农业灌溉用水计量设施建设。水资源严重短缺地区、地下水超采地区应当限期建设农业灌溉用水计量设施。农业灌溉用水暂不具备计量条件的，可以采用以电折水等间接方式进行计量。

任何单位和个人不得侵占、损毁、擅自移动用水计量设施，不得干扰用水计量。

第十五条 用水实行计量收费。国家建立促进节水的水价体系，完善与经济社会发展水平、水资源状况、用水定额、供水成本、用水户承受能力和节水要求等相适应的水价形成机制。

城镇居民生活用水和具备条件的农村居民生活用水实行阶梯水价，非居民用水实行超定额（超计划）累进加价。

农业水价应当依法统筹供水成本、水资源稀缺程度和农业用水户承受能力等因素合理制定，原则上不低于工程运行维护成本。对具备条件的农业灌溉用水，推进实行超定额累进加价。

再生水、海水淡化水的水价在地方人民政府统筹协调下由供需双方协商确定。

第十六条 水资源严重短缺地区、地下水超采地区应当严格控制高耗水产业项目建设，禁止新建并限期淘汰不符合国家产业政策的高耗水产业项目。

第十七条 国家对节水潜力大、使用面广的用水产品实行水效标识管理，并逐步淘汰水效等级较低的用水产品。水效标识管理办法由国务院发展改革主管部门会同国务院有关部门制定。

第十八条 国家鼓励对节水产品实施质量认证，通过认证的节水产品可以按照规定使用认证标志。认证基本规范、认证规则由国务院认证认可监督管理部门会同国务院有关部门制定。

第十九条 新建、改建、扩建建设项目，建设单位应当根据工程建设内容制定节水措施方案，配套建设节水设施。节水设施应当与主体工程同时设计、同时施工、同时投入使用。节水设施建设投资纳入建设项目总投资。

第二十条 国家逐步淘汰落后的、耗水量高的技术、工艺、设备和产品，具体名录由国务院发展改革主管部门会同国务院工业和信息化、水行政、住房城乡建设等有关部门制定并公布。

禁止生产、销售列入前款规定名录的技术、工艺、设备和产品。从事生产经营活动的使用者应当限期停止使用列入前款规定名录的技术、工艺、设备和产品。

第二十一条 国家建立健全节水标准体系。

国务院有关部门依法组织制定并适时修订有关节水的国家标准、行业标准。

国家鼓励有关社会团体、企业依法制定严于国家标准、行业标准的节水团体标准、企业标准。

第二十二条 国务院有关部门依法建立节水统计调查制度，定期公布节水统计信息。

第三章 节水措施

第二十三条 县级以上人民政府及其有关部门应当根据经济社会发展水平和水资源状况，引导农业生产经营主体合理调整种植养殖结构和农业用水结构，积极发展节水型农业，因地制宜发展旱作农业。

国家对水资源短缺地区发展节水型农业给予重点扶持。

第二十四条 国家支持耐旱农作物新品种以及土壤保墒、水肥一体化、养殖废水资源化利用等种植业、养殖业节水技术的研究和推广。

县级以上人民政府及其有关部门应当组织开展节水农业试验示范和技术培训，指导农业生产经营主体使用节水技术。

第二十五条 国家发展节水灌溉，推广喷灌、微灌、管道输水灌溉、渠道防渗输水灌溉、集雨补灌等节水灌溉技术，提高灌溉用水效率。水资源短缺地区、地下水超采地区应当优先发展节水灌溉。

县级以上人民政府及其有关部门应当支持和推动节水灌溉工程设施建设。新建灌溉工程设施应当符合节水灌溉工程技术标准。已经建成的灌溉工程设施不符合节水灌溉工程技术标准的，应当限期进行节水改造。

第二十六条 国家加快推进农村生活节水。

县级以上地方人民政府及其有关部门应当加强农村生活供水设施以及配套管网建设和改造，推广使用生活节水器具。

第二十七条 工业企业应当加强内部用水管理，建立节水管理制度，采用分质供水、高效冷却和洗涤、循环用水、废水处理回用等先进、适用节水技术、工艺和设备，降低单位产品（产值）耗水量，提高水资源重复利用率。高耗水工业企业用水水平超过用水定额的，应当限期进行节水改造。

工业企业的生产设备冷却水、空调冷却水、锅炉冷凝水应当回收利用。高耗水工业企业应当逐步推广废水深度处理回用技术措施。

第二十八条 新建、改建、扩建工业企业集聚的各类开发区、园区等（以下统称工业集聚区）应当统筹建设供水、排水、废水处理及循环利用设施，推动企业间串联用水、分质用水，实现一水多用和循环利用。

国家鼓励已经建成的工业集聚区开展以节水为重点内容的绿色高质量转型升级和循环化改造，加快节水及水循环利用设施建设。

第二十九条 县级以上地方人民政府应当加强对城市建成区内生产、生活、生态用水的统筹，将节水要求落实到城市规划、建设、治理的各个环节，全面推进节水型城市建设。

第三十条 公共供水企业和自建用水管网设施的单位应当加强供水、用水管网设施运行和维护管理，建立供水、用水管网设施漏损控制体系，采取措施控制水的漏损。超出供水管网设施漏损控制国家标准的漏水损失，不得计入公共供水企业定价成本。

县级以上地方人民政府有关部门应当加强对公共供水管网设施运行的监督管理，支持和推动老旧供水管网设施改造。

第三十一条 国家把节水作为推广绿色建筑的重要内容，推动降低建筑运行水耗。

新建、改建、扩建公共建筑应当使用节水器具。

第三十二条 公共机构应当发挥节水表率作用，建立健全节水管理制度，率先采用先进的节水技术、工艺、设备和产品，开展节水改造，积极建设节水型单位。

第三十三条 城镇园林绿化应当提高用水效率。

水资源短缺地区城镇园林绿化应当优先选用适合本地区的节水耐旱型植被，采用喷灌、微灌等节水灌溉方式。

水资源短缺地区应当严格控制人造河湖等景观用水。

第三十四条 县级以上地方人民政府应当根据水资源状况，将再生水、集蓄雨水、海水及海水淡化水、矿坑（井）水、微咸水等非常规水纳入水资源统一配置。

水资源短缺地区县级以上地方人民政府应当制定非常规水利用计划，提高非常规水利用比例，对具备使用非常规水条件但未合理使用的建设项目，不得批准其新增取水许可。

第三十五条 县级以上地方人民政府应当统筹规划、建设污水资源化利用基础设施，促进污水资源化利用。

城市绿化、道路清扫、车辆冲洗、建筑施工以及生态景观等用水，应当优先使用符合标准要求的再生水。

第三十六条 县级以上地方人民政府应当推进海绵城市建设，提高雨水资源化利用水平。

开展城市新区建设、旧城区改造和市政基础设施建设等，应当按照海绵城市建设要求，因地制宜规划、建设雨水滞渗、净化、利用和调蓄设施。

第三十七条 沿海地区应当积极开发利用海水资源。

沿海或者海岛淡水资源短缺地区新建、改建、扩建工业企业项目应当优先使用海水淡化水。具备条件的，可以将海水淡化水作为市政新增供水以及应急备用水源。

第四章 保障和监督

第三十八条 县级以上地方人民政府应当健全与节水成效、农业水价水平、财力状况相匹配的农业用水精准补贴机制和节水奖励机制。

对符合条件的节水项目，按照国家有关规定给予补助。

第三十九条 国家鼓励金融机构提供多种形式的节水金融服务，引导金融机构加大对节水项目的融资支持力度。

国家鼓励和引导社会资本按照市场化原则依法参与节水项目建设和运营，保护其合法权益。

第四十条 国家鼓励发展社会化、专业化、规范化的节水服务产业，支持节水服务机构创新节水服务模式，开展节水咨询、设计、检测、计量、技术改造、运行管理、产品认证等服务，引导和推动节水服务机构与用水单位或者个人签订节水管理合同，提供节水服务并以节水效益分享等方式获得合理收益。

国家鼓励农村集体经济组织、农民专业合作社、农民用水合作组织以及其他专业化服务组织参与农业节水服务。

第四十一条 国家培育和规范水权市场，支持开展多种形式的水权交易，健全水权交易系统，引导开展集中交易，完善水权交易规则，并逐步将水权交易纳入公共资源交易平台体系。

第四十二条 对节水成绩显著的单位和个人，按照国家有关规定给予表彰、奖励。

第四十三条 县级以上人民政府水行政、住房城乡建设、市场监督管理等主管部门应当按照职责分工，加强对用水活动的监督检查，依法查处违法行为。

有关部门履行监督检查职责时，有权采取下列措施：

（一）进入现场开展检查，调查了解有关情况；

（二）要求被检查单位或者个人就节水有关问题作出说明；

（三）要求被检查单位或者个人提供有关文件、资料，进行查阅或者复制；

（四）法律、行政法规规定的其他措施。

监督检查人员在履行监督检查职责时，应当主动出示执法证件。被检查单位和个人应当予以配合，不得拒绝、阻碍。

第四十四条 对浪费水资源的行为，任何单位和个人有权向有关部门举报，接到举报的部门应当依法及时处理。

第四十五条 国家实行节水责任制和节水考核评价制度，将节水目标完成情况纳入对地方人民政府及其负责人考核范围。

第五章 法律责任

第四十六条 侵占、损毁、擅自移动用水计量设施，或者干扰用水计量的，由县级以上地方人民政府水行政、住房城乡建设主管部门或者流域管理机构责令停止违法行为，限期采取补救措施，处1万元以上10万元以下的罚款；造成损失的，依法承担赔偿责任。

第四十七条 建设项目的节水设施没有建成或者没有达到国家规定的要求，擅自投入使用的，以及生产、销售或者在生产经营中使用国家明令淘汰的落后的、耗水量高的技术、工艺、设备和产品的，依照《中华人民共和国水法》有关规定给予处罚。

第四十八条 高耗水工业企业用水水平超过用水定额，未在规定的期限内进行节水改造的，由县级以上地方人民政府水行政主管部门或者流域管理机构责令改正，可以处10万元以下的罚款；拒不改正的，处10万元以上50万元以下的罚款，情节严重的，采取限制用水措施或者吊销其取水许可证。

第四十九条 工业企业的生产设备冷却水、空调冷却水、锅炉冷凝水未回收利用的，由县级以上地方人民政府水行政主管部门责令改正，可以处5万元以下的罚款；拒不改正的，处5万元以上10万元以下的罚款。

第五十条 县级以上人民政府及其有关部门的工作人员在节水工作中滥用职权、玩忽职守、徇私舞弊的，依法给予处分。

第五十一条 违反本条例规定，构成违反治安管理行为的，由公安机关依法给予治安管理处罚；构成犯罪的，依法追究刑事责任。

第六章　附　　则

第五十二条　本条例自2024年5月1日起施行。

国务院关于修改和废止部分行政法规的决定

（2024年2月2日国务院第25次常务会议通过　2024年3月10日中华人民共和国国务院令第777号公布　自2024年5月1日起施行）

为贯彻落实党的二十大和二十届二中全会精神，落实党和国家机构改革精神，完整、准确、全面贯彻新发展理念，加快构建新发展格局，着力推动高质量发展，国务院对涉及的行政法规进行了清理。经过清理，国务院决定：

一、对8部行政法规的部分条款予以修改。（附件1）

二、对13部行政法规予以废止。（附件2）

本决定自2024年5月1日起施行。

附件：1. 国务院决定修改的行政法规

2. 国务院决定废止的行政法规

附件 1

国务院决定修改的行政法规

一、将《教学成果奖励条例》第七条、第八条、第九条、第十条中的“国家教育委员会”修改为“国务院教育行政部门”。

二、删去《中华人民共和国计算机信息网络国际联网管理暂行规定》第六条第一款中的“邮电部”。

第七条第一款中的“邮电部、电子工业部、国家教育委员会”修改为“国务院电信主管部门、教育行政部门”。

三、将《不动产登记暂行条例》第一条、第二十九条中的“《中华人民共和国物权法》”修改为“《中华人民共和国民法典》”。

第六条第一款、第七条第三款、第八条第二款、第二十三条第一款、第三十四条中的“国土资源主管部门”修改为“自然资源主管部门”。

第二十四条第一款中的“农业、林业、海洋等部门”修改为“农业农村、林业草原等部门”。

第二十五条中的“国土资源、公安、民政、财政、税务、工商、金融、审计、统计等部门”修改为“自然资源、公安、民政、财政、税务、市场监管、金融、审计、统计等部门”。

四、将《中华人民共和国人类遗传资源管理条例》第四条第一款、第五条第二款、第九条第三款、第十一条、第十四条、第十五条第三款、第十七条、第二十二条、第二十六条至第三十七条、第三十九条至第四十三条、第四十五条中的“国务院科学技术行政部门”修改为“国务院卫生健康主管部门”。

第四条第二款、第十七条、第二十二条第二款、第三十三条至第三十五条、第三十九条、第四十三条、第四十五条中的“省、自治区、直辖市人民政府科学技术行政部门”修改为“省、自治区、直辖市人民政府人类遗传资源主管部门”。

第三十八条中的“科学技术行政部门”修改为“人类遗传资源主管部门”。

五、将《外国企业常驻代表机构登记管理条例》第三十三条第一款第三项中的“海关、外汇部门出具的相关事宜”修改为“海关出具的相关事宜”。

六、删去《中华人民共和国标准化法实施条例》第二十九条第一款、第三十五条、第三十六条、第四十三条。

删去第三十二条中的“或给予责任者行政处分”、第三十三条第三款中的“给予行政处分,并可”。

第三十三条第四款修改为:“本条规定的责令停止生产,由有关行政主管部门决定;其他行政处罚由市场监督管理部门决定。”

七、将《企业信息公示暂行条例》第二条、第五条第一款、第六条第一款、第七条、第八条第一款、第十条第二款、第十三条第一款、第十四条、第十五条、第二十四条中的“工商行政管理部门”修改为“市场监督管理部门”。

第五条第一款、第六条第一款、第七条第二款、第八条第一款、第十条第一款、第十四条第三款、第十五条第二款、第二十四条第一款中的“企业信用信息公示系统”修改为“国家企业信用信息公示系统”。

增加一条，作为第十六条：“市场监督管理部门对涉嫌违反本条例规定的行为进行查处，可以行使下列职权：

“(一)进入企业的经营场所实施现场检查；

“(二)查阅、复制、收集与企业经营活动相关的合同、票据、账簿以及其他资料；

“(三)向与企业经营活动有关的单位和个人调查了解情况；

“(四)依法查询涉嫌违法的企业银行账户；

“(五)法律、行政法规规定的其他职权。

“市场监督管理部门行使前款第四项规定的职权的，应当经市场监督管理部门主要负责人批准。”

第十七条改为第十八条，修改为：“企业未按照本条例规定的期限公示年度报告或者未按照市场监督管理部门责令的期限公示有关企业信息的，由县级以上市场监督管理部门列入经营异常名录，并依法给予行政处罚。企业因连续2年未按规定报送年度报告被列入经营异常名录未改正，且通过登记的住所或者经营场所无法取得联系的，由县级以上市场监督管理部门吊销营业执照。

“企业公示信息隐瞒真实情况、弄虚作假的，法律、行政法规有规定的，依照其规定；没有规定的，由市场监督管理部门责令改正，处1万元以上5万元以下罚款；情节严重的，处5万元以上20万元以下罚款，列入市场监督管理严重违法失信名单，并可以吊销营业执照。被列入市场监督管理严重违法失信名单的企业的法定代表人、负责人，3年内不得担任其他企业的法定代表人、负责人。

“企业被吊销营业执照后，应当依法办理注销登记；未办理注销登记的，由市场监督管理部门依法作出处理。”

第十八条改为第十九条，将其中的“严重违法企业名单”修改为“市场监督管理严重违法失信名单”。

增加一条，作为第二十条：“鼓励企业主动纠正违法失信行为、消除不良影响，依法申请修复失信记录。政府部门依法解除相关管理措施并修复失信记录的，应当及时将上述信息与有关部门共享。”

八、将《中华人民共和国货物进出口管理条例》第八条第一款、第三十三条第一款中的“对外贸易法第十七条”修改为“对外贸易法第十六条”，第十条第一款、第三十五条第一款中的“对外贸易法第十六条”修改为“对外贸易法第十五条”，第五十七条中的“对外贸易法第十六条、第十七条”修改为“对外贸易法第十五条、第十六条”。

删去第六十四条、第六十六条中的“国务院外经贸主管部门并可以撤销其对外贸易经营许可”，第六十五条、第六十八条中的“国务院外经贸主管部门并可以暂停直至撤销其对外贸易经营许可”，第六十七条中的“国务院外经贸主管部门可以暂停直至撤销其对外贸易经营许可”。

第六十八条中的“工商行政管理机关”修改为“市场监督管理部门”。

此外，对相关行政法规中的条文序号作相应调整。

附件 2

国务院决定废止的行政法规

一、中华人民共和国劳动保险条例（1951 年 2 月 26 日政务院公布　1953 年 1 月 2 日政务院修正公布）

二、煤炭送货办法（煤炭工业部、铁道部修订　1965 年 12 月 6 日国务院批转）

三、合理化建议和技术改进奖励条例（1982 年 3 月 16 日国务院发布　1986 年 6 月 4 日国务院修订发布）

四、基准气候站观测环境保护规定（国家气象局制定　1985 年 12 月 18 日国务院办公厅转发）

五、水利电力部门电测、热工计量仪表和装置检定、管理的规定（1986 年 5 月 12 日国务院批准　1986 年 6 月 1 日国家计量局、水利电力部发布）

六、全民所有制工业企业厂长工作条例（1986 年 9 月 15 日中共中央、国务院发布　根据 2011 年 1 月 8 日《国务院关于废止和修改部分行政法规的决定》修订）

七、关于实行技师聘任制的暂行规定（1987 年 6 月 6 日国务院批准　1987 年 6 月 20 日劳动人事部发布）

八、全民所有制工业交通企业设备管理条例（1987 年 7 月 28 日国务院发布）

九、全民所有制工业企业承包经营责任制暂行条例（1988 年 2 月 27 日国

务院发布　根据1990年2月24日《国务院关于修改〈全民所有制工业企业承包经营责任制暂行条例〉第二十一条的决定》第一次修订　根据2011年1月8日《国务院关于废止和修改部分行政法规的决定》第二次修订）

十、全民所有制小型工业企业租赁经营暂行条例（1988年6月5日中华人民共和国国务院令第2号发布　根据1990年2月24日《国务院关于修改〈全民所有制小型工业企业租赁经营暂行条例〉第二十二条的决定》修订）

十一、全民所有制工业企业转换经营机制条例（1992年7月23日中华人民共和国国务院令第103号发布　根据2011年1月8日《国务院关于废止和修改部分行政法规的决定》修订）

十二、中华人民共和国水土保持法实施条例（1993年8月1日中华人民共和国国务院令第120号发布　根据2011年1月8日《国务院关于废止和修改部分行政法规的决定》修订）

十三、中央预算执行情况审计监督暂行办法（1995年7月19日中华人民共和国国务院令第181号发布）

中华人民共和国消费者权益保护法实施条例

（2024年2月23日国务院第26次常务会议通过　2024年3月15日中华人民共和国国务院令第778号公布　自2024年7月1日起施行）

第一章　总　　则

第一条　根据《中华人民共和国消费者权益保护法》（以下简称消费者权益保护法）等法律，制定本条例。

第二条　消费者权益保护工作坚持中国共产党的领导，坚持以人民为中心，遵循合法、公平、高效的原则。

第三条　国家加大消费者合法权益保护力度，建立和完善经营者守法、行业自律、消费者参与、政府监管和社会监督相结合的消费者权益保护共同治理体系。

第四条　国家统筹推进消费环境建设，营造安全放心的消费环境，增强消费对经济发展的基础性作用。

第五条　国家加强消费商品和服务的标准体系建设，鼓励经营者制定实施严于国家标准或者行业标准的企业标准，不断提升商品和服务质量。

第六条 国家倡导文明、健康、绿色的消费理念和消费方式，反对奢侈浪费。

第二章 消费者的权利和经营者的义务

第七条 消费者在购买商品、使用商品或者接受服务时，依法享有人身和财产安全不受损害的权利。

经营者向消费者提供商品或者服务（包括以奖励、赠送、试用等形式向消费者免费提供商品或者服务），应当保证商品或者服务符合保障人身、财产安全的要求。免费提供的商品或者服务存在瑕疵但不违反法律强制性规定且不影响正常使用性能的，经营者应当在提供商品或者服务前如实告知消费者。

经营者应当保证其经营场所及设施符合保障人身、财产安全的要求，采取必要的安全防护措施，并设置相应的警示标识。消费者在经营场所遇到危险或者受到侵害时，经营者应当给予及时、必要的救助。

第八条 消费者认为经营者提供的商品或者服务可能存在缺陷，有危及人身、财产安全危险的，可以向经营者或者有关行政部门反映情况或者提出建议。

经营者发现其提供的商品或者服务可能存在缺陷，有危及人身、财产安全危险的，应当依照消费者权益保护法第十九条的规定及时采取相关措施。采取召回措施的，生产或者进口商品的经营者应当制定召回计划，发布召回信息，明确告知消费者享有的相关权利，保存完整的召回记录，并承担消费者因商品被召回所支出的必要费用。商品销售、租赁、修理、零部件生产供应、受委托生产等相关经营者应当依法履行召回相关协助和配合义务。

第九条 经营者应当采用通俗易懂的方式，真实、全面地向消费者提供商品或者服务相关信息，不得通过虚构经营者资质、资格或者所获荣誉，虚构商品或者服务交易信息、经营数据，篡改、编造、隐匿用户评价等方式，进行虚假或者引人误解的宣传，欺骗、误导消费者。

经营者不得在消费者不知情的情况下，对同一商品或者服务在同等交易条件下设置不同的价格或者收费标准。

第十条 经营者应当按照国家有关规定，以显著方式标明商品的品名、价格和计价单位或者服务的项目、内容、价格和计价方法等信息，做到价签价目齐全、内容真实准确、标识清晰醒目。

经营者采取自动展期、自动续费等方式提供服务的，应当在消费者接受服务前和自动展期、自动续费等日期前，以显著方式提请消费者注意。

第十一条 消费者享有自主选择商品或者服务的权利。经营者不得以暴力、胁迫、限制人身自由等方式或者利用技术手段,强制或者变相强制消费者购买商品或者接受服务,或者排除、限制消费者选择其他经营者提供的商品或者服务。经营者通过搭配、组合等方式提供商品或者服务的,应当以显著方式提请消费者注意。

第十二条 经营者以商业宣传、产品推荐、实物展示或者通知、声明、店堂告示等方式提供商品或者服务,对商品或者服务的数量、质量、价格、售后服务、责任承担等作出承诺的,应当向购买商品或者接受服务的消费者履行其所承诺的内容。

第十三条 经营者应当在其经营场所的显著位置标明其真实名称和标记。

经营者通过网络、电视、电话、邮购等方式提供商品或者服务的,应当在其首页、视频画面、语音、商品目录等处以显著方式标明或者说明其真实名称和标记。由其他经营者实际提供商品或者服务的,还应当向消费者提供该经营者的名称、经营地址、联系方式等信息。

经营者租赁他人柜台或者场地提供商品或者服务,或者通过宣讲、抽奖、集中式体验等方式提供商品或者服务的,应当以显著方式标明其真实名称和标记。柜台、场地的出租者应当建立场内经营管理制度,核验、更新、公示经营者的相关信息,供消费者查询。

第十四条 经营者通过网络直播等方式提供商品或者服务的,应当依法履行消费者权益保护相关义务。

直播营销平台经营者应当建立健全消费者权益保护制度,明确消费争议解决机制。发生消费争议的,直播营销平台经营者应当根据消费者的要求提供直播间运营者、直播营销人员相关信息以及相关经营活动记录等必要信息。

直播间运营者、直播营销人员发布的直播内容构成商业广告的,应当依照《中华人民共和国广告法》的有关规定履行广告发布者、广告经营者或者广告代言人的义务。

第十五条 经营者不得通过虚假或者引人误解的宣传,虚构或者夸大商品或者服务的治疗、保健、养生等功效,诱导老年人等消费者购买明显不符合其实际需求的商品或者服务。

第十六条 经营者提供网络游戏服务的,应当符合国家关于网络游戏服务相关时段、时长、功能和内容等方面的规定和标准,针对未成年人设置相应的时间管理、权限管理、消费管理等功能,在注册、登录等环节严格进行用户核验,依法保护未成年人身心健康。

第十七条 经营者使用格式条款的,应当遵守消费者权益保护法第二十六条的规定。经营者不得利用格式条款不合理地免除或者减轻其责任、加重消费者的责任或者限制消费者依法变更或者解除合同、选择诉讼或者仲裁解决消费争议、选择其他经营者的商品或者服务等权利。

第十八条 经营者与消费者约定承担退货、更换、修理等义务的有效期限不得低于国家有关规定的要求。有效期限自经营者向消费者交付商品或者提供服务完结之日起计算,需要经营者另行安装的商品,有效期限自商品安装完成之日起计算。经营者向消费者履行更换义务后,承担更换、修理等义务的有效期限自更换完成之日起重新计算。经营者修理的时间不计入上述有效期限。

经营者依照国家有关规定或者与消费者约定履行退货义务的,应当按照发票等购货凭证或者服务单据上显示的价格一次性退清相关款项。经营者能够证明消费者实际支付的价格与发票等购货凭证或者服务单据上显示的价格不一致的,按照消费者实际支付的价格退清相关款项。

第十九条 经营者通过网络、电视、电话、邮购等方式销售商品的,应当遵守消费者权益保护法第二十五条规定,不得擅自扩大不适用无理由退货的商品范围。

经营者应当以显著方式对不适用无理由退货的商品进行标注,提示消费者在购买时进行确认,不得将不适用无理由退货作为消费者默认同意的选项。未经消费者确认,经营者不得拒绝无理由退货。

消费者退货的商品应当完好。消费者基于查验需要打开商品包装,或者为确认商品的品质和功能进行合理调试而不影响商品原有品质、功能和外观的,经营者应当予以退货。

消费者无理由退货应当遵循诚实信用原则,不得利用无理由退货规则损害经营者和其他消费者的合法权益。

第二十条 经营者提供商品或者服务时收取押金的,应当事先与消费者约定退还押金的方式、程序和时限,不得对退还押金设置不合理条件。

消费者要求退还押金,符合押金退还条件的,经营者应当及时退还。

第二十一条 经营者决定停业或者迁移服务场所的,应当提前30日在其经营场所、网站、网店首页等的醒目位置公告经营者的有效联系方式等信息。

第二十二条 经营者以收取预付款方式提供商品或者服务的,应当与消费者订立书面合同,约定商品或者服务的具体内容、价款或者费用、预付款退还方式、违约责任等事项。

经营者收取预付款后,应当按照与消费者的约定提供商品或者服务,不得降低商品或者服务质量,不得任意加价。经营者未按照约定提供商品或者服务的,应当按照消费者的要求履行约定或者退还预付款。

经营者出现重大经营风险,有可能影响经营者按照合同约定或者交易习惯正常提供商品或者服务的,应当停止收取预付款。经营者决定停业或者迁移服务场所的,应当提前告知消费者,并履行本条例第二十一条规定的义务。消费者依照国家有关规定或者合同约定,有权要求经营者继续履行提供商品或者服务的义务,或者要求退还未消费的预付款余额。

第二十三条 经营者应当依法保护消费者的个人信息。经营者在提供商品或者服务时,不得过度收集消费者个人信息,不得采用一次概括授权、默认授权等方式,强制或者变相强制消费者同意收集、使用与经营活动无直接关系的个人信息。

经营者处理包含消费者的生物识别、宗教信仰、特定身份、医疗健康、金融账户、行踪轨迹等信息以及不满十四周岁未成年人的个人信息等敏感个人信息的,应当符合有关法律、行政法规的规定。

第二十四条 未经消费者同意,经营者不得向消费者发送商业性信息或者拨打商业性电话。消费者同意接收商业性信息或者商业性电话的,经营者应当提供明确、便捷的取消方式。消费者选择取消的,经营者应当立即停止发送商业性信息或者拨打商业性电话。

第三章 国家对消费者合法权益的保护

第二十五条 各级人民政府应当加强对消费者权益保护工作的指导,组织、协调、督促有关行政部门落实消费者权益保护工作职责,提升消费者权益保护工作的法治化水平。

第二十六条 消费者与经营者发生消费者权益争议的,可以向市场监督管理部门或者其他有关行政部门投诉。

自然人、法人或者其他组织可以向市场监督管理部门或者其他有关行政部门举报,反映经营者涉嫌违法的线索。

第二十七条 市场监督管理部门或者其他有关行政部门应当畅通和规范消费者投诉、举报渠道,完善投诉、举报处理流程,依法及时受理和处理投诉、举报,加强对投诉、举报信息的分析应用,开展消费预警和风险提示。

投诉、举报应当遵守法律、法规和有关规定,不得利用投诉、举报牟取不正当利益,侵害经营者的合法权益,扰乱市场经济秩序。

第二十八条 市场监督管理部门和其他有关行政部门应当加强消费者权

益保护工作的协同配合和信息共享，依照法律、法规的规定，在各自的职责范围内，对经营者提供的商品和服务实施抽查检验等监管措施，及时查处侵害消费者合法权益的行为。

第二十九条 市场监督管理部门和其他有关行政部门应当加强消费领域信用体系建设，依法公示有关行政许可、行政处罚、抽查检验结果、消费投诉等信息，依法对违法失信经营者实施惩戒。

第三十条 有关行政部门应当加强消费知识的宣传普及，倡导文明、健康、绿色消费，提高消费者依法、理性维权的意识和能力；加强对经营者的普法宣传、行政指导和合规指引，提高经营者依法经营的意识。

第三十一条 国家完善绿色消费的标准、认证和信息披露体系，鼓励经营者对商品和服务作出绿色消费方面的信息披露或者承诺，依法查处虚假信息披露和承诺的行为。

第三十二条 行业协会商会等组织应当加强行业自律，引导、督促经营者守法诚信经营，制定的行业规则、自律规则、示范合同和相关标准等应当有利于保护消费者合法权益。

第三十三条 国家鼓励、支持一切组织和个人对损害消费者合法权益的行为进行社会监督。

大众传播媒介应当真实、客观、公正地报道涉及消费者权益的相关事项，加强消费者维权相关知识的宣传普及，对损害消费者合法权益的行为进行舆论监督。

第四章 消费者组织

第三十四条 消费者协会和其他依法成立的消费者组织应当按照消费者权益保护法的规定履行职责。

第三十五条 各级人民政府应当加强消费者协会组织建设，对消费者协会履行职责予以必要的经费等支持。

第三十六条 有关行政部门应当认真听取消费者协会的意见和建议。对于消费者协会向有关行政部门反映的侵害消费者合法权益的问题，有关行政部门应当及时调查处理并予以回复；对于立案查处的案件，有关行政部门应当将处理结果告知消费者协会。

第三十七条 消费者协会应当加强消费普法宣传和消费引导，向消费者提供消费维权服务与支持，提高消费者维护自身合法权益的能力。

消费者协会应当及时总结、推广保护消费者合法权益的典型案例和经验做法，引导、支持经营者依法合规开展经营活动。

第三十八条 消费者协会可以组织开展比较试验、消费调查、消费评议、投诉信息公示、对投诉商品提请鉴定、发布消费提示警示等，反映商品和服务状况、消费者意见和消费维权情况。

第三十九条 消费者协会可以就消费者权益保护事项向有关经营者、行业组织提出改进意见或者进行指导谈话，加强消费者、经营者、行业组织、专业机构、有关行政部门等各相关方的组织协调，推动解决涉及消费者合法权益保护的重要问题。

第四十条 消费者协会可以就消费者投诉的损害消费者合法权益的行为开展调查，与有关经营者核实情况，约请有关经营者到场陈述事实意见、提供证据资料等。

第四十一条 对侵害众多消费者合法权益的行为，中国消费者协会以及在省、自治区、直辖市设立的消费者协会，可以向人民法院提起诉讼。

第五章 争议的解决

第四十二条 消费者应当文明、理性消费，提高自我保护意识，依法维护自身合法权益，在发生消费争议时依法维权。

第四十三条 各级人民政府市场监督管理部门和其他有关行政部门应当推动、健全消费争议多元化解决机制，引导消费者依法通过协商、调解、投诉、仲裁、诉讼等方式维护自身合法权益。

第四十四条 经营者应当建立便捷、高效的投诉处理机制，及时解决消费争议。

鼓励和引导经营者建立健全首问负责、先行赔付、在线争议解决等制度，及时预防和解决消费争议。

第四十五条 消费者和经营者发生消费争议，请求消费者协会或者依法成立的其他调解组织进行调解的，相关组织应当及时处理。

第四十六条 消费者和经营者发生消费争议向市场监督管理部门或者其他有关行政部门投诉的，应当提供真实身份信息，有明确的被投诉人、具体的投诉请求和事实依据。

有关行政部门应当自收到投诉之日起 7 个工作日内，予以处理并告知消费者。对不符合规定的投诉决定不予受理的，应当告知消费者不予受理的理由和其他解决争议的途径。

有关行政部门受理投诉后，消费者和经营者同意调解的，有关行政部门应当依据职责及时调解,并在受理之日起60日内调解完毕;调解不成的应当终止调解。调解过程中需要鉴定、检测的,鉴定、检测时间不计算在60日内。

有关行政部门经消费者和经营者同意,可以依法将投诉委托消费者协会或者依法成立的其他调解组织调解。

第四十七条 因消费争议需要对商品或者服务质量进行鉴定、检测的,消费者和经营者可以协商确定鉴定、检测机构。无法协商一致的,受理消费者投诉的市场监督管理部门或者其他有关行政部门可以指定鉴定、检测机构。

对于重大、复杂、涉及众多消费者合法权益的消费争议,可以由市场监督管理部门或者其他有关行政部门纳入抽查检验程序,委托具备相应资质的机构进行鉴定、检测。

第六章 法律责任

第四十八条 经营者提供商品或者服务,违反消费者权益保护法和本条例有关规定,侵害消费者合法权益的,依法承担民事责任。

第四十九条 经营者提供商品或者服务有欺诈行为的,消费者有权根据消费者权益保护法第五十五条第一款的规定要求经营者予以赔偿。但是,商品或者服务的标签标识、说明书、宣传材料等存在不影响商品或者服务质量且不会对消费者造成误导的瑕疵的除外。

通过夹带、掉包、造假、篡改商品生产日期、捏造事实等方式骗取经营者的赔偿或者对经营者进行敲诈勒索的,不适用消费者权益保护法第五十五条第一款的规定,依照《中华人民共和国治安管理处罚法》等有关法律、法规处理;构成犯罪的,依法追究刑事责任。

第五十条 经营者违反本条例第十条至第十四条、第十六条、第十七条、第十九条至第二十一条规定,其他有关法律、法规对处罚机关和处罚方式有规定的,依照法律、法规的规定执行;法律、法规未作规定的,由市场监督管理部门或者其他有关行政部门责令改正,可以根据情节单处或者并处警告、没收违法所得、处以违法所得1倍以上5倍以下的罚款,没有违法所得的,处以30万元以下的罚款;情节严重的,责令停业整顿、吊销营业执照。

经营者违反本条例第二十二条规定的,由有关行政部门责令改正,可以根据情节单处或者并处警告、没收违法所得、处以违法所得1倍以上10倍以下的罚款,没有违法所得的,处以50万元以下的罚款;情节严重的,责令停业整顿、吊销营业执照。

经营者违反本条例其他规定的,依照消费者权益保护法第五十六条的规定予以处罚。

第五十一条 经营者主动消除或者减轻违法行为危害后果的，违法行为轻微并及时改正且没有造成危害后果的，或者初次违法且危害后果轻微并及时改正的，依照《中华人民共和国行政处罚法》的规定从轻、减轻或者不予处罚。

第五十二条 有关行政部门工作人员未按照本条例规定履行消费者权益保护职责，玩忽职守或者包庇经营者侵害消费者合法权益的行为的，依法给予处分；构成犯罪的，依法追究刑事责任。

第七章 附 则

第五十三条 本条例自2024年7月1日起施行。

国务院办公厅关于进一步优化支付服务提升支付便利性的意见

（2024年3月1日　国办发〔2024〕10号）

提升支付服务水平、打通支付堵点，推动支付为民，实现国内国际无缝对接，是优化营商环境的应有之义，是服务高质量发展的重要举措，是促进高水平对外开放的内在要求。近年来，我国移动支付发展迅速，对利企便民、活跃交易、繁荣市场等发挥了重要作用。同时，由于我国老年人等群体偏好使用现金，部分外籍来华人员习惯银行卡或现金支付，对使用移动支付不习惯、不适应，支付服务包容性有待提升。为更好满足老年人、外籍来华人员等群体多样化的支付服务需求，推动移动支付、银行卡、现金等支付方式并行发展、相互补充，进一步提升支付服务水平，更好服务社会民生，优化营商环境，促进高水平对外开放，经国务院同意，现提出如下意见。

一、总体要求

（一）指导思想

以习近平新时代中国特色社会主义思想为指导，立足新发展阶段，完整、准确、全面贯彻新发展理念，加快构建新发展格局，针对不同群体的支付习惯，统筹力量打通支付服务存在的堵点，弥合数字鸿沟，着力完善多层次、多元化的支付服务体系，为老年人、外籍来华人员等群体提供更加优质、高效、便捷的支付服务。

（二）基本原则

——坚持目标导向、问题导向，实抓实干解决重点堵点问题。以提升老年人、外籍来华人员等群体支付便利性为着力点，聚焦银行卡受理、现金支付、移动支付、账户服务、宣传推广等重点领域、重点环节，精准施策、靶向发力，持续深化支付服务场景建设，丰富支付服务供给，不断提升支付服务水平。

——坚持统筹协调，有效市场和有为政府相结合。加强政府部门协作，注重央地联动发力，建立中央各部门、中央与地方、政府与市场良性互动关系。

激发银行业金融机构(以下简称银行)、非银行支付机构(以下简称支付机构)、清算机构、外币兑换机构等支付服务主体的积极性和主动性,持续加大人力、财务、技术等资源投入,共同推动各项优化措施落到实处。

——坚持切实增强各类支付方式的兼容性、包容性,为境内外消费者提供多样化支付服务。坚持稳中求进,充分考虑不同群体的支付习惯,保留现金、存折、银行卡等传统服务方式,持续保有并更新升级银行卡受理终端(POS机)、自动取款机(ATM)等服务设施。支持开展移动支付、网络支付等业务的支付服务主体继续开拓创新,共同构建各类支付服务兼容共生、协同发展的支付服务体系。

——坚持统筹发展和安全,平衡优化服务与防控风险。支持引导支付服务主体持续优化业务流程、推出便利措施,不断提升老年人、外籍来华人员等群体的支付服务便捷性和满意度。做好交易监测和风险评估,加强内部风险防控。

二、主要任务

(一)切实改善银行卡受理环境。不断提升老年人、外籍来华人员等群体使用银行卡的便利性,支持公共事业缴费、医疗、旅游景区、商场等便民场景使用银行卡支付。各地方政府要聚焦"食、住、行、游、购、娱、医"等场景,确定大型商圈、旅游景区、旅游度假区、夜间文化和旅游消费集聚区、文博场馆、文娱场所、酒店、交通枢纽站点、医院等重点场所及重点商户名录,推动受理境外银行卡。银行、支付机构要按照重点商户名录,加快推进境外银行卡受理设备软硬件改造,统筹考虑推动非接触式支付发展。督促指导银行卡清算机构等加快与国际支付平台互联互通。商务部、文化和旅游部等行业主管部门要加强指导,将商户银行卡受理情况纳入各自领域服务质量考核评价范围。

(二)持续优化现金使用环境。坚持现金兜底定位,督促经营主体依法依规保障现金支付,引导经营主体特别是交通、购物、餐饮、文娱、旅游、住宿等民生、涉外领域主体,公开承诺可收取现金,做好零钱备付,满足现金使用需求,提升日常消费领域现金收付能力。银行要主动推出标准化、多样化的人民币现金"零钱包"产品。银行网点不得随意停办现金业务、降低服务质量。持续开展ATM银行卡受理改造,支持老年人、外籍来华人员等群体使用境内外银行卡支取人民币现金。持续开展拒收人民币现金整治,依法加大处罚和公示力度。指导外籍来华人员入境较集中的机场、港口等口岸地区和入住较多的酒店等增设外币兑换机构和设施,增加可兑换的外币币种,加强外币兑换服务人员业务培训,提升外币兑换服务水平。

(三)进一步提升移动支付便利性。银行、支付机构和清算机构要加强合作，在风险可控的前提下，持续完善移动支付服务，优化业务流程，丰富产品功能，扩大受理范围，充分考虑老年人、外籍来华人员等群体需求，做好适老化、国际化等服务安排，提升移动支付各环节的友好度和便利性。做好外籍来华人员通讯服务，优化外籍来华人员境内手机号码办理流程，为外籍来华人员提供良好的国际漫游服务。推动重点旅游景区、旅游度假区、夜间文化和旅游消费集聚区、特色商业街区、重点旅游休闲街区、重要文娱场所等线上、线下场景更好便利消费支付。支持与“食、住、行、游、购、娱、医”等消费密切关联的互联网平台企业，优化外籍来华人员线上、线下购买产品与服务的支付体验。

（四）更好保障消费者支付选择权。规模以上的大型商圈、旅游景区、旅游度假区、文博场馆、文娱场所、酒店、交通枢纽站点、医院等重点场所必须配备受理移动支付、银行卡、现金等必需的软硬件设施，保障消费者自主选择支付方式及工具。鼓励规模以下的商圈、旅游景区、旅游度假区、文博场馆、文娱场所、酒店、交通枢纽站点、医院等积极创造条件比照办理，共同构建包容多样的支付受理环境。

（五）提升账户服务水平。银行、支付机构要进一步优化开户服务流程，合理实施账户分类分级管理，紧盯重点地区、重点网点、重点业务环节，完善多语言服务、咨询投诉等开户配套服务，不断提升账户服务水平。鼓励银行优化账户服务，在银行网点建立“绿色通道”，提升老年人、外籍来华人员等群体的银行账户服务体验。国家移民局向中国人民银行提供信息核验服务，提高银行、支付机构开户效率。

（六）持续加强支付服务宣传推广。鼓励在大型商圈、旅游景区、旅游度假区、文博场馆、文娱场所、酒店、交通枢纽站点、医院等重点场所设立支付服务咨询点，综合运用多种宣传方式和渠道，常态化开展支付服务宣传。做好境外银行卡刷卡、ATM 银行卡取现、个人本外币兑换等标识张贴，加强业务人员培训。引导航空公司、旅行社等经营主体，在海外中国文化中心、驻外旅游办事处、国际航班、境外签证中心、口岸等外籍来华人员聚集场所，开展形式多样、针对性强的宣传活动，不断提升外籍来华人员对境内支付服务的认知度。

三、保障措施

（一）强化政策支持。进一步总结完善有关城市试点经验，加大推广力度，推动一线城市、省会城市、世界遗产保护地、国际消费中心城市等发挥优化支付服务示范带头作用。鼓励相关支付服务主体开展业务创新，进一步优化面向老年人、外籍来华人员等群体的支付产品和服务。鼓励各地在支付服务需求较多的场所设置外币兑换机构和设施，并给予一定租金减免。将优化支付服务纳入旅游休闲城市建设、文明城市建设、国家文化和旅游消费示范城市建设、地方社会综合治理、营商环境评价等考核评估范围。

(二)加强组织领导。中国人民银行要牵头开展提升支付便利性工作,加强统筹协调和组织实施,细化具体工作方案和配套措施,明确时间表和路线图。建立督导机制,对重点地区、重点银行及支付机构、重点商户等进行明察暗访、督促指导,实抓实干,确保各项工作有效落实。中国人民银行、金融监管总局按职责督促指导银行、支付机构畅通咨询投诉渠道,切实做好金融消费者权益保护工作。各地区、各有关单位要切实提高政治站位,建立健全工作机制,细化工作任务,提供更加优质、高效、便捷的支付服务,有效满足老年人、外籍来华人员等群体支付服务需求。

(本文有删减)

国务院关于印发《推动大规模设备更新和消费品以旧换新行动方案》的通知

(2024年3月7日　国发〔2024〕7号)

现将《推动大规模设备更新和消费品以旧换新行动方案》印发给你们,请认真贯彻执行。

推动大规模设备更新和消费品以旧换新行动方案

推动大规模设备更新和消费品以旧换新是加快构建新发展格局、推动高质量发展的重要举措,将有力促进投资和消费,既利当前、更利长远。为贯彻落实党中央决策部署,现就推动新一轮大规模设备更新和消费品以旧换新,制定如下行动方案。

一、总体要求

推动大规模设备更新和消费品以旧换新,要以习近平新时代中国特色社会主义思想为指导,深入贯彻党的二十大精神,贯彻落实中央经济工作会议和中央财经委员会第四次会议部署,统筹扩大内需和深化供给侧结构性改革,实施设备更新、消费品以旧换新、回收循环利用、标准提升四大行动,大力促进先进设备生产应用，推动先进产能比重持续提升，推动高质量耐用消费品更多进入居民生活，畅通资源循环利用链条，大幅提高国民经济循环质量和水平。

——坚持市场为主、政府引导。充分发挥市场配置资源的决定性作用，结合各类设备和消费品更新换代差异化需求，依靠市场提供多样化供给和服务。更好发挥政府作用，加大财税、金融、投资等政策支持力度，打好政策组合拳，引导商家适度让利，形成更新换代规模效应。

——坚持鼓励先进、淘汰落后。建立激励和约束相结合的长效机制，加快淘汰落后产品设备，提升安全可靠水平，促进产业高端化、智能化、绿色化发展。加快建设全国统一大市场，破除地方保护。

——坚持标准引领、有序提升。对标国际先进水平，结合产业发展实际，加快制定修订节能降碳、环保、安全、循环利用等领域标准。统筹考虑企业承受能力和消费者接受程度，有序推动标准落地实施。

到2027年，工业、农业、建筑、交通、教育、文旅、医疗等领域设备投资规模较2023年增长25%以上；重点行业主要用能设备能效基本达到节能水平，环保绩效达到A级水平的产能比例大幅提升，规模以上工业企业数字化研发设计工具普及率、关键工序数控化率分别超过90%、75%；报废汽车回收量较2023年增加约一倍，二手车交易量较2023年增长45%，废旧家电回收量较2023年增长30%，再生材料在资源供给中的占比进一步提升。

二、实施设备更新行动

（一）推进重点行业设备更新改造。围绕推进新型工业化，以节能降碳、超低排放、安全生产、数字化转型、智能化升级为重要方向，聚焦钢铁、有色、石化、化工、建材、电力、机械、航空、船舶、轻纺、电子等重点行业，大力推动生产设备、用能设备、发输配电设备等更新和技术改造。加快推广能效达到先进水平和节能水平的用能设备，分行业分领域实施节能降碳改造。推广应用智能制造设备和软件，加快工业互联网建设和普及应用，培育数字经济赋智赋能新模式。严格落实能耗、排放、安全等强制性标准和设备淘汰目录要求，依法依规淘汰不达标设备。

（二）加快建筑和市政基础设施领域设备更新。围绕建设新型城镇化，结合推进城市更新、老旧小区改造，以住宅电梯、供水、供热、供气、污水处理、环卫、城市生命线工程、安防等为重点，分类推进更新改造。加快更新不符合现行产品标准、安全风险高的老旧住宅电梯。推进各地自来水厂及加压调蓄供水设施设备升级改造。有序推进供热计量改造，持续推进供热设施设备更新改造。以外墙保温、门窗、供热装置等为重点，推进存量建筑节能改造。持续实施燃气等老化管道更新改造。加快推进城镇生活污水垃圾处理设施设备补短板、强弱项。推动地下管网、桥梁隧道、窨井盖等城市生命线工程配套物联智能感知设备建设。加快重点公共区域和道路视频监控等安防设备改造。

（三）支持交通运输设备和老旧农业机械更新。持续推进城市公交车电动化替代，支持老旧新能源公交车和动力电池更新换代。加快淘汰国三及以下排放标准营运类柴油货车。加强电动、氢能等绿色航空装备产业化能力建设。加快高耗能高排放老旧船舶报废更新，大力支持新能源动力船舶发展，完善新能源动力船舶配套基础设施和标准规范，逐步扩大电动、液化天然气动力、生物柴油动力、绿色甲醇动力等新能源船舶应用范围。持续实施好农业机械报废更新补贴政策，结合农业生产需要和农业机械化发展水平阶段，扎实推进老旧农业机械报废更新，加快农业机械结构调整。

（四）提升教育文旅医疗设备水平。推动符合条件的高校、职业院校（含技工院校）更新置换先进教学及科研技术设备，提升教学科研水平。严格落实学科教学装备配置标准，保质保量配置并及时更新教学仪器设备。推进索道缆车、游乐设备、演艺设备等文旅设备更新提升。加强优质高效医疗卫生服务体系建设，推进医疗卫生机构装备和信息化设施迭代升级，鼓励具备条件的医疗机构加快医学影像、放射治疗、远程诊疗、手术机器人等医疗装备更新改造。推动医疗机构病房改造提升，补齐病房环境与设施短板。

三、实施消费品以旧换新行动

（五）开展汽车以旧换新。加大政策支持力度，畅通流通堵点，促进汽车梯次消费、更新消费。组织开展全国汽车以旧换新促销活动，鼓励汽车生产企业、销售企业开展促销活动，并引导行业有序竞争。严格执行机动车强制报废标准规定和车辆安全环保检验标准，依法依规淘汰符合强制报废标准的老旧汽车。因地制宜优化汽车限购措施，推进汽车使用全生命周期管理信息交互系统建设。

（六）开展家电产品以旧换新。以提升便利性为核心，畅通家电更新消费链条。支持家电销售企业联合生产企业、回收企业开展以旧换新促销活动，开设线上线下家电以旧换新专区，对以旧家电换购节能家电的消费者给予优惠。鼓励有条件的地方对消费者购买绿色智能家电给予补贴。加快实施家电售后服务提升行动。

（七）推动家装消费品换新。通过政府支持、企业让利等多种方式，支持居民开展旧房装修、厨卫等局部改造，持续推进居家适老化改造，积极培育智能家居等新型消费。推动家装样板间进商场、进社区、进平台，鼓励企业打造线上样板间，提供价格实惠的产品和服务，满足多样化消费需求。

四、实施回收循环利用行动

（八）完善废旧产品设备回收网络。加快“换新+回收”物流体系和新模式发展，支持耐用消费品生产、销售企业建设逆向物流体系或与专业回收企业合作，上门回收废旧消费品。进一步完善再生资源回收网络，支持建设一批集中分拣处理中心。优化报废汽车回收拆解企业布局，推广上门取车服务模式。完善公共机构办公设备回收渠道。支持废旧产品设备线上交易平台发展。

（九）支持二手商品流通交易。持续优化二手车交易登记管理，促进便利交易。大力发展二手车出口业务。推动二手电子产品交易规范化，防范泄露及恶意恢复用户信息。推动二手商品交易平台企业建立健全平台内经销企业、用户的评价机制，加强信用记录、违法失信行为等信息共享。支持电子产品生产企业发展二手交易、翻新维修等业务。

（十）有序推进再制造和梯次利用。鼓励对具备条件的废旧生产设备实施再制造，再制造产品设备质量特性和安全环保性能应不低于原型新品。推广应用无损检测、增材制造、柔性加工等技术工艺，提升再制造加工水平。深入推进汽车零部件、工程机械、机床等传统设备再制造，探索在风电光伏、航空等新兴领域开展高端装备再制造业务。加快风电光伏、动力电池等产品设备残余寿命评估技术研发，有序推进产品设备及关键部件梯次利用。

（十一）推动资源高水平再生利用。推动再生资源加工利用企业集聚化、规模化发展，引导低效产能逐步退出。完善废弃电器电子产品处理支持政策，研究扩大废弃电器电子产品处理制度覆盖范围。支持建设一批废钢铁、废有色金属、废塑料等再生资源精深加工产业集群。积极有序发展以废弃油脂、非粮生物质为主要原料的生物质液体燃料。探索建设符合国际标准的再生塑料、再生金属等再生材料使用情况信息化追溯系统。持续提升废有色金属利用技术水平，加强稀贵金属提取技术研发应用。及时完善退役动力电池、再生材料等进口标准和政策。

五、实施标准提升行动

（十二）加快完善能耗、排放、技术标准。对标国际先进水平，加快制修订一批能耗限额、产品设备能效强制性国家标准，动态更新重点用能产品设备能效先进水平、节能水平和准入水平，加快提升节能指标和市场准入门槛。加快乘用车、重型商用车能量消耗量值相关限制标准升级。加快完善重点行业排放标准，优化提升大气、水污染物等排放控制水平。修订完善清洁生产评价指标体系，制修订重点行业企业碳排放核算标准。完善风力发电机、光伏设备及产品升级与退役等标准。

（十三）强化产品技术标准提升。聚焦汽车、家电、家居产品、消费电子、民用无人机等大宗消费品,加快安全、健康、性能、环保、检测等标准升级。加快完善家电产品质量安全标准体系,大力普及家电安全使用年限和节能知识。加快升级消费品质量标准,制定消费品质量安全监管目录,严格质量安全监管。完善碳标签等标准体系,充分发挥标准引领、绿色认证、高端认证等作用。

(十四)加强资源循环利用标准供给。完善材料和零部件易回收、易拆解、易再生、再制造等绿色设计标准。制修订废弃电器电子产品回收规范等再生资源回收标准。出台手机、平板电脑等电子产品二手交易中信息清除方法国家标准,引导二手电子产品经销企业建立信息安全管理体系和信息技术服务管理体系,研究制定二手电子产品可用程度分级标准。

(十五)强化重点领域国内国际标准衔接。建立完善国际标准一致性跟踪转化机制,开展我国标准与相关国际标准比对分析,转化一批先进适用国际标准,不断提高国际标准转化率。支持国内机构积极参与国际标准制修订,支持新能源汽车等重点行业标准走出去。加强质量标准、检验检疫、认证认可等国内国际衔接。

六、强化政策保障

(十六)加大财政政策支持力度。把符合条件的设备更新、循环利用项目纳入中央预算内投资等资金支持范围。坚持中央财政和地方政府联动支持消费品以旧换新,通过中央财政安排的节能减排补助资金支持符合条件的汽车以旧换新;鼓励有条件的地方统筹使用中央财政安排的现代商贸流通体系相关资金等,支持家电等领域耐用消费品以旧换新。持续实施好老旧营运车船更新补贴,支持老旧船舶、柴油货车等更新。鼓励有条件的地方统筹利用中央财政安排的城市交通发展奖励资金,支持新能源公交车及电池更新。用好用足农业机械报废更新补贴政策。中央财政设立专项资金,支持废弃电器电子产品回收处理工作。进一步完善政府绿色采购政策,加大绿色产品采购力度。严肃财经纪律,强化财政资金全过程、全链条、全方位监管,提高财政资金使用的有效性和精准性。

(十七)完善税收支持政策。加大对节能节水、环境保护、安全生产专用设备税收优惠支持力度,把数字化智能化改造纳入优惠范围。推广资源回收企业向自然人报废产品出售者"反向开票"做法。配合再生资源回收企业增值税简易征收政策,研究完善所得税征管配套措施,优化税收征管标准和方式。

(十八)优化金融支持。运用再贷款政策工具,引导金融机构加强对设备更新和技术改造的支持;中央财政对符合再贷款报销条件的银行贷款给予一定贴息支持。发挥扩大制造业中长期贷款投放工作机制作用。引导银行机构合理增加绿色信贷,加强对绿色智能家电生产、服务和消费的金融支持。鼓励银行机构在依法合规、风险可控前提下，适当降低乘用车贷款首付比例，合理确定汽车贷款期限、信贷额度。

（十九）加强要素保障。加强企业技术改造项目用地、用能等要素保障。对不新增用地、以设备更新为主的技术改造项目，简化前期审批手续。统筹区域内生活垃圾分类收集、中转贮存及再生资源回收设施建设，将其纳入公共基础设施用地范围，保障合理用地需求。

（二十）强化创新支撑。聚焦长期困扰传统产业转型升级的产业基础、重大技术装备"卡脖子"难题，积极开展重大技术装备科技攻关。完善"揭榜挂帅"、"赛马"和创新产品迭代等机制，强化制造业中试能力支撑，加快创新成果产业化应用。

各地区、各部门要在党中央集中统一领导下，完善工作机制，加强统筹协调，做好政策解读，营造推动大规模设备更新和消费品以旧换新的良好社会氛围。国家发展改革委要会同有关部门建立工作专班，加强协同配合，强化央地联动。各有关部门要按照职责分工制定具体方案和配套政策，落实部门责任，加强跟踪分析，推动各项任务落实落细。重大事项及时按程序请示报告。

国务院办公厅关于坚定不移推进长江十年禁渔工作的意见

（2024年3月18日　国办发〔2024〕12号）

长江流域重点水域禁捕（以下称长江十年禁渔）是党中央、国务院为全局计、为子孙谋的重要决策，是推动长江经济带高质量发展和恢复长江母亲河生机活力的重要举措。自2021年1月1日禁渔三年多以来，退捕渔民安置保障有力，禁捕水域管理秩序平稳，水生生物资源恢复向好，长江十年禁渔工作取得重要阶段性成效。同时，还存在非法捕捞隐患较多、部分地方工作弱化、执法监管能力不足、水生生物多样性恢复缓慢等问题。为全面贯彻党的二十大和二十届二中全会精神，深入贯彻落实习近平总书记关于长江十年禁渔的重要指示批示精神，巩固好禁捕退捕工作成果，坚定不移推进长江十年禁渔，加快促进长江水生生物多样性和水域生态修复，经国务院同意，现提出以下意见。

一、优化工作推进机制

（一）完善机制运行。坚持"中央统筹、部门协同、省负总责、市县抓落实"

的工作机制。切实提高政治站位,把长江十年禁渔作为当前和今后一段时期的重大政治任务,主动担当作为,加强协同配合,形成工作合力。各项重点任务牵头部门要充分发挥牵头抓总作用,有关部门要按职责分工主动配合落实,有关地方各级人民政府要切实承担主体责任。优化完善长江水生生物保护暨长江禁捕工作协调机制(以下简称协调机制)和地方专项工作运行机制,持续强化政府统筹协调、部门协同配合、运转高效顺畅的工作格局。

(二)加强督促推进。农业农村部要会同协调机制有关成员单位,对有关省(直辖市)退捕渔民安置保障、禁捕执法监管、水生生物保护等工作进行督促指导,并将落实情况及时报国务院。要通过明查暗访、挂牌督办、通报约谈、公开曝光等方式,压紧压实地方主体责任,消除盲目乐观、懈怠放松、疲劳厌战等思想。健全正向激励和反向问责机制,对禁捕退捕工作成效显著的,按照国家有关规定予以表彰表扬;对工作推进不力、责任落实不到位的地方、单位和个人,依法依规追责问责。有关地方各级人民政府要将长江十年禁渔纳入地方政府绩效考核、河湖长制考核等范围。

二、持续做好安置保障

(三)加强动态精准监测。要建立动态精准帮扶机制,健全退捕渔民安置保障工作信息系统,细化实化动态跟踪监测,及时更新掌握退捕渔民就业状况、家庭收入、到龄领取养老金等情况。有关地方要依托全国低收入人口动态监测信息平台和防止返贫监测帮扶机制,摸排生活困难退捕渔民,对符合条件的及时纳入动态监测范围。民政、人力资源社会保障、农业农村等部门要加强信息共享和比对,重点排查未纳入社会救助范围的困难渔民家庭,对需要救助的退捕渔民进行监测预警,动态掌握需要兜底保障的人员情况,及时落实相应救助保障措施。

(四)跟踪做好就业帮扶。有关地方要加强退捕渔民就业服务,做好政策宣传、职业指导和职业介绍,对有就业意愿和就业能力的应帮尽帮。持续组织开展形式多样的退捕渔民职业技能培训,对符合条件的按规定落实职业培训补贴政策。引导各类用人单位积极吸纳退捕渔民,对符合条件的用人单位按规定落实相关补贴政策。积极开展农业农村领域就业帮扶工作,将有就业意愿和就业能力的未就业退捕渔民按程序纳入高素质农民培育范围。引导退捕渔民自主创业,对符合条件的按规定落实创业担保贷款等政策。统筹用好公益性岗位,积极按规定安置符合条件的就业困难退捕渔民,实现“零就业”家庭至少有一人就业。开展退捕渔民跟踪调研,有针对性优化完善相关政策措施。

(五)持续落实养老保险。有关地方要全面落实养老保险政策,积极引导符合条件的退捕渔民按时缴费、长期缴费、有条件的按高标准缴费,持续推进应保尽保。落实退捕渔民养老保险缴费补贴政策,确保养老保险缴费补贴资金及时足额到位。对退捕地、户籍地、参保地三地分离的退捕渔民,按规定由退捕地安排补贴资金,参保地配合做好养老保险经办服务。对符合养老金领取条件的,要及时发放基本养老保险待遇,保障退捕渔民老年基本生活。

三、持续加强执法监管

(六)健全执法协作机制。各级农业农村(渔业渔政)、公安、市场监管、交通运输、水利等部门要进一步强化跨区域、跨部门执法合作,建立信息平台互通、执法资源共享、案件移交顺畅的长效协作机制,加强行刑衔接,根据需要开展联合执法行动。强化暗查暗访,对重大案件实行挂牌督办,对执法不力、问题突出的进行通报约谈和联合挂牌整治。依托河湖长制平台,以县市或乡镇为基础单元,发挥基层组织及"护渔员"协助巡护作用,健全网格化管理体系,划定管理区域,明确责任主体和权责清单,向社会公示并接受监督。

(七)保持高压严管态势。有关地方要聚焦重点时段,紧盯重点区域、重点场所、重点对象、重要物种,持续组织开展水上巡航、陆上检查、线上排查,依法严厉查处"电毒炸"、"绝户网"等非法捕捞以及市场销售非法渔获物等违法犯罪行为。建立合法捕捞水产品信息管理制度,落实水产品加工、经营环节进货查验要求,禁止以"长江野生鱼"等为噱头进行虚假宣传,禁止非法渔获物上市交易。依法查处收购、加工、销售非法渔获物以及非法制造、销售禁用渔具和发布相关非法信息等行为。

(八)消除非法捕捞隐患。有关地方要加强禁捕水域各类船舶规范管理,防止科研、营运、巡护以及公务等船舶非法从事捕捞等行为。定期对现有水上闲置、无人管理、所有人不明的船舶进行排查,依法对"三无"(无船舶证书、无船名号、无船籍港)船舶(包括大马力快艇)进行集中清理,消除非法捕捞隐患。加强对禁用渔具制作销售环节的监管,依法清理取缔制造"三无"船舶、禁用渔具的黑窝点、黑作坊。加强农民自用船舶管理,由乡镇人民政府统一界定用途、登记备案、核定船名、标识管理,做到与"三无"船舶有效区分。

(九)打击整治违规垂钓。有关地方要根据实际情况探索开展垂钓管理地方性立法,划定长江禁捕水域禁止垂钓区或允许垂钓区,明确可使用钓具和可钓鱼类种类、数量、最小可钓标准。研究建立垂钓备案制度和管理平台,有条件的地方可以依法探索实施实名制注册制度。强化规范监管,加大对违规垂钓的打击整治力度。加强宣传引导,设立有奖举报热线,积极发挥垂钓行业协会自治管理作用,引导垂钓爱好者成为文明垂钓的"导钓员"、"协管员"。

(十)加强执法能力建设。国家通过现有资金渠道,支持有关地方加强长江流域渔政、公安相关执法装备设施和能力条件建设,配齐配强协助巡护队伍,结合实际配备船艇、无人机、视频监控等现代化执法装备,积极推动执法能力与执法任务相匹配。有关地方要切实加强长江禁捕执法经费保障,规范执法着装、证件和标识,依法为执法人员、协助巡护人员缴纳工伤保险,规范购买人身意外伤害保险,充分保障禁捕执法水上执勤办案工作条件。

四、加快推进生态修复

(十一)加强珍稀濒危物种保护。有效推动落实中华鲟、长江鲟、长江江豚等珍稀濒危水生生物拯救行动计划。各级农业农村(渔业渔政)、生态环境部门应定期联合组织开展水生生物及其栖息地分布和生境质量调查,针对不同物种的濒危程度和致危因素,加强保护措施,保障保护投入。加大珍稀濒危物种保护技术研究力度,国家层面加强以长江珍稀濒危物种为重点的水生野生动物研究保护力量,培育领军人才和团队。科学规范开展增殖放流,持续扩大中华鲟等珍稀濒危物种人工保种和增殖放流规模,开展自然繁殖试验,推动野外栖息地重建。结合重大涉渔工程前期论证,研究长江干流鱼类过鱼设施建设问题。推进葛洲坝下中华鲟产卵场修复工程,修复长江鲟生境,开展与其生活史相适应的生态调度,努力重建野外自然种群。加强长江江豚就地保护和迁地保护,扩大人工繁育规模,建设好人工繁育和科普教育基地,做好极端天气下应急保护和救助。提升水生野生动物收容救护能力,依托专业和社会收容救护力量,认定一批水生野生动物保种、繁育、救护基地。积极开展中华鲟等物种科普宣传和国际交流合作,鼓励社会组织参与长江水生生物和水域生态保护修复工作。

(十二)开展重要栖息地修复。强化水生态系统整体性保护,加强对水域开发利用的规范管理,严格限制并努力降低不利影响。科学划定长江流域水生生物重要栖息地,适时发布重要栖息地名录。进一步加强长江上游珍稀特有鱼类国家级自然保护区等水生生物保护区建设与管理。在项目环境影响评价工作中,根据相关导则要求和实际需要,科学开展水生生物影响评价,严格控制和努力消除涉渔工程对水生生物的不利影响。对产生不利影响的涉渔工程,优先考虑优化选址选线以避让影响区域,确实无法避让的,要严格落实补偿措施。统筹实施好长江流域有关涉渔工程补偿措施,进一步发挥政策资金合力。在重要水生生物产卵场、索饵场、越冬场和洄游通道等关键生境实施一批重要生态系统保护和修复重大工程。加强河湖水系生态修复,研究水域生态修复机理,制定重要江河水生生物洄游通道恢复计划,通过过鱼设施、生态调度、灌江纳苗、江湖连通等措施,恢复河流连通性,满足水生生物洄游习性和种质交换需求。

(十三)加强资源调查监测。健全长江流域重点水域水生生物监测调查技术标准和方法,加强监测调查从业人员专业技术培训,提高监测调查工作的规范化水平。加强水生生物资源监测能力建设,科学布局监测站位,健全监测调查网络,提高监测系统自动化、智能化水平,加强生态环境大数据集成分析和综合应用,促进信息共享和高效利用。有关地方要加强水生生物及其重要栖息地生境质量监测调查工作,省级农业农村(渔业渔政)部门要组织开展辖区范围内水生生物完整性指数评价,将水生生物监测调查数据及评估结果作为地方政府生态保护履职情况的考核依据。

(十四)加强外来物种防治。开展外来物种常态化监测和预警,强化跨境、跨区域外来物种入侵信息跟踪和分析预警。有关地方要指导养殖主体加强水生外来物种水产养殖环节管理和风险防控,依法依规建立防逃隔离设施,防止养殖外来物种逃逸。建立健全包括源头预防、监测预警、治理修复在内的全链条防控预案,推进水生外来入侵物种综合治理。加强外来物种入侵防控科普宣传,规范民间、宗教放生(放流)活动,严禁向天然开放水域放流外来物种、人工杂交种及其他不符合生态要求的水生生物。

五、全面加强组织实施

坚决贯彻落实党中央、国务院决策部署,坚定不移推进长江十年禁渔工作,持续巩固提升退捕渔民安置保障水平,不断强化完善禁渔执法监管机制,加快突破重点濒危物种和生物多样性保护瓶颈,加快提升水生生物重要栖息地生境质量,推动在长江流域形成高水平保护与高质量发展相得益彰、人与自然和谐共生的发展新格局。农业农村部要会同相关部门和单位,加强政策指导和协作配合,做好督促推进和效果评价,针对不同区域实际情况,进一步优化调整和充实完善相关政策措施。有关地方要因地制宜出台支持政策,增强政策协同效应,保障长江十年禁渔工作任务有效落实、目标按期实现。

(本文有删减)

国务院办公厅关于印发《统筹融资信用服务平台建设提升中小微企业融资便利水平实施方案》的通知

(2024 年 3 月 28 日　国办发〔2024〕15 号)

《统筹融资信用服务平台建设提升中小微企业融资便利水平实施方案》已

经国务院同意，现印发给你们，请认真贯彻执行。

（本文有删减）

统筹融资信用服务平台建设
提升中小微企业融资便利水平实施方案

融资信用服务平台是政府部门指导建立的通过跨部门跨领域归集信用信息、为金融机构开展企业融资活动提供信用信息服务的综合性平台，在破解银企信息不对称难题、降低企业融资成本等方面发挥重要作用。为贯彻落实党中央、国务院决策部署，更好统筹融资信用服务平台建设，完善以信用信息为基础的普惠融资服务体系，有效提升中小微企业融资便利水平，制定本实施方案。

一、总体要求

以习近平新时代中国特色社会主义思想为指导，全面贯彻落实党的二十大精神，完整、准确、全面贯彻新发展理念，加快构建新发展格局，着力推动高质量发展，健全数据基础制度，加大融资信用服务平台建设统筹力度，健全信用信息归集共享机制，深入推进“信易贷”工作，深化信用大数据应用，保障信息安全和经营主体合法权益，推动金融机构转变经营理念、优化金融服务、防控金融风险，为企业特别是中小微企业提供高质量金融服务。

二、加大平台建设统筹力度

（一）明确信用信息归集共享渠道。强化全国信用信息共享平台（以下简称信用信息平台）的信用信息归集共享“总枢纽”功能，加强国家金融信用信息基础数据库的数据共享。信用信息平台统一归集各类信用信息，并根据需要向部门和地方共享。依托信用信息平台建设全国融资信用服务平台，并联通地方融资信用服务平台形成全国一体化平台网络，作为向金融机构集中提供公共信用信息服务的“唯一出口”，部门向金融机构提供的本领域信用信息服务不受此限制。坚持国家金融信用信息基础数据库的金融基础设施定位，为金融机构提供高质量的专业化征信服务。

（二）加强地方平台整合和统一管理。对功能重复或运行低效的地方融资信用服务平台进行整合，原则上一个省份只保留一个省级平台，市县设立的平台不超过一个，所有地方平台统一纳入全国一体化平台网络，实行清单式管理，减少重复建设和资源闲置浪费。国家发展改革委负责统筹融资信用服务平台建设，推动地方平台整合和统一管理。各地区要在2024年12月底前完成平台整合，有序做好资产划转、数据移交、人员安置等工作，确保整合期间平台服务功能不受影响。

（三）加强对地方平台建设的指导。统一地方融资信用服务平台接入全国一体化平台网络的标准，优化信用信息服务，促进地方平台规范健康发展。依托城市信用监测、社会信用体系建设示范区创建，加强对提升平台数据质量的指导。充分利用现有对口援建机制，进一步深化东部地区和中西部地区融资信用服务平台建设合作，推动中西部地区加快推进“信易贷”工作。

三、优化信息归集共享机制

（四）明确信用信息归集共享范围。根据金融机构对信用信息的实际需求，进一步扩大信用信息归集共享范围，将企业主要人员信息、各类资质信息、进出口信息等纳入信用信息归集共享清单（见附件），国家发展改革委牵头适时对清单进行更新。各地区要充分发挥地方融资信用服务平台作用，进一步破除数据壁垒，依法依规加大清单外信用信息归集共享力度，结合本地区实际编制省级信用信息归集共享清单，有效拓展数据归集共享的广度与深度。

（五）提升信用信息共享质效。对已在国家有关部门实现集中管理的信用信息，要加大“总对总”共享力度。加强数据质量协同治理，统一数据归集标准，及时做好信用信息修复，健全信息更新维护机制，确保数据真实、准确、完整。着力解决数据共享频次不够、接口调用容量不足、部分公共事业信息共享不充分等问题，进一步提升信用信息共享效率。根据数据提供单位需求，定期反馈数据使用情况及成效。国家发展改革委要牵头对各地区和有关部门信用信息共享质效开展评估。

四、深化信用数据开发利用

（六）完善信息查询服务。各级融资信用服务平台要按照公益性原则依法依规向金融机构提供信息推送、信息查询、信用报告查询等服务，扩大信用信息查询范围，完善信用报告查询制度，提高信用报告质量。支持银行机构完善信贷管理制度，加大信用报告在客户筛选、贷前调查、贷中审批、贷后管理等方面的应用力度，为中小微企业提供优质金融服务。

（七）开展联合建模应用。支持融资信用服务平台与金融机构建立信用信息归集加工联合实验室，通过“数据不出域”等方式加强敏感数据开发应用，提升金融授信联合建模水平。鼓励金融机构积极对接融资信用服务平台，充分利用信用信息优化信贷产品研发、信用评估和风险管理等。

（八）开发信用融资产品。充分发挥链主企业、集中交易场所、特色产业集群的信用信息集聚优势，因地制宜开展“信易贷”专项产品试点。加强公共信用综合评价结果应用，鼓励地方融资信用服务平台开发战略性新兴产业、未来产业、绿色低碳发展、重点产业链供应链、“三农”等特色功能模块，支持金融机构用好特色化信用信息，面向市场需要推出细分领域金融产品和服务。加快推动农村信用体系建设，支持金融机构开发农户、新型农业经营主体专属的金融产品和服务，适度提高信用贷款比例。

（九）拓展提升平台服务功能。鼓励地方建立健全“政策找人”机制，充分发挥地方融资信用服务平台联通企业和金融机构优势，推动各项金融便民惠企政策通过平台直达中小微企业等经营主体。推动融资担保机构入驻融资信用服务平台，依托平台建立银行机构、政府、融资担保机构等多方合作机制，合理简化融资担保相关手续。鼓励有条件的地方依托融资信用服务平台等，建立“线上公证”、“线上仲裁”机制和金融互联网法庭，高效处置金融纠纷。

（十）发展信用服务市场。制定信用信息平台的授权运营条件和标准。在确保信息安全的前提下，依法合规向包括征信机构在内的各类信用服务机构稳步开放数据，积极培育信用服务市场，提升信用融资供需匹配效率。

五、保障措施

（十一）加强信息安全保障和信息主体权益保护。加强融资信用服务平台信息安全管理，完善平台对接、机构入驻、信息归集、信息共享、数据安全等管理规范和标准体系，有效保障物理归集信息安全。各级融资信用服务平台要加强信息授权规范管理，强化数据共享、使用、传输、存储的安全性保障，提升安全风险监测和预警处置能力，切实保障数据安全。未经脱敏处理或信息主体明确授权，各级融资信用服务平台不得对外提供涉及商业秘密或个人隐私的信息，不得违法传播、泄露、出售有关信用信息。

（十二）强化政策支持保障。地方人民政府要对本级融资信用服务平台建设予以适当支持，引导地方平台和融资担保机构加强合作，提升中小微企业融资便利水平。鼓励地方制定支持信用融资的激励政策，对通过融资信用服务平台帮助中小微企业实现融资的金融机构给予适当激励。

附件：信用信息归集共享清单

附　件

信用信息归集共享清单

序号	信息种类		归集共享内容	归集共享方式
1	法定代表人信息		企业名称、统一社会信用代码、法定代表人姓名	国家层面接口调用（经信息主体授权）
2	股东及出资信息		企业名称、统一社会信用代码、股东姓名/名称、身份证号码/统一社会信用代码、出资日期	国家层面接口调用（经信息主体授权）
3	纳税信息	缓税信息	企业名称、统一社会信用代码、缓税项目、缓税金额	国家层面接口调用（经信息主体授权）
		历史欠税信息	企业名称、统一社会信用代码、欠税金额、税种、所属税期起、所属税期止、缴款日期	国家层面接口调用（经信息主体授权）
		财务申报信息	企业名称、统一社会信用代码、资产负债表、利润表	国家层面接口调用（经信息主体授权）
4	司法信息	失信被执行人信息	案号、被执行人姓名/名称、身份证号码/统一社会信用代码、执行依据案号、作出执行依据单位、生效法律文书确定的义务、撤销日期	国家层面以物理归集方式共享至全国融资信用服务平台
5	进出口信息	基础信息	企业名称、统一社会信用代码、海关备案编码、行业种类、是否被列入失信名单、首笔出口日期	国家层面接口调用（经信息主体授权）
		企业海关税款缴纳信息	企业名称、统一社会信用代码、近一年企业海关税款缴纳金额、最近一次缴税日期	国家层面接口调用（经信息主体授权）
6	生态环境领域信息	碳排放信息	企业名称、统一社会信用代码、最近一年已向社会公开的二氧化碳排放总量	国家层面接口调用（经信息主体授权）
		环评信用信息	单位名称、统一社会信用代码、住所、失信行为、失信记分、当前信用状态	国家层面接口调用（经信息主体授权）

续表

序号	信息种类		归集共享内容	归集共享方式
7	社会保险信息	企业职工基本养老保险缴费信息	企业名称、统一社会信用代码、近半年单位月度参保人数变化率、近半年单位正常缴费次数	国家层面接口调用(经信息主体授权)
		职工医疗保险费基本信息	企业名称、统一社会信用代码、近两年每月参保人数、近两年每月单位缴费金额、近两年每次缴费日期、费款所属期(与每笔缴费对应)、最近一次正常缴费月份、近两年每月缓缴金额及日期	地方层面物理归集
		职工医疗保险费欠缴信息	企业名称、统一社会信用代码、近两年欠缴金额、欠缴所属期	地方层面物理归集
		职工医疗保险费变动信息	企业名称、统一社会信用代码、近一季度单位月度参保人数变化率、近一季度单位月度缴费金额变化率	地方层面物理归集
8	知识产权信息	专利商标质押信息	质押登记号、专利商标名称、出质人名称、质权人名称、公告日	国家层面以物理归集方式共享至全国融资信用服务平台
9	不动产登记信息	企业主名下不动产登记信息	权利人名称、权利人证件号、不动产权证书号、不动产单元号、用途、坐落、面积、使用期限、登记机构、登记时间	数据核验(经信息主体授权)
		企业主名下不动产抵押信息	抵押权人、抵押权人证件号、不动产登记证明号、不动产单元号、权利类型、抵押人、抵押登记时间	数据核验(经信息主体授权)
		农民住房登记信息	(农民)姓名、权利人证件号、不动产权证书号(不动产登记证明号)、不动产单元号、用途、坐落、面积、登记机构、登记时间	数据核验(经信息主体授权)
10	科技研发信息	企业创新评价信息	企业名称、统一社会信用代码、专精特新"小巨人"企业、专精特新中小企业、创新型中小企业、高新技术企业、科技型中小企业	数据核验(经信息主体授权)

续表

序号	信息种类		归集共享内容	归集共享方式
11	新型农业经营主体信息	基本信息	家庭农场主姓名、证件类型、证件号码	数据核验（经信息主体授权）
		经营信息	家庭农场名称、种养殖类型、种养殖规模	数据核验（经信息主体授权）
		土地经营权流转信息	土地经营权流转受让方、土地经营权流转费用、土地面积、地块代码	数据核验（经信息主体授权）
		保险信息	新型农业经营主体名称、证件类型、证件号码、是否投保、投保类型、投保规模、保险金额、保单有效期、保险理赔信息	地方层面物理归集
		补贴信息	新型农业经营主体名称、证件类型、证件号码、补贴类型、补贴金额	地方层面物理归集
12	涉农类清单信息		种植大户清单	地方层面物理归集
13	公共资源交易信息		企业名称、统一社会信用代码、交易类型、项目名称、项目金额、项目所有组织名称、链接地址、公告日期	国家层面以物理归集方式共享至全国融资信用服务平台
14	资质信息	建筑资质信息	企业名称、统一社会信用代码、资质序列、资质类别、资质等级、发证机关、发证日期、有效期限	国家层面以物理归集方式共享至全国融资信用服务平台
		医疗资质信息	企业名称、统一社会信用代码、执业许可证编号、发证机关、有效期限	国家层面以物理归集方式共享至全国融资信用服务平台
		教育资质信息	企业名称、统一社会信用代码、办学许可证编号、行政许可证编号、学校类型、培训机构类型、办学内容、培训内容、主管部门、有效期限、处罚记录	国家层面以物理归集方式共享至全国融资信用服务平台
		运输资质信息	经营业户名称、统一社会信用代码、道路运输经营许可证号、经营范围、发证机关、有效期限	国家层面接口调用（经信息主体授权）

续表

序号	信息种类		归集共享内容	归集共享方式
15	医保定点信息	医保定点单位信息	企业名称、统一社会信用代码、是否为医保定点单位	数据核验（经信息主体授权）
		医保定点民营医疗机构信息	企业名称、统一社会信用代码、医疗机构执业许可证	地方层面物理归集
		医保定点零售药店信息	企业名称、统一社会信用代码、药品经营许可证	国家层面以物理归集方式共享至全国融资信用服务平台
16	水电气费缴纳信息	水费信息	企业名称、统一社会信用代码、开户日期、用户地址、预交金额、欠费金额、是否一户一表	地方层面物理归集
		电费信息	企业名称、统一社会信用代码、用户地址、运行容量、合同容量、首次供电时间、用电账户状态、欠费金额、近两年违约次数	地方层面物理归集
		燃气费信息	企业名称、统一社会信用代码、开户日期、用户地址、预交金额、欠费金额、是否一户一表	地方层面物理归集
17	婚姻状况信息	企业法定代表人婚姻状况信息	企业法定代表人姓名、身份证号码、婚姻状况	数据核验（经信息主体授权）

商务领域经营者使用、报告一次性塑料制品管理办法

（2023年5月10日商务部、国家发展改革委员会令2023年第1号公布　自2023年6月20日起施行　国司备字[2024010453]）

第一章　总　　则

第一条　为贯彻实施《中华人民共和国固体废物污染环境防治法》关于一次性塑料制品使用和报告的规定，制定本办法。

第二条　本办法适用于商务领域一次性塑料制品使用和报告的监督管理。

本办法所称商务领域是指根据国家法律和相关规定商务主管部门在一次性塑料制品使用和报告职责范围内的领域，包括商品零售、电子商务、餐饮、住宿、展览。

本办法所称一次性塑料制品是指商务领域经营者在其经营活动中向消费者提供的、由塑料制成的、不以重复使用为目的的制成品。

第三条　国家推行绿色发展方式，倡导简约适度、绿色低碳的生活方式，鼓励减少使用一次性塑料制品，科学稳妥推广应用替代产品，引导公众积极参与塑料污染治理。

第四条　国家依法禁止、限制使用不可降解塑料袋等一次性塑料制品，禁止、限制使用的具体范围、实施时间和地域要求，依据国家相关规定进行规范和调整（以下简称国家禁限使用规定），商务领域经营者应当遵守国家禁限使用规定，未列入国家禁限使用规定的可以使用。

第五条　商务领域经营者中的商品零售场所开办单位、电子商务平台（含外卖平台）企业、外卖企业应当根据本办法向商务主管部门报告一次性塑料制品使用、回收情况。

本办法所称商品零售场所是指向消费者提供零售服务的各类超市、商场、

集贸市场。商品零售场所开办单位是指为商品零售经营者提供经营场所，并与场所内商品零售经营者签订联营或租赁经营协议的企业法人。

本办法所称电子商务平台企业是指在电子商务中为交易双方或者多方提供网络经营场所、交易撮合、信息发布等服务，供交易双方或者多方独立开展交易活动的企业。

本办法所称外卖企业是指提供外卖服务的零售、餐饮企业。

第六条 商务部负责全国商务领域执行国家禁限使用规定和一次性塑料制品报告活动的监督管理。

发展改革委等有关部门建立工作机制，统筹指导协调塑料污染治理工作。

县级以上地方商务主管部门依据职责对本行政区域内商务领域执行国家禁限使用规定和一次性塑料制品报告活动实施监督管理。县级以上地方商务主管部门涉及本办法有关商务执法职责发生调整的，有关商务执法职责由本级人民政府确定的承担相关职责的部门实施。

县级以上地方发展改革部门依据职责会同有关部门统筹指导协调本行政区域内塑料污染治理工作。

第七条 一次性塑料制品相关行业协会应当制定行业规范，提供咨询、培训等服务，加强宣传引导和行业自律。

第二章　商务领域经营者规范

第八条 商务领域经营者应当在其经营场所或网站的醒目位置张贴、摆放或设置国家禁限使用规定的标语，或者上述信息的链接标识，链接标识应当清晰、醒目。

第九条 商品零售经营者应当依法执行《商品零售场所塑料购物袋有偿使用管理办法》。

鼓励商品零售经营者通过设置替代产品自助售卖装置，提供购物筐、购物车租赁服务等方式减少一次性塑料制品使用。

第十条 电子商务经营者应当优先采用可重复使用、易回收利用的包装物，遵守国家包装管理有关规定。

鼓励电子商务经营者与商品生产企业合作，设计应用满足快递物流配送需求的商品包装，推广电商快件原装直发。

鼓励电子商务经营者与快递企业合作，推广应用可循环快递包装，减少一次性塑料制品使用。

第十一条 电子商务平台（含外卖平台）企业应当制定鼓励平台内经营者

减少快递包装和外卖环节一次性塑料制品使用的平台规则。

鼓励电子商务平台(含外卖平台)企业与快递企业、环卫单位、回收企业等开展合作,在写字楼、学校、大型社区等重点区域投放一次性塑料制品回收设施。

鼓励电子商务平台(含外卖平台)企业通过建立积分反馈、绿色信用等机制引导消费者使用替代产品,减少快递包装和外卖环节一次性塑料制品使用。

第十二条 商品零售场所开办单位、电子商务平台(含外卖平台)企业应当督促其入驻经营者作出一次性塑料制品使用自律承诺,主动承诺知悉并遵守国家禁限使用规定。已经入驻的经营者应当于本办法实施之日起 60 日内作出自律承诺。

第十三条 餐饮经营者应当根据内装物情况,合理选用替代产品或合规的一次性塑料制品提供打包或外卖服务。

鼓励餐饮经营者通过激励措施引导消费者使用替代产品,减少一次性塑料制品使用。

第十四条 住宿经营者应当按照国家有关规定推行不主动提供一次性塑料制品。

鼓励住宿经营者通过激励措施引导消费者减少一次性塑料制品使用。

第十五条 展馆经营者应当积极开展宣传引导,书面告知展览活动主办单位国家禁限使用规定。

展览活动主办单位应当告知参展单位等与展览活动相关的各单位国家禁限使用规定。

鼓励展览活动主办单位、参展单位使用替代产品,减少一次性塑料制品使用。

第十六条 商品零售场所开办单位、电子商务平台(含外卖平台)企业、外卖企业应当通过商务部建立的全国一次性塑料制品使用、回收报告系统,向所在地县级商务主管部门报告一次性塑料制品使用、回收情况。报告每半年一次,上半年报告应于当年 7 月 31 日前完成,下半年报告应于次年的 1 月 31 日前完成。

一次性塑料制品报告范围根据国家相关规定动态调整。报告应当真实、完整,不得含有虚假内容,不得有重大遗漏。

第十七条 商品零售场所开办单位报告其自营、联营及其场所内经营者塑料购物袋有偿使用情况、塑料废弃物回收情况和场所内经营者作出自律承诺的情况。

商品零售场所内存在不同企业法人的商品零售场所开办单位的,开办单位分别报告各自情况。

鼓励商品零售场所开办单位报告范围外的商品零售经营者报告塑料购物袋有偿使用情况和塑料废弃物回收情况。

第十八条 电子商务平台企业报告其自营业务产生的快递塑料包装(含塑料包装袋、塑料胶带、一次性塑料编织袋等)的使用情况、塑料废弃物回收情况和平台内经营者作出自律承诺的情况。外卖平台企业报告其自营业务产生的塑料购物袋、一次性塑料餐具(刀、叉、勺)、一次性可降解塑料吸管的使用情况、塑料废弃物回收情况和平台内经营者作出自律承诺的情况。

电子商务平台企业、外卖平台企业参照前款报告客体,对平台内经营者一次性塑料制品使用、回收情况应当按照报告期开展总体评估,并向所在地县级商务主管部门报告。总体评估报告包括平台企业制定鼓励平台内经营者减少上述一次性塑料制品使用的平台规则、采取的相关治理措施、开展的宣传推广活动、平台内经营者取得的减量成效等。外卖平台企业除评估报告以上内容外,还应当报告其平台内经营者对上述一次性塑料制品有偿使用评估情况。

外卖平台企业以适当方式告知平台内外卖企业国家有关一次性塑料制品使用、回收报告的规定。

第十九条 外卖企业报告塑料购物袋、一次性塑料餐具(刀、叉、勺)、一次性可降解塑料吸管使用情况和塑料废弃物回收情况。外卖企业报告数据不区分店内即时消费与外卖业务。商品零售场所开办单位提供外卖服务的,按照本办法第十七条和本条规定合并报告。

第二十条 各报告主体报告一次性塑料制品使用情况时可根据实际填报"使用量""销售量"或"采购量",报告口径须在报告过程中始终保持一致。

鼓励各报告主体主动报告替代产品使用、回收情况。

第三章 监督管理

第二十一条 县级以上地方商务主管部门采取"双随机、一公开"方式,对本行政区域内商务领域经营者执行国家禁限使用规定和使用、回收报告活动实施日常监督检查,重点检查以下方面:

(一)一次性塑料制品使用的情况;

(二)商务领域经营者张贴、摆放或设置国家禁限使用规定标语或链接标识的情况;

(三)商品零售场所开办单位、电子商务平台(含外卖平台)企业对其入驻经营者作出自律承诺督促管理的情况;

（四）电子商务平台（含外卖平台）企业平台规则制定情况；

（五）展馆经营者告知义务履行的情况；

（六）一次性塑料制品使用、回收报告的情况。

第二十二条 县级以上地方商务主管部门可以依法采取以下措施实施监督检查：

（一）进入一次性塑料制品使用等场所进行检查；

（二）询问与监督检查事项有关的单位或个人，要求其说明情况；

（三）查阅、复制有关文件、资料；

（四）依据有关法律法规采取的其他措施。

第二十三条 商务领域经营者涉嫌违法使用不可降解塑料袋等一次性塑料制品的，或者商品零售场所开办单位、电子商务平台（含外卖平台）企业、外卖企业涉嫌违法报告一次性塑料制品使用、回收情况的，县级以上地方商务主管部门可以对上述经营者进行约谈。

第二十四条 县级以上地方商务主管部门应当加强本行政区域内一次性塑料制品报告质量审核和宣传引导工作，做好一次性塑料制品使用、回收报告分析工作。报告制度执行情况和分析情况应当于报告工作结束后30日内向上一级商务主管部门报告，并抄送同级发展改革部门。

第四章 法律责任

第二十五条 商务领域经营者未遵守国家禁限使用规定的，由县级以上地方商务主管部门责令限期改正，限期不改正的，处一万元以上十万元以下的罚款。

第二十六条 违反本办法第十六条、第十七条、第十八条第一款和第二款、第十九条规定，商品零售场所开办单位、电子商务平台（含外卖平台）企业、外卖企业未按照本办法报告一次性塑料制品使用情况的，由县级以上地方商务主管部门责令限期改正，限期不改正的，处一万元以上十万元以下的罚款。

第五章 附 则

第二十七条 省级商务主管部门会同同级发展改革部门，可以结合本地实际情况制定本办法的实施细则，并报商务部、发展改革委备案。

第二十八条 县级以上地方人民政府可以根据本地区实际情况确定实施本办法监督管理职责的部门，本办法规定的县级以上地方商务主管部门职责由县级以上地方人民政府确定的监督管理部门承担。

第二十九条 本办法由商务部会同发展改革委进行解释。

第三十条 本办法自2023年6月20日起实施。《商务领域一次性塑料制品使用、回收报告办法(试行)》(商务部公告2020年第61号)同时废止。

商务部 科技部关于废止《中国禁止出口限制出口技术目录》(商务部 科技部令2008年第12号)的决定

(2023年12月21日商务部、科学技术部令2023年第2号公布 自公布之日起施行 国司备字[2024010448])

为调整完善我国技术出口管理体系,经2023年10月27日商务部第3次部务会议审议通过和科技部审签,现决定废止《中国禁止出口限制出口技术目录》(商务部 科技部令2008年第12号)。

商务部关于修改《商业特许经营备案管理办法》的决定

(2023年12月29日商务部令2023年第3号公布 自公布之日起施行 国司备字[2024010452])

为履行我国加入《取消外国公文书认证要求的公约》义务,落实《中华人民共和国外商投资法》规定,商务部决定对《商业特许经营备案管理办法》(商务部令2011年第5号)作如下修改:

一、删除第六条第一款第十项中的"外商投资企业应当提交《外商投资企业批准证书》,《外商投资企业批准证书》经营范围中应当包括'以特许经营方式从事商业活动'项目。"

二、将第六条第二款修改为:"以上文件在中华人民共和国境外形成的,需经所在国公证机关公证(附中文译本),并经中华人民共和国驻所在国使领馆认证,中国加入或缔结的国际条约另有规定的除外。在香港、澳门、台湾地区形成的,应当履行相关的证明手续。"

商业特许经营备案管理办法

（2011 年 12 月 12 日商务部令第 5 号公布　根据 2023 年 12 月 29 日《商务部关于修改〈商业特许经营备案管理办法〉的决定》修订）

第一条　为加强对商业特许经营活动的管理，规范特许经营市场秩序，根据《商业特许经营管理条例》（以下简称《条例》）的有关规定，制定本办法。

第二条　在中华人民共和国境内（以下简称中国境内）从事商业特许经营活动，适用本办法。

第三条　商务部及省、自治区、直辖市人民政府商务主管部门是商业特许经营的备案机关。在省、自治区、直辖市范围内从事商业特许经营活动的，向特许人所在地省、自治区、直辖市人民政府商务主管部门备案；跨省、自治区、直辖市范围从事特许经营活动的，向商务部备案。

商业特许经营实行全国联网备案。符合《条例》规定的特许人，依据本办法规定通过商务部设立的商业特许经营信息管理系统进行备案。

第四条　商务部可以根据有关规定，将跨省、自治区、直辖市范围从事商业特许经营的备案工作委托有关省、自治区、直辖市人民政府商务主管部门完成。受委托的省、自治区、直辖市人民政府商务主管部门应当自行完成备案工作，不得再委托其他任何组织和个人备案。

受委托的省、自治区、直辖市人民政府商务主管部门未依法行使备案职责的，商务部可以直接受理特许人的备案申请。

第五条　任何单位或者个人对违反本办法规定的行为，有权向商务主管部门举报，商务主管部门应当依法处理。

第六条　申请备案的特许人应当向备案机关提交以下材料：

（一）商业特许经营基本情况。

（二）中国境内全部被特许人的店铺分布情况。

（三）特许人的市场计划书。

（四）企业法人营业执照或其他主体资格证明。

（五）与特许经营活动相关的商标权、专利权及其他经营资源的注册证书。

（六）符合《条例》第七条第二款规定的证明文件。

在 2007 年 5 月 1 日前已经从事特许经营活动的特许人在提交申请商业特许经营备案材料时不适用于上款的规定。

（七）与中国境内的被特许人订立的第一份特许经营合同。

（八）特许经营合同样本。

（九）特许经营操作手册的目录（须注明每一章节的页数和手册的总页数，对于在特许系统内部网络上提供此类手册的，须提供估计的打印页数）。

（十）国家法律法规规定经批准方可开展特许经营的产品和服务，须提交相关主管部门的批准文件。

（十一）经法定代表人签字盖章的特许人承诺。

（十二）备案机关认为应当提交的其他资料。

以上文件在中华人民共和国境外形成的，需经所在国公证机关公证（附中文译本），并经中华人民共和国驻所在国使领馆认证，中国加入或缔结的国际条约另有规定的除外。在香港、澳门、台湾地区形成的，应当履行相关的证明手续。

第七条 特许人应当在与中国境内的被特许人首次订立特许经营合同之日起 15 日内向备案机关申请备案。

第八条 特许人的以下备案信息有变化的，应当自变化之日起 30 日内向备案机关申请变更：

（一）特许人的工商登记信息。

（二）经营资源信息。

（三）中国境内全部被特许人的店铺分布情况。

第九条 特许人应当在每年 3 月 31 日前将其上一年度订立、撤销、终止、续签的特许经营合同情况向备案机关报告。

第十条 特许人应认真填写所有备案事项的信息，并确保所填写内容真实、准确和完整。

第十一条 备案机关应当自收到特许人提交的符合本办法第六条规定的文件、资料之日起 10 日内予以备案，并在商业特许经营信息管理系统予以公告。

特许人提交的文件、资料不完备的，备案机关可以要求其在 7 日内补充提交文件、资料。备案机关在特许人材料补充齐全之日起 10 日内予以备案。

第十二条 已完成备案的特许人有下列行为之一的，备案机关可以撤销备案，并在商业特许经营信息管理系统予以公告：

（一）特许人注销工商登记，或因特许人违法经营，被主管登记机关吊销营业执照的。

（二）备案机关收到司法机关因为特许人违法经营而作出的关于撤销备案的司法建议书。

（三）特许人隐瞒有关信息或者提供虚假信息，造成重大影响的。

（四）特许人申请撤销备案并经备案机关同意的。

（五）其他需要撤销备案的情形。

第十三条 各省、自治区、直辖市人民政府商务主管部门应当将备案及撤销备案的情况在10日内反馈商务部。

第十四条 备案机关应当完整准确地记录和保存特许人的备案信息材料，依法为特许人保守商业秘密。

特许人所在地的（省、自治区、直辖市或设区的市级）人民政府商务主管部门可以向通过备案的特许人出具备案证明。

第十五条 公众可通过商业特许经营信息管理系统查询以下信息：

（一）特许人的企业名称及特许经营业务使用的注册商标、企业标志、专利、专有技术等经营资源。

（二）特许人的备案时间。

（三）特许人的法定经营场所地址与联系方式、法定代表人姓名。

（四）中国境内全部被特许人的店铺分布情况。

第十六条 特许人未按照《条例》和本办法的规定办理备案的，由设区的市级以上商务主管部门责令限期备案，并处1万元以上5万元以下罚款；逾期仍不备案的，处5万元以上10万元以下罚款，并予以公告。

第十七条 特许人违反本办法第九条规定的，由设区的市级以上商务主管部门责令改正，可以处1万元以下的罚款；情节严重的，处1万元以上5万元以下的罚款，并予以公告。

第十八条 国外特许人在中国境内从事特许经营活动，按照本办法执行。香港、澳门特别行政区及台湾地区特许人参照本办法执行。

第十九条 相关协会组织应当依照本办法规定，加强行业自律，指导特许人依法备案。

第二十条 本办法由商务部负责解释。

第二十一条 本办法自公布之日起施行。

国家税务总局关于修改《中华人民共和国发票管理办法实施细则》的决定

（2024 年 1 月 15 日国家税务总局令第 56 号公布　自 2024 年 3 月 1 日起施行　国司备字[2024010397]）

为保障《中华人民共和国发票管理办法》(以下简称《办法》)颁布后有效实施,国家税务总局决定对《中华人民共和国发票管理办法实施细则》作如下修改:

一、增加一条,作为第三条:"《办法》第三条所称电子发票是指在购销商品、提供或者接受服务以及从事其他经营活动中,按照税务机关发票管理规定以数据电文形式开具、收取的收付款凭证。

"电子发票与纸质发票的法律效力相同,任何单位和个人不得拒收。"

二、增加一条,作为第四条:"税务机关建设电子发票服务平台,为用票单位和个人提供数字化等形态电子发票开具、交付、查验等服务。"

三、增加一条,作为第五条:"税务机关应当按照法律、行政法规的规定,建立健全发票数据安全管理制度,保障发票数据安全。

"单位和个人按照国家税务总局有关规定开展发票数据处理活动,依法承担发票数据安全保护义务,不得超过规定的数量存储发票数据,不得违反规定使用、非法出售或非法向他人提供发票数据。"

四、第四条改为第七条,第一款修改为:"发票的基本内容包括:发票的名称、发票代码和号码、联次及用途、客户名称、开户银行及账号、商品名称或经营项目、计量单位、数量、单价、大小写金额、税率(征收率)、税额、开票人、开票日期、开票单位(个人)名称(章)等。"

五、第五条改为第八条,修改为:"领用发票单位可以书面向税务机关要求使用印有本单位名称的发票,税务机关依据《办法》第十五条的规定,确认印有该单位名称发票的种类和数量。"

六、第六条改为第九条,修改为:"税务机关根据政府采购合同和发票防伪用品管理要求对印制发票企业实施监督管理。"

七、第十条改为第十三条,第一款修改为:"监制发票的税务机关根据需要下达发票印制通知书,印制企业必须按照要求印制。"

八、第十三条改为第十六条,第一款修改为:"《办法》第十五条所称发票专用章是指领用发票单位和个人在其开具纸质发票时加盖的有其名称、统一社会信用代码或者纳税人识别号、发票专用章字样的印章。”

九、第十五条改为第十八条,修改为:“《办法》第十五条所称领用方式是指批量供应、交旧领新、验旧领新、额度确定等方式。

“税务机关根据单位和个人的税收风险程度、纳税信用级别、实际经营情况确定或调整其领用发票的种类、数量、额度以及领用方式。”

十、删除第十六条、第十八条、第二十一条、第二十二条、第二十三条、第三十七条。

十一、增加一条,作为第二十五条:“《办法》第十九条规定的不得变更金额,包括不得变更涉及金额计算的单价和数量。”

十二、第二十七条改为第二十六条,修改为:“开具纸质发票后,如发生销售退回、开票有误、应税服务中止等情形,需要作废发票的,应当收回原发票全部联次并注明‘作废’字样后作废发票。

“开具纸质发票后,如发生销售退回、开票有误、应税服务中止、销售折让等情形,需要开具红字发票的,应当收回原发票全部联次并注明‘红冲’字样后开具红字发票。无法收回原发票全部联次的,应当取得对方有效证明后开具红字发票。”

十三、增加一条,作为第二十七条:“开具电子发票后,如发生销售退回、开票有误、应税服务中止、销售折让等情形的,应当按照规定开具红字发票。”

十四、第二十八条修改为:“单位和个人在开具发票时,应当填写项目齐全,内容真实。

“开具纸质发票应当按照发票号码顺序填开,字迹清楚,全部联次一次打印,内容完全一致,并在发票联和抵扣联加盖发票专用章。”

十五、增加一条,作为第二十九条:“《办法》第二十一条所称与实际经营业务情况不符是指具有下列行为之一的:

“(一)未购销商品、未提供或者接受服务、未从事其他经营活动,而开具或取得发票;

“(二)有购销商品、提供或者接受服务、从事其他经营活动,但开具或取得的发票载明的购买方、销售方、商品名称或经营项目、金额等与实际情况不符。”

十六、增加一条,作为第三十一条:“单位和个人向委托人提供发票领用、开具等服务,应当接受税务机关监管,所存储发票数据的最大数量应当符合税务机关的规定。”

十七、增加一条,作为第三十二条:“开发电子发票信息系统为他人提供发票数据查询、下载、存储、使用等涉税服务的，应当符合税务机关的数据标准和管理规定，并与委托人签订协议，不得超越授权范围使用发票数据。”

十八、增加一条，作为第三十四条：“《办法》第二十六条所称身份验证是指单位和个人在领用、开具、代开发票时，其经办人应当实名办税。”

十九、增加一条，作为第三十六条：“税务机关在发票检查中，可以对发票数据进行提取、调出、查阅、复制。”

二十、第三十四条改为第三十九条，修改为：“税务机关对违反发票管理法规的行为依法进行处罚的，由县以上税务机关决定；罚款额在2000元以下的，可由税务所决定。”

二十一、增加一条，作为第四十条：“《办法》第三十三条第六项规定以其他凭证代替发票使用的，包括：

“（一）应当开具发票而未开具发票，以其他凭证代替发票使用；

“（二）应当取得发票而未取得发票，以发票外的其他凭证或者自制凭证用于抵扣税款、出口退税、税前扣除和财务报销；

“（三）取得不符合规定的发票，用于抵扣税款、出口退税、税前扣除和财务报销。

“构成逃避缴纳税款、骗取出口退税、虚开发票的，按照《中华人民共和国税收征收管理法》《办法》相关规定执行。”

二十二、第三十五条改为第四十一条，修改为：“《办法》第三十八条所称的公告是指，税务机关应当在办税场所或者广播、电视、报纸、期刊、网络等新闻媒体上公告纳税人发票违法的情况。公告内容包括：纳税人名称、统一社会信用代码或者纳税人识别号、经营地点、违反发票管理法规的具体情况。”

二十三、增加一条，作为第四十三条：“计划单列市税务局参照《办法》中省、自治区、直辖市税务局的职责做好发票管理工作。”

二十四、第三条、第七条、第十四条、第三十一条中的“发票”修改为“纸质发票”。

二十五、第三章名称以及第十四条中的“领购”修改为“领用”。

此外，对条文顺序和个别文字作相应调整和修改。

本决定自2024年3月1日起施行。

《中华人民共和国发票管理办法实施细则》根据本决定作相应修改，重新公布。

中华人民共和国发票管理办法实施细则

（2011 年 2 月 14 日国家税务总局令第 25 号公布　根据 2014 年 12 月 27 日《国家税务总局关于修改〈中华人民共和国发票管理办法实施细则〉的决定》第一次修订　根据 2018 年 6 月 15 日《国家税务总局关于修改部分税务部门规章的决定》第二次修订　根据 2019 年 7 月 24 日《国家税务总局关于公布取消一批税务证明事项以及废止和修改部分规章规范性文件的决定》第三次修订　根据 2024 年 1 月 15 日《国家税务总局关于修改〈中华人民共和国发票管理办法实施细则〉的决定》第四次修订）

第一章　总　　则

第一条　根据《中华人民共和国发票管理办法》（以下简称《办法》）规定，制定本实施细则。

第二条　在全国范围内统一式样的发票，由国家税务总局确定。

在省、自治区、直辖市范围内统一式样的发票，由省、自治区、直辖市税务局（以下简称省税务局）确定。

第三条　《办法》第三条所称电子发票是指在购销商品、提供或者接受服务以及从事其他经营活动中，按照税务机关发票管理规定以数据电文形式开具、收取的收付款凭证。

电子发票与纸质发票的法律效力相同，任何单位和个人不得拒收。

第四条　税务机关建设电子发票服务平台，为用票单位和个人提供数字化等形态电子发票开具、交付、查验等服务。

第五条　税务机关应当按照法律、行政法规的规定，建立健全发票数据安全管理制度，保障发票数据安全。

单位和个人按照国家税务总局有关规定开展发票数据处理活动，依法承担发票数据安全保护义务，不得超过规定的数量存储发票数据，不得违反规定使用、非法出售或非法向他人提供发票数据。

第六条　纸质发票的基本联次包括存根联、发票联、记账联。存根联由收款方或开票方留存备查；发票联由付款方或受票方作为付款原始凭证；记账联由收款方或开票方作为记账原始凭证。

省以上税务机关可根据纸质发票管理情况以及纳税人经营业务需要，增减除发票联以外的其他联次,并确定其用途。

第七条 发票的基本内容包括:发票的名称、发票代码和号码、联次及用途、客户名称、开户银行及账号、商品名称或经营项目、计量单位、数量、单价、大小写金额、税率(征收率)、税额、开票人、开票日期、开票单位(个人)名称(章)等。

省以上税务机关可根据经济活动以及发票管理需要,确定发票的具体内容。

第八条 领用发票单位可以书面向税务机关要求使用印有本单位名称的发票,税务机关依据《办法》第十五条的规定,确认印有该单位名称发票的种类和数量。

第二章 发票的印制

第九条 税务机关根据政府采购合同和发票防伪用品管理要求对印制发票企业实施监督管理。

第十条 全国统一的纸质发票防伪措施由国家税务总局确定,省税务局可以根据需要增加本地区的纸质发票防伪措施,并向国家税务总局备案。

纸质发票防伪专用品应当按照规定专库保管,不得丢失。次品、废品应当在税务机关监督下集中销毁。

第十一条 全国统一发票监制章是税务机关管理发票的法定标志,其形状、规格、内容、印色由国家税务总局规定。

第十二条 全国范围内发票换版由国家税务总局确定;省、自治区、直辖市范围内发票换版由省税务局确定。

发票换版时,应当进行公告。

第十三条 监制发票的税务机关根据需要下达发票印制通知书,印制企业必须按照要求印制。

发票印制通知书应当载明印制发票企业名称、用票单位名称、发票名称、发票代码、种类、联次、规格、印色、印制数量、起止号码、交货时间、地点等内容。

第十四条 印制发票企业印制完毕的成品应当按照规定验收后专库保管,不得丢失。废品应当及时销毁。

第三章 发票的领用

第十五条 《办法》第十五条所称经办人身份证明是指经办人的居民身份

证、护照或者其他能证明经办人身份的证件。

第十六条 《办法》第十五条所称发票专用章是指领用发票单位和个人在其开具纸质发票时加盖的有其名称、统一社会信用代码或者纳税人识别号、发票专用章字样的印章。

发票专用章式样由国家税务总局确定。

第十七条 税务机关对领用纸质发票单位和个人提供的发票专用章的印模应当留存备查。

第十八条 《办法》第十五条所称领用方式是指批量供应、交旧领新、验旧领新、额度确定等方式。

税务机关根据单位和个人的税收风险程度、纳税信用级别、实际经营情况确定或调整其领用发票的种类、数量、额度以及领用方式。

第十九条 《办法》第十五条所称发票使用情况是指发票领用存情况及相关开票数据。

第二十条 《办法》第十六条所称书面证明是指有关业务合同、协议或者税务机关认可的其他资料。

第二十一条 税务机关应当与受托代开发票的单位签订协议,明确代开发票的种类、对象、内容和相关责任等内容。

第四章 发票的开具和保管

第二十二条 《办法》第十八条所称特殊情况下,由付款方向收款方开具发票,是指下列情况:

(一)收购单位和扣缴义务人支付个人款项时;

(二)国家税务总局认为其他需要由付款方向收款方开具发票的。

第二十三条 向消费者个人零售小额商品或者提供零星服务的,是否可免予逐笔开具发票,由省税务局确定。

第二十四条 填开发票的单位和个人必须在发生经营业务确认营业收入时开具发票。未发生经营业务一律不准开具发票。

第二十五条 《办法》第十九条规定的不得变更金额,包括不得变更涉及金额计算的单价和数量。

第二十六条 开具纸质发票后,如发生销售退回、开票有误、应税服务中止等情形,需要作废发票的,应当收回原发票全部联次并注明“作废”字样后作废发票。

开具纸质发票后,如发生销售退回、开票有误、应税服务中止、销售折让等情形,需要开具红字发票的,应当收回原发票全部联次并注明“红冲”字样后开具红字发票。无法收回原发票全部联次的,应当取得对方有效证明后开具红字发票。

第二十七条 开具电子发票后,如发生销售退回、开票有误、应税服务中止、销售折让等情形的,应当按照规定开具红字发票。

第二十八条 单位和个人在开具发票时,应当填写项目齐全,内容真实。

开具纸质发票应当按照发票号码顺序填开,字迹清楚,全部联次一次打印,内容完全一致,并在发票联和抵扣联加盖发票专用章。

第二十九条 《办法》第二十一条所称与实际经营业务情况不符是指具有下列行为之一的:

(一)未购销商品、未提供或者接受服务、未从事其他经营活动,而开具或取得发票;

(二)有购销商品、提供或者接受服务、从事其他经营活动,但开具或取得的发票载明的购买方、销售方、商品名称或经营项目、金额等与实际情况不符。

第三十条 开具发票应当使用中文。民族自治地方可以同时使用当地通用的一种民族文字。

第三十一条 单位和个人向委托人提供发票领用、开具等服务,应当接受税务机关监管,所存储发票数据的最大数量应当符合税务机关的规定。

第三十二条 开发电子发票信息系统为他人提供发票数据查询、下载、存储、使用等涉税服务的,应当符合税务机关的数据标准和管理规定,并与委托人签订协议,不得超越授权范围使用发票数据。

第三十三条 《办法》第二十五条所称规定的使用区域是指国家税务总局和省税务局规定的区域。

第三十四条 《办法》第二十六条所称身份验证是指单位和个人在领用、开具、代开发票时,其经办人应当实名办税。

第三十五条 使用纸质发票的单位和个人应当妥善保管发票。发生发票丢失情形时,应当于发现丢失当日书面报告税务机关。

第五章 发票的检查

第三十六条 税务机关在发票检查中,可以对发票数据进行提取、调出、查阅、复制。

第三十七条 《办法》第三十一条所称发票换票证仅限于在本县(市)范围内使用。需要调出外县(市)的发票查验时,应当提请该县(市)税务机关调取发票。

第三十八条 用票单位和个人有权申请税务机关对发票的真伪进行鉴别。收到申请的税务机关应当受理并负责鉴别发票的真伪;鉴别有困难的,可以提请发票监制税务机关协助鉴别。

在伪造、变造现场以及买卖地、存放地查获的发票,由当地税务机关鉴别。

第六章 罚 则

第三十九条 税务机关对违反发票管理法规的行为依法进行处罚的,由县以上税务机关决定;罚款额在2000元以下的,可由税务所决定。

第四十条 《办法》第三十三条第六项规定以其他凭证代替发票使用的,包括:

(一)应当开具发票而未开具发票,以其他凭证代替发票使用;

(二)应当取得发票而未取得发票,以发票外的其他凭证或者自制凭证用于抵扣税款、出口退税、税前扣除和财务报销;

(三)取得不符合规定的发票,用于抵扣税款、出口退税、税前扣除和财务报销。

构成逃避缴纳税款、骗取出口退税、虚开发票的,按照《中华人民共和国税收征收管理法》《办法》相关规定执行。

第四十一条 《办法》第三十八条所称的公告是指,税务机关应当在办税场所或者广播、电视、报纸、期刊、网络等新闻媒体上公告纳税人发票违法的情况。公告内容包括:纳税人名称、统一社会信用代码或者纳税人识别号、经营地点、违反发票管理法规的具体情况。

第四十二条 对违反发票管理法规情节严重构成犯罪的,税务机关应当依法移送司法机关处理。

第七章 附 则

第四十三条 计划单列市税务局参照《办法》中省、自治区、直辖市税务局的职责做好发票管理工作。

第四十四条 本实施细则自2011年2月1日起施行。

业余无线电台管理办法

（2024年1月18日工业和信息化部令第67号公布　自2024年3月1日起施行　国司备字[2024010395]）

第一章　总　　则

第一条　为了加强业余无线电台管理，维护空中电波秩序，保证相关无线电业务的正常进行，根据《中华人民共和国无线电管理条例》和相关法律、行政法规，制定本办法。

第二条　在中华人民共和国境内设置、使用业余无线电台以及实施相关的监督管理，适用本办法。

本办法所称业余无线电台，是指为开展业余业务（含卫星业余业务）使用的一个或者多个发信机、收信机，或者发信机与收信机的组合（包括附属设备）。

第三条　业余无线电台只能用于相互通信、技术研究和自我训练，并在业余业务频率范围内收发信号，不得用于谋取商业利益。

为突发事件应急处置的需要，业余无线电台可以与非业余无线电台通信，但通信内容应当限于与突发事件应急处置直接相关的紧急事务。

未经批准，业余无线电台不得以任何方式进行广播或者发射通播性质的信号。

第四条　国家无线电管理机构负责全国业余无线电台设置、使用的监督管理。

省、自治区、直辖市无线电管理机构依照本办法负责本行政区域业余无线电台设置、使用的监督管理。

国家无线电管理机构和省、自治区、直辖市无线电管理机构统称无线电管理机构。

第五条　国家鼓励和支持业余无线电通信技术的科学研究、科普宣传和教育教学等活动。

第二章　许 可 管 理

第六条　设置、使用业余无线电台，应当向无线电管理机构提出申请，取得业余无线电台执照。

遇有危及国家安全、公共安全、生命财产安全等紧急情况，可以不经批准临时设置、使用业余无线电台,但应当在 48 小时内向电台所在地的无线电管理机构报告,并在紧急情况消除后及时关闭。

第七条 设置、使用业余无线电台,应当具备以下条件:

(一)熟悉无线电管理规定;

(二)具有相应的操作技术能力,依照本办法通过相应的操作技术能力验证;

(三)使用的无线电发射设备依法取得型号核准(型号核准证载明的频率范围包含业余业务频段);或者使用的自制、改装、拼装等未取得型号核准的无线电发射设备符合国家标准和国家无线电管理规定,且无线电发射频率范围仅限于业余业务频段。

第八条 未成年人可以设置、使用工作在 30-3000MHz 频段且最大发射功率不大于 25 瓦的业余无线电台。

第九条 设置业余中继台,其台址布局应当符合资源共享、集约的要求。

省、自治区、直辖市无线电管理机构应当制定本行政区域业余中继台设置、使用规划,明确设台地点、使用频率、技术参数等设置、使用和运行维护要求,并向社会公布。

业余中继台服务区域超出本行政区域的,应当与相关省、自治区、直辖市无线电管理机构做好协调。

第十条 设置、使用有固定台址的业余无线电台,应当向电台所在地的省、自治区、直辖市无线电管理机构提出申请。设置、使用没有固定台址的业余无线电台,应当向申请人住所地的省、自治区、直辖市无线电管理机构提出申请。

设置、使用 15 瓦以上短波业余无线电台以及涉及国家主权、安全的其他重要业余无线电台,应当向国家无线电管理机构提出申请。

第十一条 个人设置、使用业余无线电台,应当向无线电管理机构提交下列材料:

(一)申请表(样式见附件 1);

(二)身份证明复印件;

(三)使用依法取得型号核准的无线电发射设备的,提交含有型号核准代码、出厂序列号等信息的无线电发射设备照片;使用自制、改装、拼装等未取得型号核准的无线电发射设备的,提交该设备符合本办法第七条第三项规定条件的说明材料。

申请人为未成年人的,还应当提交其监护人身份证明复印件,以及申请人与监护人关系的说明材料。

第十二条 单位设置、使用业余无线电台的,除提交本办法第十一条第一款第一项、第三项规定的材料外,还应当提交单位营业执照等复印件,以及业余无线电台技术负责人为本单位工作人员的说明材料。

第十三条 无线电管理机构应当依法对申请材料进行审查。

申请材料不齐全、不符合法定形式的，无线电管理机构应当当场或者在5个工作日内一次性告知申请人需要补正的全部内容，逾期不告知的，自收到申请材料之日起即为受理；申请材料齐全、符合法定形式的，或者申请人按照要求补正全部申请材料的，应当予以受理，并向申请人出具受理通知书。

无线电管理机构应当自受理申请之日起30个工作日作出许可或者不予许可的决定。予以许可的，颁发业余无线电台执照；不予许可的，书面通知申请人并说明理由。

第十四条 设置、使用业余无线电台拟使用自制、改装、拼装等未取得型号核准的无线电发射设备的，无线电管理机构应当对该设备是否符合本办法第七条第三项规定的条件进行技术检测。

无线电管理机构开展技术检测，不得收取任何费用。

第十五条 设置、使用业余无线电台拟使用《中华人民共和国无线电频率划分规定》确定为次要业务，或者与其他无线电业务共同划分为主要业务的业余业务频率的，无线电管理机构应当根据当地无线电台（站）设置和相关无线电频率使用等情况，开展必要的频率协调。

第十六条 设置、使用15瓦以上短波业余无线电台以及涉及国家主权、安全的其他重要业余无线电台的，国家无线电管理机构作出许可决定前，可以委托电台所在地或者申请人住所地的省、自治区、直辖市无线电管理机构对业余无线电台的使用方式、技术条件、安装环境等进行现场核查。

第十七条 无线电管理机构依法开展技术检测、频率协调等所需时间，不计算在本办法第十三条第三款规定的审查期限内，但应当将所需时间告知申请人。

第十八条 无线电管理机构颁发业余无线电台执照，应当同时向申请人核发业余无线电台呼号，但申请人已取得业余中继台、业余信标台呼号以外的其他业余无线电台呼号的，无线电管理机构不再核发新的业余无线电台呼号。

第十九条 业余无线电台执照应当载明电台设置、使用人，操作技术能力类别、编号，电台呼号、台址/设置区域、使用频率、发射功率，执照编号、颁发日期、有效期、发证机关，以及特别规定事项等；业余中继台、业余信标台执照还应当载明工作模式等事项。

业余无线电台执照可以采用纸质或者电子形式，两者具有同等法律效力，样式由国家无线电管理机构统一规定。

第二十条 业余无线电台执照的有效期不超过5年。

业余无线电台执照有效期届满后需要继续使用业余无线电台的，应当在期限届满30个工作日前向作出许可决定的无线电管理机构申请更换业余无线电台执照。

无线电管理机构应当依法进行审查，作出是否延续的决定。准予延续的，更换业余无线电台执照；不予延续的，书面通知申请人并说明理由。

第二十一条 变更业余无线电台执照载明事项的，应当向作出许可决定的无线电管理机构申请办理变更手续。

第二十二条 终止使用业余无线电台的，应当及时向作出许可决定的无线电管理机构办理业余无线电台执照注销手续，交回执照并自执照注销之日起60个工作日内拆除业余无线电台及天线等附属设备并妥善处理。

第二十三条 业余无线电台呼号停止使用的，应当依法予以注销。

除业余中继台、业余信标台呼号外，其他业余无线电台呼号注销1年后，无线电管理机构可以将相关电台呼号重新投入分配。

电台呼号重新投入分配前，申请人再次申请设置、使用业余无线电台，无线电管理机构经审查决定颁发业余无线电台执照的，应当同时核发申请人已注销的电台呼号。

第二十四条 没有固定台址的业余无线电台设置区域超出申请人住所地所在省、自治区、直辖市行政区域的，作出许可决定的无线电管理机构应当将无线电台执照颁发、呼号核发等有关信息通报相关的省、自治区、直辖市无线电管理机构。

第三章 操作技术能力验证

第二十五条 业余无线电台操作技术能力分为A类、B类和C类。

第二十六条 参加A类业余无线电台操作技术能力验证的人员，应当熟悉无线电管理规定，具有一定的业余无线电台操作技术能力。

参加B类业余无线电台操作技术能力验证的人员，应当依法取得业余无线电台执照6个月以上，且具有相应的实际操作经验。

参加C类业余无线电台操作技术能力验证的人员，应当依法取得载明30MHz以下频段的业余无线电台执照18个月以上，且具有相应的实际操作经验。

第二十七条 国家无线电管理机构可以组织实施A类、B类和C类业余无线电台操作技术能力验证。省、自治区、直辖市无线电管理机构可以组织实施A类、B类业余无线电台操作技术能力验证。

业余无线电台操作技术能力验证题库以及验证标准由国家无线电管理机

构制定并根据需要适时更新,向社会公布。

第二十八条 无线电管理机构或者其委托的机构组织业余无线电台操作技术能力验证,应当提前向社会公布验证时间、验证要求等有关事项;不得向参加验证的人员收取费用。

第二十九条 参加业余无线电台操作技术能力验证成绩合格的,由无线电管理机构颁发业余无线电台操作技术能力验证证书。

验证证书可以采用纸质或者电子形式,两者具有同等法律效力,样式由国家无线电管理机构统一规定。

第三十条 取得A类业余无线电台操作技术能力验证证书的,可以申请设置、使用工作在30-3000MHz频段且最大发射功率不大于25瓦的业余无线电台。

取得B类业余无线电台操作技术能力验证证书的,可以申请设置、使用工作在30MHz以下频段且最大发射功率小于15瓦,或者工作在30MHz以上频段且最大发射功率不大于25瓦的业余无线电台。

取得C类业余无线电台操作技术能力验证证书的,可以申请设置、使用工作在30MHz以下频段且最大发射功率不大于1000瓦,或者工作在30MHz以上频段且最大发射功率不大于25瓦的业余无线电台。

第四章 设置、使用要求

第三十一条 设置、使用业余无线电台,应当符合业余无线电台执照载明的事项和要求,遵守国家无线电管理有关规定。

第三十二条 业余无线电台使用的无线电频率为次要业务划分的,不得对使用主要业务频率划分的合法无线电台(站)产生有害干扰,不得对来自使用主要业务频率划分的合法无线电台(站)的有害干扰提出保护要求。

违反前款规定产生有害干扰的,应当立即停止发射,待干扰消除后方可继续使用。

第三十三条 使用业余无线电台的单位或者个人应当定期维护业余无线电台,保证其性能指标符合国家标准和国家无线电管理的有关规定,避免对其他依法设置、使用的无线电台(站)产生有害干扰。

第三十四条 使用业余无线电台的单位或者个人应当遵守国家环境保护的有关规定,采取必要措施防止无线电波发射产生的电磁辐射污染环境。

第三十五条 使用业余无线电台的单位或者个人应当在通信过程中使用明语或者业余无线电领域公认的缩略语、简语,以及公开的技术体制和通信协议。

第三十六条 使用业余无线电台的单位或者个人应当如实将通信时间、

通信频率、通信模式和通信对象等内容记入业余无线电台日志并保留2年以上。

第三十七条 使用业余无线电台的单位或者个人应当在每次通信建立以及结束时发送本业余无线电台呼号,在通信过程中不定期(间隔不超过10分钟)发送本业余无线电台呼号。

鼓励业余无线电台在通联期间通过技术手段自动发送电台呼号。

第三十八条 未取得相应业余无线电台执照或者相应操作技术能力的人员,为提高业余无线电台操作技术能力的需要,可以在他人依法设置的业余无线电台上进行发射操作实习。

发射操作实习应当由业余无线电台设置、使用人或者其技术负责人现场监督指导;使用的频率范围和发射功率应当在B类业余无线电台操作技术能力验证证书确定的范围内,且不得超过现场监督指导人员依法取得的业余无线电台操作技术能力验证证书确定的范围。

第三十九条 在他人依法设置的业余无线电台上进行发射操作的,应当使用所操作业余无线电台的呼号或者实际操作人员取得的呼号。使用实际操作人员取得的呼号的,业余无线电台通联期间发送呼号的格式应当符合国内国际相关要求。

第四十条 参加或者举办业余无线电通联比赛以及其他重大业余无线电活动的,经比赛(活动)主办方(牵头单位)报国家无线电管理机构批准,可以临时使用符合国际规则的其他业余无线电台呼号。

第四十一条 取得C类业余无线电台操作技术能力验证证书且取得业余无线电台执照的人员,因开展特殊技术试验、通联等活动,确需超出业余无线电台执照载明的功率限值使用业余无线电台的,经颁发业余无线电台执照的无线电管理机构批准,可以临时在特定时间、地点以特定功率等限定条件开展电台操作。

第四十二条 依法设置的业余中继台应当向其覆盖区域内的业余无线电台提供平等的服务。

第四十三条 任何单位或者个人不得使用业余无线电台从事下列活动:

(一)通过任何形式发布、传播法律、行政法规禁止发布、传播的信息;

(二)违反本办法规定用于谋取商业利益等超出业余无线电台使用属性之外的目的;

(三)故意干扰、阻碍其他无线电台(站)通信;

(四)故意收发业余无线电台执照载明事项之外的无线电信号;

(五)传播、公布或者利用无意接收的信息;

(六)擅自编制、使用业余无线电台呼号;

（七）涂改、倒卖、出租或者出借业余无线电台执照；

（八）向境外组织或者个人提供涉及国家安全的境内电波参数资料；

（九）法律、行政法规禁止的其他活动。

第五章　电波秩序维护

第四十四条　无线电管理机构应当定期对在用的业余无线电台进行检查和检测。业余无线电台设置、使用人应当接受并配合检查、检测。

第四十五条　依法设置、使用的业余无线电台受到有害干扰的，可以向业余无线电台使用地或者作出许可决定的无线电管理机构投诉；受到境外无线电有害干扰的，可以向国家无线电管理机构投诉。

受理投诉的无线电管理机构应当及时处理，并将处理情况告知投诉人。

第四十六条　无线电管理机构可以要求产生有害干扰的业余无线电台采取有效措施消除有害干扰；有害干扰无法消除的，可以责令产生有害干扰的业余无线电台暂停发射。

对于非法的无线电发射活动，无线电管理机构可以暂扣无线电发射设备或者查封业余无线电台，必要时可以采取技术性阻断措施；发现涉嫌违法犯罪活动的，无线电管理机构应当及时通报公安机关并配合调查处理。

第六章　法律责任

第四十七条　未经许可擅自设置、使用业余无线电台的，由无线电管理机构依照《中华人民共和国无线电管理条例》第七十条的规定处理。

第四十八条　有下列行为之一的，由无线电管理机构依照《中华人民共和国无线电管理条例》第七十二条的规定处理：

（一）故意收发业余无线电台执照载明事项之外的无线电信号，传播、公布或者利用无意接收的信息的；

（二）擅自编制、使用业余无线电台呼号的；

（三）未经批准进行广播或者发射通播性质的信号，超出业余无线电台使用属性之外的目的使用业余无线电台，未按照规定记录或者保留业余无线电台日志，以及其他未按照业余无线电台执照载明事项设置、使用业余无线电台的。

第四十九条　违法使用业余无线电台干扰无线电业务正常进行的，由无线电管理机构依照《中华人民共和国无线电管理条例》第七十三条的规定处理。

第五十条　向境外组织或者个人提供涉及国家安全的境内电波参数资料

的，由无线电管理机构依照《中华人民共和国无线电管理条例》第七十五条的规定处理。

第五十一条 隐瞒有关情况、提供虚假材料或者虚假承诺申请业余无线电台设置、使用许可，或者以欺骗、贿赂等不正当手段取得业余无线电台执照的，由无线电管理机构依照《中华人民共和国行政许可法》第七十八条、第七十九条等规定处理。

第五十二条 违反本办法规定，构成违反治安管理行为的，依法给予治安管理处罚；构成犯罪的，依法追究刑事责任。

第五十三条 无线电管理机构及其工作人员不依照《中华人民共和国无线电管理条例》和本办法履行职责的，对负有责任的领导人员和其他直接责任人员依法给予处分。

第七章 附 则

第五十四条 本办法中下列用语的含义：

（一）业余中继台，是指通过对业余无线电信号接收和放大转发，扩大通联范围的业余无线电台；

（二）业余信标台，是指通过发射信标信号，辅助验证电波传播条件的单发业余无线电台。

第五十五条 业余无线电台使用业余业务频率，无需取得无线电频率使用许可，免收无线电频率占用费。

第五十六条 设置、使用开展卫星业余业务的空间无线电台，应当遵守空间无线电管理有关规定。

第五十七条 省、自治区无线电管理机构根据工作需要在本行政区域内设立派出机构的，派出机构在省、自治区无线电管理机构授权的范围内履行业余无线电台监督管理职责。

第五十八条 本办法自 2024 年 3 月 1 日起施行。2012 年 11 月 5 日公布的《业余无线电台管理办法》（工业和信息化部令第 22 号）同时废止。

本办法施行前依法取得业余无线电台执照的，在执照有效期内可以按照执照载明的参数使用业余无线电台；本办法施行前依法取得 B 类业余无线电台操作技术能力验证证书的，可以按照本办法第十条规定的许可权限申请设置、使用工作在 30MHz 以下频段且最大发射功率不大于 100 瓦，或者工作在 30MHz 以上频段且最大发射功率不大于 25 瓦的业余无线电台。

附件 1

业余无线电台设置、使用申请表

一、申请人基本信息									
申请人									
统一社会信用代码								说明	
身份证明类型		号码							
联系人		手机号码		电子邮箱		邮政编码			
		通信地址							
技术负责人		身份证明类型		号码				说明	
		手机号码			电子邮箱				
申请人或技术负责人操作技术能力类别			□A	□B	□C	编　号			
二、业余无线电台基本信息									
台站名称				申请类别	□新设　□变更　□延续				
使用方式	□固定　□车载　□背负或手持			台址/设置区域					
地理坐标	北纬	度	分	秒	东经	度	分	秒	车牌号码
电台种类	□一般　□业余中继台　□业余信标台　□其他（具体说明：　　　　）								
台站首次启用日期	年	月	日	申请使用期限	年	月	日	至	年　月　日
是否同时申请呼号	□是　□否	原指配呼号			原电台执照编号				

续表

三、业余无线电台基本参数						
序号	发射设备 型号核准代码	设备出厂序列号	占用带宽 （□kHz □MHz）	天线增益（dBi）	极化方式	天线距地高度（m）
1						
2						
3						

申请使用的频率（标“*”的业余业务频段为次要业务划分）										
工作频段（kHz）	135.7—137.8*		5351.5—5366.5*		10100—10150*		18068—18168		28000—29700	
	1800—2000		7000—7100		14000—14250		21000—21450		——	—
	3500—3900		7100—7200		14250—14350		24890—24990		——	—
	最大发射功率（W）：									
工作频段（MHz）	50—54		430—440*		2300—2450*		5650—5725*		——	—
	144—146		1240—1260*		3300—3400*		5725—5830*		——	—
	146—148		1260—1300*		3400—3500*		5830—5850*		——	—
	最大发射功率（W）：									

续表

工作频段（GHz）	10—10.4*		24.05—24.25*		78—79*		134—136		——	—
	10.4—10.45*		47—47.2		79—81*		136—141*		——	—
	10.45—10.5*		76—77.5*		81—81.5*		241—248*		——	—
	24—24.05		77.5—78		122.25—123*		248—250		——	—
	最大发射功率（W）：									
其他特别说明										
四、业余中继台、业余信标台等业余无线电台附加信息说明										
调制方式	□数字				□模拟					
五、申请人承诺										

本人（单位）申请设置、使用业余无线电台，特此承诺如下：

1. 申请表中填写的所有内容真实、准确。
2. 本人（技术负责人）具有与申请设置、使用业余无线电台相适应的操作技术能力。
3. 申请设置、使用业余无线电台所使用的无线电发射设备满足以下条件：

（1）使用的无线电发射设备型号核准证载明可用于业余业务（型号核准证载明的频率范围包含业余业务频段）；或

（2）使用自制、改装、拼装等无线电发射设备满足国家标准和国家无线电管理有关规定，且发射频率范围仅限于业余业务频段。

4. 严格按照业余无线电台执照载明的参数开展工作，不故意收发无线电台执照许可事项之外的无线电信号，不传播、公布或者利用无意接收的信息，不利用业余无线电台谋取商业利益、不进行违法犯罪活动，自觉接受无线电管理机构的监督检查。
5. 本人承诺申请设置、使用业余无线电台符合城乡规划要求和电磁环境保护等相关规定，并对业余无线电台的无线电发射设备及附属天线、设备等的使用安全负责。

续表

6. 本人承诺对申请设置、使用的业余无线电台进行定期维护，避免对其他依法设置、使用的无线电台（站）产生有害干扰，采取必要措施防止无线电波发射产生的电磁辐射污染环境。 7. 本人承诺严格按照《业余无线电台管理办法》及相关无线电管理规定要求设置、使用业余无线电台，不影响公众利益和他人利益。 申请人（单位）签字（盖章）： 年　　月　　日	
六、以下信息由许可本业余无线电台的无线电管理机构填写	
本业余无线电台档案号	本业余无线电台类别
核发本业余无线电台呼号	颁发业余无线电台执照编号
备注	

如本表空间不够，可自行续表，并请编号：第　　页/共　　页　　　工业和信息化部制 2024 年

填表说明

1. 本表适用于业余无线电台的设置、使用申请。

2. 设置、使用多个业余无线电台的，每个业余无线电台均需要单独填写本表。一个业余无线电台包含多个无线电发射设备的，可以只填一张申请表。

3. 本表第一部分为**申请人基本信息**，除有特殊说明外均为**必填项**，由申请人按下列要求填写。

（1）**申请人**栏，请填写设置、使用业余无线电台的单位或者个人全称。

（2）**统一社会信用代码、身份证明类型、号码**栏，单位申请设置、使用业余无线电台的，须在**统一社会信用代码**栏逐位

填写统一社会信用代码。个人申请设置、使用业余无线电台的，须首先在**身份证明类型**栏填写有效证件类型的相应代码（编码规则见下表），然后在**号码**栏逐位填写身份证明号码。使用代码 Q 的，请在右侧的**说明**栏标明该有效身份证件的类型。

代码	有效证件类型
S	中华人民共和国居民身份证、临时居民身份证或者户口簿、外国人永久居留身份证
J	中国人民解放军军人身份证件、中国人民武装警察身份证件
T	港澳台居民居住证、港澳台居民出入境证件（包括港澳居民来往内地通行证、台湾居民来往大陆通行证）
W	外国公民护照
Q	法律、行政法规和国家规定的其他有效身份证件

（3）**联系人、手机号码、电子邮箱、通信地址、邮政编码**栏，请填写办理此次业余无线电台设置、使用的联系人姓名、手机号码、电子邮箱、通信地址、邮政编码。联系人可以与申请人为同一人。

（4）**技术负责人、手机号码、电子邮箱、身份证明类型、号码**栏，如个人申请设置、使用业余无线电台，此栏可不填。如单位申请设置、使用业余无线电台，此栏必填。请填写办理此次业余无线电台设置、使用的单位技术负责人姓名、手机号码、电子邮箱、身份证明类型、号码，其中**身份证明类型**和**号码**栏同填表说明第 3 点第（2）条。技术负责人应当为申请单位工作人员。

（5）**申请人或技术负责人操作技术能力类别、编号**栏，如个人申请设置、使用业余无线电台，请在对应操作技术能力类别前的"□"内填写"√"，并在后续表格填写相应操作技术能力编号。如单位申请设置、使用业余无线电台，请填写单位技术负责人操作技术能力类别和编号。如拥有多个等级的操作技术能力，仅填写最高等级操作技术能力类别及编号。

4. 本表第二部分为**业余无线电台基本信息**，除有特殊说明外均为**必填项**，由申请人按下列要求填写。

（1）**台站名称**栏，请填写业余无线电台的具体名称。建议采用"申请人+频段+业余无线电台"的方式填写台站名称，如"张三超短波业余无线电台"。

(2) **申请类别**栏，新设业余无线电台的，请在“□新设”对应方框内填写“√”，以此类推。

(3) **使用方式**栏，固定使用的，请在“□固定”对应方框内填写“√”，以此类推。

(4) **台址/设置区域**栏，对于有固定台址的业余无线电台，请在此栏填写其所在地详细地址，具体格式如：XX 省（自治区、直辖市）XX 市（县、区）XX 乡镇（街道）XX 门牌号。对于没有固定台址的业余无线电台，请填写拟设置、使用业余无线电台的设置范围，例如“北京市”“全国”。对于没有固定台址的业余无线电台，其设置区域超出申请人住所地所在省、自治区、直辖市行政区域的，申请人还应当向无线电管理机构提交跨区域设置业余无线电台必要性的说明材料。

(5) **地理坐标**栏，对于申请以固定方式设置、使用的业余无线电台，请填写设置、使用地点的地理经度和纬度（WGS-84 坐标系），其中秒位应精确到小数点后一位。对于申请以其他方式设置、使用的业余无线电台（如车载、背负或手持），请在此栏相应空格内填写短横线“-”。

(6) **车牌号码**栏，对于申请以车载方式设置、使用的业余无线电台，请填写相应车牌号码。对于以其他方式设置、使用的业余无线电台（如固定、背负或手持）的，请在此栏相应空格内填写短横线“-”。

(7) **电台种类**栏，如为一般业余无线电台，请在“□一般”对应方框内填写“√”，以此类推。如电台种类选择“其他”，则需要在**具体说明**中填写业余无线电台具体用途。

(8) **台站首次启用日期**栏，办理业余无线电台延续使用或变更手续时，需填写本业余无线电台第一次启用的日期（本业余无线电台第一次获颁的无线电台执照上载明的有效期起始时间）。办理新设业余无线电台时，无需填写此栏。

(9) **申请使用期限**栏，请填写拟申请使用本业余无线电台的期限起讫。按照《中华人民共和国无线电管理条例》规定，业余无线电台执照有效期不得超过 5 年。

(10) **是否同时申请呼号、原指配呼号**栏，如在申请设置、使用业余无线电台的同时需要申请核发新的业余无线电台呼号，请在“□是”对应方框内填写“√”，并在**原指配呼号**栏中填写“新申请”字样。如申请人已取得过除业余中继台、业余信标台呼号以外的业余无线电台呼号，请在“□否”对应方框内填写“√”，并在**原指配呼号**栏中填写已获得的业余无线电台呼号。**需要特别说明的是，申请人已取得除业余中继台、业余信标台呼号以外的其他业余无线电台呼号的，无线电管理机构不再同时核发新的业余无线电台呼号。**

(11) **原电台执照编号**栏，如果申请延续使用或变更业余无线电台的，须在本栏中填写原电台执照编号。办理新设业余无线电台时，本栏填写“新申请”字样。

5. 本表第三部分为**业余无线电台基本参数**，除有特殊说明外均为**必填项**，由申请人按下列要求填写。

（1）**发射设备型号核准代码**栏，是指经过国家无线电管理机构型号核准后获得的唯一代码。申请人使用自制、改装、拼装等无线电发射设备申请设置、使用业余无线电台的，此栏填写“自制”等。填写型号核准代码的，本部分后面的**占用带宽**栏可不填写。

（2）**设备出厂序列号**栏，请填写业余无线电发射设备的出厂序列号。申请人使用自制、改装、拼装等无线电发射设备申请设置、使用业余无线电台的，此栏填写“自制”等。

（3）**占用带宽**栏，请选择发射占用带宽的单位，在对应方框内填写“√”，并填写发射占用带宽的数值。

（4）**天线增益**栏，请填写发射天线增益，单位为 dBi。若天线增益为相对于半波阵子的增益，应进行换算：各向同性增益=相对于半波阵子的增益+2.1（dBi）。如果拟设台站的收发天线不同，应在本部分**其他特别说明**栏中说明。

（5）**极化方式**栏，请据实填写“水平线极化”“垂直线极化”“右旋圆极化”左旋圆极化”“其他极化”等。

（6）**天线距地高度**栏，请填写天线距地面的高度（非海拔高度，包括架设天线的建筑物的高度），单位为米（m）。无固定台址的业余无线电台无需填写。

（7）**工作频段**和**最大发射功率**栏，请逐一勾选拟使用的无线电频率（在对应频段后面的方框内填写“√”），并在**最大发射功率**栏填写此频段最大发射功率。如某些频段最大发射功率、占用带宽等参数有特殊说明的，请在本部分**其他特别说明**栏中填写。**需要特别说明的是，申请使用的频率范围和最大发射功率，不得超出申请人（技术负责人）所持有的业余无线电台操作技术能力验证证书所规定的限值。**

（8）**其他特别说明**栏，申请人认为应填写的其他必要说明。如一个业余无线电台使用多种天线类型，应在该栏分别说明每种类型天线的天线名称、天线增益和极化方式，相应地本部分**天线增益**栏和**极化方式**栏可填写业余无线电台主用天线的增益和极化方式。

（9）对于一个业余无线电台使用多个无线电发射设备的情况，应逐行填写全部设备的无线电发射设备**型号核准代码、设备出厂序列号、占用带宽、天线增益、极化方式、天线距地高度**，第一个无线电发射设备单独填写**工作频段**和**最大发射功率**栏，其余设备的**工作频段**和**最大发射功率**栏可另附页。

6. 本表第四部分为业余中继台、业余信标台等业余无线电台附加信息说明，除有特殊说明外均为**必填项**。对于其中的**调制方式**栏，请根据业余无线电台实际可能使用的调制方式选择“数字”或“模拟”调制（或两者都选），并在对应方框内填写“√”，同时请填写主载波的全部调制方式。

7. 向无线电管理机构提交本表前，申请人须在本表右下角部分签字（申请人为单位的，应加盖公章；申请人为未成年人的，应同时由其监护人签字，并注明与被监护人的关系），并写明申请日期。

8. 本表第五部分由许可本业余无线电台的无线电管理机构填写。

（1）**本业余无线电台档案号**栏，由许可本业余无线电台的无线电管理机构负责编制，是本业余无线电台的唯一标识。设置、使用人申请延续使用、变更业余无线电台时，该电台档案号保持不变。该号码由 12 位数字组成，即：行政区划代码（4 位）+流水号（8 位）。其中：

国家无线电管理机构作出设置、使用业余无线电台许可时，行政区划代码统一使用 0000。

省级无线电管理机构作出设置、使用业余无线电台许可时，其行政区划代码依照《工业和信息化部办公厅关于启用新版〈中华人民共和国无线电台执照（地面无线电业务）〉的通知》（工信厅无〔2018〕99 号）执行。

流水号由作出设置、使用业余无线电台许可的无线电管理机构自 00000001 开始，按自然顺序编制，下一年度流水号接上一年度继续编制。业余无线电台档案号与其他地面业务无线电台档案号依顺序编制。

（2）**本业余无线电台类别**栏，是用于区分业余无线电台的基本类别，由 2 位字母表示。详细编码规则依照《工业和信息化部办公厅关于启用新版〈中华人民共和国无线电台执照（地面无线电业务）〉的通知》（工信厅无〔2018〕99 号）执行。业余无线电台基本类别字母表示为“AT”。

（3）**核发本业余无线电台呼号**栏，请填写新核发或已核发的业余无线电台呼号。

（4）**颁发业余无线电台执照编号**栏，由许可本业余无线电台的无线电管理机构填写颁发给该业余无线电台的电台执照的编号。

（5）**备注**栏，由许可本业余无线电台的无线电管理机构填写相应信息。

9. 如本表空间不够，由业余无线电台设置、使用人自行续表，并在表格最后一行“/”左侧填写该表的顺序号，右侧填写表的总数。例如，2/4 表示此表号下共有 4 张申请表，此表为第 2 张表。

附件 2

业余无线电台呼号编制和核发要求

业余无线电台呼号一般由呼号前缀、电台种类、分区编号、呼号后缀四部分组成。

呼号前缀(呼号第一部分)由一位字母组成,为国际电信联盟分配的呼号前缀字母 B。

电台种类(呼号第二部分)由一位字母组成,用于区分不同序列的呼号后缀或表示某些特定种类的业余无线电台。字母 G、H、I、D、A、B、C、E、F、K、L 用于一般业余无线电台呼号;字母 J 用于空间业余无线电台呼号;字母 R 用于业余中继台和业余信标台呼号。字母 S、T、Y、Z 以及其他字母序列的业余无线电台呼号由国家无线电管理机构保留。

分区编号(呼号第三部分)由一位数字组成,用于表示业余无线电台分区号。空间业余无线电台分区号为 1。

呼号后缀(呼号第四部分)由 1~4 位的字母或者字母和数字的组合组成。其中,1 位、4 位呼号后缀,以及带有数字的呼号后缀由国家无线电管理机构保留。QOA~QUZ 及 SOS、XXX、TTT 等可能与遇险信号或类似性质的其他信号混淆的字母组合不用作呼号后缀。

各省、自治区、直辖市无线电管理机构可以核发的业余无线电台呼号号段见下表。

省（自治区、直辖市）	业余无线电台呼号						
	呼号前缀（第一部分）	电台种类（第二部分）	分区编号（第三部分）	呼号后缀（第四部分）			
				双字母组合	数量	三字母组合	数量
北京	B	一般业余无线电台：G、H、I、D、A、B、C、E、F、K、L 业余中继台、业余信标台：R	1	AA～XZ	624	AAA～XZZ	16039
黑龙江			2	AA～HZ	208	AAA～HZZ	5408
吉林				IA～PZ	208	IAA～PZZ	5408
辽宁				QA～XZ	208	QAA～XZZ	5223
天津			3	AA～FZ	156	AAA～FZZ	4056
内蒙古				GA～LZ	156	GAA～LZZ	4056
河北				MA～RZ	156	MAA～RZZ	4056
山西				SA～XZ	156	SAA～XZZ	4054
上海			4	AA～HZ	208	AAA～HZZ	5408
山东				IA～PZ	208	IAA～PZZ	5408
江苏				QA～XZ	208	QAA～XZZ	5223
浙江			5	AA～HZ	208	AAA～HZZ	5408
江西				IA～PZ	208	IAA～PZZ	5408
福建				QA～XZ	208	QAA～XZZ	5223
安徽			6	AA～HZ	208	AAA～HZZ	5408
河南				IA～PZ	208	IAA～PZZ	5408
湖北				QA～XZ	208	QAA～XZZ	5223
湖南			7	AA～HZ	208	AAA～HZZ	5408
广东				IA～PZ	208	IAA～PZZ	5408
广西				QA～XZ	208	QAA～XZZ	5223
海南				YA～ZZ	52	YAA～ZZZ	1352
四川			8	AA～FZ	156	AAA～FZZ	4056
重庆				GA～LZ	156	GAA～LZZ	4056
贵州				MA～RZ	156	MAA～RZZ	4056
云南				SA～XZ	156	SAA～XZZ	4054

续表

省(自治区、直辖市)	业余无线电台呼号						
	呼号前缀(第一部分)	电台种类(第二部分)	分区编号(第三部分)	呼号后缀(第四部分)			
				双字母组合	数量	三字母组合	数量
陕　西	B	一般业余无线电台:G、H、I、D、A、B、C、E、F、K、L 业余中继台、业余信标台:R	9	AA~FZ	156	AAA~FZZ	4056
甘　肃				GA~LZ	156	GAA~LZZ	4056
宁　夏				MA~RZ	156	MAA~RZZ	4056
青　海				SA~XZ	156	SAA~XZZ	4054
新　疆			0	AA~FZ	156	AAA~FZZ	4056
西　藏				GA~LZ	156	GAA~LZZ	4056

注:各省、自治区、直辖市无线电管理机构在核发一般业余无线电台呼号时,呼号第二部分应按照 G、H、I、D、A、B、C、E、F、K、L 顺序,第四部分应按照双字母、三字母组合顺序依次编制并核发业余无线电台呼号。

海关总署关于废止部分规章的决定

(2024 年 1 月 22 日海关总署令第 264 号公布　自公布之日起施行　国司备字[2024010393])

根据工作实际,现决定废止 2004 年 11 月 30 日海关总署令第 120 号公布,根据 2010 年 11 月 26 日海关总署令第 198 号修改的《中华人民共和国海关办理申诉案件暂行规定》;2001 年 12 月 13 日海关总署令第 90 号公布,根据 2010 年 11 月 26 日海关总署令第 198 号修改的《中华人民共和国海关关于〈扶贫、慈善性捐赠物资免征进口税收暂行办法〉的实施办法》;2008 年 12 月 26 日海关总署令第 178 号公布,根据 2011 年 10 月 19 日海关总署令第 203 号修改的《中华人民共和国海关〈中华人民共和国政府和新加坡共和国政府自由贸易协定〉项下进出口货物原产地管理办法》;1994 年 8 月 29 日海关总署令第 49 号公布的《中华人民共和国海关稽查暂行规定》。

本决定自公布之日起施行。

中华人民共和国海关审理行政复议案件程序规定

（2024年1月22日海关总署令第265号公布　自2024年3月1日起施行　国司备字[2024010394]）

第一章　总　　则

第一条　为了规范海关行政复议，监督和保障海关依法行使职权，发挥行政复议化解行政争议的主渠道作用，推进海关法治建设，根据《中华人民共和国行政复议法》（以下简称行政复议法）、《中华人民共和国海关法》的规定，制定本规定。

第二条　海关行政复议工作坚持中国共产党的领导。

海关行政复议机关履行行政复议职责，应当遵循合法、公正、公开、高效、便民、为民的原则，坚持有错必纠，保障法律、行政法规的正确实施。

第三条　海关总署、直属海关是海关行政复议机关，依照本规定履行行政复议职责。海关总署、直属海关负责法治工作的机构是海关行政复议机构，依照本规定办理行政复议事项。海关行政复议机构同时组织办理本级海关的行政应诉事项。

上级海关行政复议机构对下级海关行政复议机构的行政复议工作进行指导、监督。

第四条　各级海关行政复议机关应当确保海关行政复议机构的人员配备与所承担的工作任务相适应。海关行政复议工作所需接待、阅卷、听证、调解、案卷保存等办案场所及相关设施设备由各级海关予以保障。海关行政复议工作所需经费列入各级海关预算。

海关行政复议机关应当对行政复议人员进行业务培训，提高行政复议人员的专业素质。

海关行政复议机关对在行政复议工作中做出显著成绩的单位和个人，按照有关规定给予表彰和奖励。

第二章　行政复议申请

第五条　公民、法人或者其他组织认为海关的行政行为所依据的规范性文件不合法，在对行政行为申请行政复议时可以一并提出对该规范性文件的审查申请。

前款所列规范性文件不含法律、法规、规章。

第六条 行政复议参加人包括申请人、被申请人、第三人、委托代理人。

第三人参加行政复议的，海关行政复议机构应当制发《第三人参加行政复议通知书》并送达当事人。

委托代理人参加行政复议的，应当向海关行政复议机构提交授权委托书、委托人及被委托人的身份证明文件。申请人、第三人变更或者解除代理人权限的，应当书面告知海关行政复议机构。

第七条 公民、法人或者其他组织认为海关行政行为侵犯其合法权益的，可以自知道或者应当知道该行政行为之日起六十日内提出行政复议申请；但是法律规定的申请期限超过六十日的除外。

申请人因不可抗力或者其他正当理由耽误法定申请期限的，申请期限自障碍消除之日起继续计算。

海关作出行政行为时，未告知公民、法人或者其他组织申请行政复议的权利、行政复议机关和申请期限的，申请期限自公民、法人或者其他组织知道或者应当知道申请行政复议的权利、行政复议机关和申请期限之日起计算，但是自知道或者应当知道行政行为内容之日起最长不得超过一年。

第八条 公民、法人或者其他组织认为海关未依法履行法定职责，行政复议申请期限依照下列规定计算：

（一）履行职责的期限有法律、行政法规、海关规章及规范性文件规定的，自履行期限届满之日起计算；

（二）履行职责的期限没有规定的，自海关收到公民、法人或者其他组织要求履行职责的申请满六十日起计算。

第九条 申请人申请行政复议，可以书面申请；书面申请有困难的，也可以口头申请。

书面申请的，可以通过邮寄或者海关行政复议机关指定的互联网渠道等方式提交行政复议申请书，也可以当面提交行政复议申请书。申请人通过邮寄方式提交书面行政复议申请的，应当在信封注明“行政复议”字样。

口头申请的，海关行政复议机构应当当场制作《行政复议申请笔录》交申请人核对或者向申请人宣读，并由其签字或者签章确认。

第十条 行政复议申请书应当载明下列内容：

（一）申请人姓名或者名称、地址、联系方式；

（二）被申请人的名称、地址；

（三）行政复议请求；

（四）主要事实和理由；

（五）提出行政复议申请的日期。

行政复议申请书应当由申请人或者申请人的法定代表人签字或者签章，并提交身份证明文件。

第十一条 有下列情形之一的，申请人应当先向海关申请行政复议，对海关行政复议决定不服的，可以再依法向人民法院提起行政诉讼：

（一）对海关当场作出的行政处罚决定不服；

（二）认为海关未履行法定职责；

（三）申请政府信息公开，海关不予公开；

（四）同海关发生纳税争议；

（五）法律、行政法规规定应当先向海关申请行政复议的其他情形。

对前款规定的情形，海关在作出行政行为时应当告知公民、法人或者其他组织先向海关行政复议机关申请行政复议。

第十二条 对海关行政行为不服的，向作出该行政行为的海关的上一级海关提出行政复议申请。

对海关总署作出的行政行为不服的，向海关总署提出行政复议申请。

第三章 行政复议受理

第十三条 海关行政复议机关应当自收到行政复议申请之日起五日内进行审查。

对符合行政复议法规定的受理条件的，海关行政复议机关应当受理，并制发《行政复议申请受理通知书》和《行政复议答复通知书》分别送达申请人和被申请人。

对不符合受理条件的，海关行政复议机关不予受理，制发《行政复议申请不予受理决定书》，并送达申请人。

海关行政复议机关在审查期限内作出受理决定，作出受理决定之日即为受理之日。行政复议申请的审查期限届满，海关行政复议机关未作出不予受理决定的，审查期限届满之日起视为受理。

第十四条 行政复议申请材料不齐全或者表述不清楚的，无法判断行政复议申请是否符合受理条件，海关行政复议机关应当自收到该行政复议申请之日起五日内书面通知申请人补正。补正通知应当一次性载明需要补正的事项和期限。

申请人应当自收到补正通知之日起十日内向海关行政复议机关提交补正材料,有正当理由不能按期补正的,海关行政复议机关可以延长合理的补正期限。申请人无正当理由逾期不补正的,视为其放弃行政复议申请,并记录在案。

海关行政复议机关收到补正材料后,依照本规定第十三条规定处理。

第十五条 对海关当场作出的或者依据电子技术监控设备记录的违法事实作出的行政处罚决定不服申请行政复议的,可以通过作出行政处罚决定的海关提交行政复议申请。

作出行政处罚决定的海关收到行政复议申请后,应当做好记录及时处理;认为需要维持行政处罚决定的,应当自收到行政复议申请之日起五日内转送海关行政复议机关。

第十六条 申请人依法提出行政复议申请,直属海关无正当理由不予受理、驳回申请或者受理后超过行政复议期限不作答复的,海关总署应当根据申请人的申请或者依照职权责令纠正,必要时,海关总署可以直接受理。

第四章 行政复议案件审理

第十七条 海关行政复议机关依照行政复议法规定适用普通程序或者简易程序审理行政复议案件。海关行政复议机构应当指定行政复议人员负责办理行政复议案件。

第十八条 海关行政复议机构应当自受理行政复议申请之日起七日内,将行政复议申请书副本或者行政复议申请笔录复印件以及申请人提交的证据、其他有关材料的副本发送被申请人。被申请人应当自收到行政复议申请书副本或者行政复议申请笔录复印件之日起十日内,提出书面答复。

第十九条 被申请人作出行政行为的承办机构或者部门组织行政复议答复,经本级法规部门复核后向海关行政复议机构提交《行政复议答复书》,并提交作出行政行为的证据、依据和其他有关材料。但是,海关总署本级行政复议案件的《行政复议答复书》无需法规部门复核。

《行政复议答复书》应当载明下列内容:

(一)被申请人名称、地址、法定代表人姓名及职务;

(二)被申请人作出行政行为的事实、证据、理由及法律依据;

(三)对申请人的行政复议请求、事实、理由全面进行答辩和举证;

(四)处理建议;

(五)作出答复的日期。

被申请人提交的《行政复议答复书》应当加盖被申请人印章,提交的有关证据、依据和其他有关材料应当按照规定装订成卷。

第二十条 海关行政复议机关应当为申请人、第三人及其委托代理人查阅、复制行政复议有关材料提供便利,应当设立专门的行政复议接待室或者案卷查阅室,配备相应的监控设备。

申请人、第三人及其委托代理人不得涂改、毁损、拆换或者增添查阅、复制的材料。

第二十一条 海关行政复议机构调查取证时,行政复议人员不得少于两人,并应当出示证件。调查取证情况应当予以记录。

第二十二条 行政复议期间,海关行政复议机关依据行政复议法第三十九条规定决定行政复议中止的,应当制发《行政复议中止决定书》,并送达当事人。行政复议中止原因消除后,应当及时恢复行政复议案件的审理,制发《行政复议恢复审理通知书》,并送达当事人。

行政复议期间,海关行政复议机关依据行政复议法第四十一条规定决定行政复议终止的,应当制发《行政复议终止决定书》,并送达当事人。

行政复议期间,海关行政行为不停止执行,但海关行政复议机关依据行政复议法第四十二条规定决定停止执行的,应当制发《行政行为停止执行决定书》,并送达当事人。

第二十三条 海关审理行政复议案件听取当事人意见应当采取当面或者互联网、电话等方式,并将听取的意见记录在案,由两名以上行政复议人员签字。因当事人原因不能听取意见的,可以书面审理,并将该情况记录在案,由两名以上行政复议人员签字。

第二十四条 海关行政复议机构决定举行听证的,应当于举行听证的五日前制发《行政复议听证通知书》,将举行听证的时间、地点和拟听证事项等通知当事人。

被申请人的负责人应当参加听证。不能参加的,应当说明理由并委托相应的工作人员参加听证。

第二十五条 海关行政复议机关依照行政复议法规定适用简易程序审理的行政复议案件,可以书面审理。

海关行政复议机构应当自受理行政复议申请之日起三日内,将行政复议申请书副本或者行政复议申请笔录复印件发送被申请人。被申请人应当自收到行政复议申请书副本或者行政复议申请笔录复印件之日起五日内,提出书面答复,并提交作出行政行为的证据、依据和其他有关材料。

海关行政复议机构认为不宜适用简易程序的,经海关行政复议机构的负责人批准,可以转为普通程序审理,制发《简易程序转普通程序审理告知书》,并送达当事人。

第二十六条 海关行政复议机关对规范性文件进行附带审查,有权处理的,应当在三十日内依照下列程序处理:

(一)海关行政复议机构应当自行政复议中止之日起三日内书面通知该规范性文件的业务主管部门;

(二)业务主管部门应当自收到书面通知之日起十日内就该规范性文件的合法性、有效性等向海关行政复议机构提出审查意见。

第二十七条 海关行政复议机关对规范性文件进行附带审查,无权处理的,应当在七日内转送有权处理的上级海关或者其他有权处理的国家机关依法处理。

接受转送的上级海关业务主管部门应当就该规范性文件的合法性、有效性等提出审查意见,自收到转送文件之日起六十日内将处理意见以上级海关名义回复转送的下级海关。

第五章 行政复议决定

第二十八条 适用普通程序审理的行政复议案件,海关行政复议机关应当自受理申请之日起六十日内作出行政复议决定。有下列情形之一的,经海关行政复议机构负责人批准,可以适当延长,但是延长期限最多不得超过三十日:

(一)决定举行行政复议听证;

(二)申请人书面申请延长期限;

(三)有第三人参加行政复议;

(四)申请人、第三人提出新的事实或者证据需要进一步调查;

(五)影响行政复议案件审理的其他情况。

海关行政复议机构延长行政复议期限,应当制发《延长行政复议审查期限通知书》,并送达当事人。

适用简易程序审理的行政复议案件,海关行政复议机关应当自受理申请之日起三十日内作出行政复议决定。

第二十九条 海关行政复议机关依照行政复议法规定作出驳回复议申请、变更、撤销或者部分撤销、确认违法、决定履行法定职责、确认无效、维持、驳回复议请求等行政复议决定。

海关行政复议机关决定撤销或者部分撤销行政行为并责令被申请人重新

作出行政行为的,被申请人应当在法律、行政法规、海关规章及规范性文件规定的期限内重新作出;法律、行政法规、海关规章及规范性文件未规定期限的,重新作出行政行为的期限为六十日。

海关行政复议机关对规范性文件进行附带审查的,应当将审查结果在行政复议决定书中一并告知。

第三十条 海关行政复议机关依照行政复议法规定进行调解,当事人经调解达成协议的,海关行政复议机关应当制发《行政复议调解书》。调解未达成协议或者调解书生效前一方反悔的,海关行政复议机关应当依法审查或者及时作出行政复议决定。

第三十一条 当事人依照行政复议法规定达成和解的,由申请人向海关行政复议机构撤回行政复议申请。海关行政复议机构经审查准予撤回行政复议申请的,海关行政复议机关决定终止行政复议。申请人以同一事实和理由再次提出行政复议申请的,海关行政复议机关不予受理。但是,申请人能够证明撤回行政复议申请违背其真实意愿的除外。

第三十二条 海关行政复议机构提出案件处理意见,经行政复议机关的负责人同意或者集体讨论通过后,作出行政复议决定,应当制发《行政复议决定书》,并送达当事人。

《行政复议决定书》应当载明下列内容:

(一)申请人、被申请人、第三人基本情况;

(二)申请人申请行政复议的请求、事实和理由;

(三)被申请人答复的事实、理由和依据;

(四)第三人提出的意见;

(五)行政复议查明的事实和相应的证据;

(六)行政复议决定的具体内容、理由和依据;

(七)不服行政复议决定向人民法院起诉的期限和具体管辖法院;

(八)作出行政复议决定的日期。

《行政复议决定书》应当加盖海关行政复议机关的印章。

第三十三条 海关行政复议机关在行政复议期间发现被申请人的行政行为违法、不当的,可以制发《行政复议意见书》,对被申请人纠正执法行为、改进执法工作提出具体意见。

被申请人应当自收到《行政复议意见书》之日起六十日内将纠正相关违法、不当行政行为的情况报告海关行政复议机关。

海关行政复议机构在行政复议期间发现海关行政执法中存在制度性、系统性风险的,可以制发《风险提示函》,提醒相关业务主管部门或者下级海关关注执法风险、加强业务管理;或者制发《行政复议建议书》,向相关业务主管部门提出改进执法的建议。

第三十四条　申请人不服海关行政复议决定或者海关行政复议机关受理后超过行政复议期限不作答复的,申请人可以自收到决定书之日起或者行政复议期限届满之日起十五日内,依法向人民法院提起行政诉讼。

第六章　附　　则

第三十五条　海关行政复议机关可以使用行政复议专用章。在海关行政复议活动中,海关行政复议专用章和海关行政复议机关的印章具有同等法律效力。

第三十六条　海关行政复议案件办结后,应当对案件材料进行整理,按照规定立卷归档。

第三十七条　本规定由海关总署负责解释。

第三十八条　本规定自 2024 年 3 月 1 日起施行。2007 年 9 月 25 日海关总署令第 166 号公布、根据 2014 年 3 月 13 日海关总署令第 218 号修改的《中华人民共和国海关行政复议办法》同时废止。

供港澳食用陆生动物检验检疫管理办法

(2024 年 1 月 22 日海关总署令第 266 号公布　自 2024 年 3 月 1 日起施行　国司备字[2024010392])

第一章　总　　则

第一条　为了做好供港澳食用陆生动物检验检疫工作,防止动物疫病传播,保障供港澳食用陆生动物卫生和食用安全,根据《中华人民共和国进出境动植物检疫法》及其实施条例、《中华人民共和国食品安全法》及其实施条例、《中华人民共和国生物安全法》、《中华人民共和国动物防疫法》等法律、行政法规的规定,制定本办法。

第二条　海关总署统一管理内地供港澳食用陆生动物的检验检疫和监督管理工作。

各级海关负责所辖区域供港澳食用陆生动物的检验检疫和监督管理工作。

第三条 从事供港澳食用陆生动物饲养、运输、中转、贸易等活动的单位和个人应当遵守本办法，依法接受海关的监督管理，履行动物防疫和产品质量安全主体责任，承担社会责任，确保供港澳食用陆生动物卫生和食用安全。

第四条 海关运用风险管理和信息化手段，提升供港澳食用陆生动物检验检疫和监督管理水平。

第二章 注册登记

第五条 海关对供港澳食用陆生动物饲养场（以下简称“饲养场”）实行注册登记管理。

注册登记以饲养场为单位，一场一证，注册登记编号应专场专用。

饲养场未经注册登记的，其饲养的食用陆生动物不得供应香港、澳门特别行政区。

第六条 饲养场注册登记应当符合以下条件：

（一）具有经营主体资格；

（二）取得农业农村部门颁发的动物防疫条件合格证；

（三）饲养场的选址、饲养规模、饲养模式、分区布局、设施设备、管理制度、动物防疫条件等符合海关规定，具体要求由海关总署另行制定。

饲养场不具备经营主体资格的，应当由经营该饲养场的经营主体申请注册登记。

第七条 饲养场向所在地海关提出注册登记申请，提交饲养场注册登记申请表和饲养场平面图。

饲养场所在地直属海关组织开展材料审核和实地审查，符合注册登记条件的，依法作出准予行政许可的决定，颁发饲养场注册登记证书；不符合注册登记条件的，依法作出不予行政许可的决定。

第八条 注册登记饲养场场址（迁址除外）、经营主体类型、单位名称、法定代表人或者负责人变更的以及因改扩建引起注册登记条件发生变化的，应当在变更后 30 日内向所在地海关申请办理变更手续，并提交相关材料。

注册登记饲养场迁址的，应当向新址所在地海关重新申请办理注册登记手续。海关应当注销原址注册登记，收回原饲养场注册登记证书。

第九条 饲养场注册登记有效期 5 年。

饲养场注册登记有效期届满需要延续的，应当在有效期届满 30 日前向所在地海关申请办理延续手续。

第十条 饲养场注册登记依法应当撤回、撤销、注销的，海关按照行政许可相关规定办理。

第十一条 海关总署统一公布注册登记饲养场名单。

第三章 检验检疫

第十二条 注册登记饲养场应当在供港澳食用陆生动物装运7日前向所在地海关报送供港澳计划。

第十三条 供港澳食用陆生动物装运前应当进行隔离检疫。供港澳活牛、活羊、活猪隔离检疫期不少于7日,供港澳活禽隔离检疫期不少于5日。

第十四条 注册登记饲养场应当在装运3日前向所在地海关申请启运地检验检疫。特殊情况下,经海关同意,可以临时申请启运地检验检疫。

第十五条 必要时,海关可以对供港澳食用陆生动物采集样品进行检测。

第十六条 供港澳食用陆生动物的检疫标志及其使用管理应当符合海关要求,具体要求由海关总署另行制定。

第十七条 所在地海关对经隔离检疫合格的供港澳食用陆生动物实施装运前检查、监督装载,对运输工具加施封识。

装运前检查包括确认供港澳食用陆生动物来自注册登记的饲养场、核定供港澳食用陆生动物数量、检查供港澳食用陆生动物检疫标志加施情况、确认无任何动物疫病症状和伤残情况、确认运输工具及装载器具符合动物卫生要求等。

第十八条 经所在地海关检验检疫合格的供港澳食用陆生动物,由海关总署授权的兽医官签发动物卫生证书。

动物卫生证书自签发之日起生效,有效期不超过14日,具体时限要求由海关总署另行制定。

第十九条 供港澳食用陆生动物运抵出境口岸或者接驳场地时,海关实施离境检验检疫。

海关审核动物检疫标志、货主或者其代理人提交的动物卫生证书等单证,并对动物实施临床检查,符合海关监管要求的供港澳食用陆生动物,准予出境。海关工作人员应当在动物卫生证书上加签实际供港澳食用陆生动物数量、出境日期等信息,签字确认并加盖海关印章。

无符合要求的动物检疫标志、无有效的动物卫生证书或者经临床检查不合格的供港澳食用陆生动物,不准出境。

第二十条 货主或者其代理人出口供港澳食用陆生动物时应当依法向海关如实申报。

第二十一条 供港澳食用陆生动物需要由香港、澳门的运输工具在出境地接驳出境的，应当在符合海关监管要求的场地进行。

第二十二条 注册登记饲养场、货主或者其代理人应当做好运输工具及装载器具的清洗消毒工作。

装运供港澳食用陆生动物的回空运输工具入境时应当清洗干净，并在海关的监督下作防疫消毒处理。

第四章 监督管理

第二十三条 注册登记饲养场应当依法开展饲养活动，落实动物防疫制度，如实记录动物饲养情况，保证供港澳食用陆生动物符合国家有关法律法规、强制性标准，具体要求由海关总署另行制定。

第二十四条 注册登记饲养场改扩建的，应当事前向海关报告改扩建计划以及动物防疫措施。

改扩建期间，饲养的供港澳食用陆生动物不得供应香港、澳门特别行政区，但不影响动物防疫条件并经海关同意的除外。

第二十五条 海关对注册登记饲养场实施动物疫病监测、药物残留和其他有毒有害物质监控。

海关可以根据需要采集样品开展监测监控。

第二十六条 海关对注册登记饲养场的饲养管理和动物防疫情况、动物健康状况等进行监督检查。

监督检查包括日常监督检查和年度监督检查。

第二十七条 海关根据注册登记饲养场的管理情况和信息化应用水平，对注册登记饲养场实行分类管理。

第二十八条 从事供港澳食用陆生动物饲养、运输、中转、贸易等活动的单位和个人，发现动物染疫或者疑似染疫的，应当立即按要求向海关报告，并迅速采取隔离等控制措施，防止动物疫情扩散。

海关按照法律法规以及国家有关规定进行处置。

第二十九条 注册登记饲养场出现下列情形之一时，由海关责令改正，整改期间其饲养的动物不得供应香港、澳门特别行政区：

（一）饲养的动物发生一类、二类传染病或者其他具有严重危害动物疫病的；

（二）饲养的动物被检出一类、二类传染病或者其他具有严重危害动物疫病的；

（三）饲养的动物被检出药物残留项目不合格的，或者被检出其他有毒有害物质项目不合格的；

（四）使用、存放国家禁用药物或者其他禁用投入品的；

（五）对国家允许使用的药物或者其他投入品不按国家有关规定使用的；

（六）伪造动物饲养记录的；

（七）其他不符合饲养管理或者动物防疫要求的。

注册登记饲养场应当配合海关或者其他有关部门查明原因，并按照有关规定进行整改。整改结果经海关认可的，方可恢复向香港、澳门特别行政区供应其饲养的动物。

第五章　附　　则

第三十条　有下列违法行为之一的，海关可以予以警告或者处 3 万元以下罚款：

（一）以欺骗、贿赂等不正当手段取得注册登记；

（二）供港澳食用陆生动物来自未经注册登记饲养场；

（三）不配合海关依法监管，拒绝接受询问、提供材料，或者提供虚假信息、材料；

（四）伪造动物饲养记录；

（五）发现动物染疫、疑似染疫未按规定向海关报告，或者未采取隔离等控制措施。

第三十一条　本办法中的“供港澳食用陆生动物”指内地供应香港、澳门特别行政区用于屠宰食用的活牛、活羊、活猪、活禽等动物，其中活禽包括鸡、鸭、鹅、鸽、鹌鹑、鹧鸪及其他饲养的禽类。

本办法中的“动物疫病”是指农业农村部发布的一、二、三类动物疫病病种名录所列疫病以及香港、澳门特别行政区要求实施检疫的疫病。

本办法中的“投入品”是指供港澳食用陆生动物饲养、运输、中转、贸易等活动中使用或者添加的物质，包括药物、疫苗、动物促生长剂、饲料和饲料添加剂等。

第三十二条　供港澳养殖用陆生动物检验检疫和监督管理工作参照本办法执行。

第三十三条　内地与香港、澳门特别行政区就供港澳食用陆生动物检验检疫要求另有约定的，按照双方约定执行。

第三十四条　本办法由海关总署负责解释。

第三十五条 本办法自2024年3月1日起施行。1999年11月24日原国家出入境检验检疫局令第4号发布、根据2018年4月28日海关总署令第238号、2018年5月29日海关总署令第240号修改的《供港澳活牛检验检疫管理办法》,1999年11月24日原国家出入境检验检疫局令第3号发布、根据2018年4月28日海关总署令第238号、2018年5月29日海关总署令第240号修改的《供港澳活羊检验检疫管理办法》,2000年11月14日原国家出入境检验检疫局令第27号发布、根据2018年4月28日海关总署令第238号、2018年5月29日海关总署令第240号修改的《供港澳活猪检验检疫管理办法》,2000年11月14日原国家出入境检验检疫局令第26号发布、根据2018年4月28日海关总署令第238号、2018年5月29日海关总署令第240号修改的《供港澳活禽检验检疫管理办法》同时废止。

财政部关于修改《注册会计师全国统一考试办法》的决定

(2024年1月23日财政部令第115号公布 自2024年3月1日起施行 国司备字[2024010396])

财政部部务会议决定,对《注册会计师全国统一考试办法》作出修改:

一、将第十二条第三款修改为:“考生对考试成绩有异议的,可向报名地的地方考办提出成绩复核申请,由财政部考办统一组织成绩复核。复核后的成绩为最终成绩。”

二、将第十五条修改为:“注册会计师全国统一考试启用前的试题、参考答案和评分标准按照国家秘密管理。命审题工作及参与人员的有关情况、试题试卷命制工作方案、题库、案例库,注册会计师全国统一考试启用后的试题、参考答案、评分标准,评卷人信息,经评阅的考生答卷,未公布的应考人员考试成绩及其他有关情况和数据等,按照工作秘密管理。”

本决定自2024年3月1日起施行。

《注册会计师全国统一考试办法》根据本决定作相应修改,重新公布。

注册会计师全国统一考试办法

（2009年3月23日财政部令第55号公布　根据2014年4月23日《财政部关于修改〈注册会计师全国统一考试办法〉的决定》第一次修订　根据2024年1月12日《财政部关于修改〈注册会计师全国统一考试办法〉的决定》第二次修订）

第一条　为规范注册会计师全国统一考试工作，根据《中华人民共和国注册会计师法》，制定本办法。

第二条　财政部成立注册会计师考试委员会（以下简称财政部考委会），组织领导注册会计师全国统一考试工作。财政部考委会设立注册会计师考试委员会办公室（以下简称财政部考办），组织实施注册会计师全国统一考试工作。财政部考办设在中国注册会计师协会。

各省、自治区、直辖市财政厅（局）成立地方注册会计师考试委员会（以下简称地方考委会），组织领导本地区注册会计师全国统一考试工作。地方考委会设立地方注册会计师考试委员会办公室（以下简称地方考办），组织实施本地区注册会计师全国统一考试工作。地方考办设在各省、自治区、直辖市注册会计师协会。

第三条　财政部考委会确定考试组织工作原则，制定考试工作方针、政策，审定考试大纲，确定考试命题原则，处理考试组织工作的重大问题，指导地方考委会工作。

地方考委会贯彻、实施财政部考委会的决定，处理本地区考试组织工作的重大问题。

第四条　符合下列条件的中国公民，可以报名参加注册会计师全国统一考试：

（一）具有完全民事行为能力；

（二）具有高等专科以上学校毕业学历、或者具有会计或者相关专业中级以上技术职称。

第五条　有下列情形之一的人员，不得报名参加注册会计师全国统一考试：

（一）被吊销注册会计师证书自处罚决定之日起至报名截止日止不满5年者；

（二）参加注册会计师全国统一考试违规受到停考处理，期限未满者。

第六条　考试划分为专业阶段考试和综合阶段考试。考生在通过专业阶段考试的全部科目后，才能参加综合阶段考试。

专业阶段考试设会计、审计、财务成本管理、公司战略与风险管理、经济法、税法6个科目；综合阶段考试设职业能力综合测试1个科目。

每科目考试的具体时间，在各年度财政部考委会发布的报名简章中明确。

考试范围在各年度财政部考委会发布的考试大纲中确定。

第七条　考试为闭卷，采用计算机化考试方式或者纸笔考试方式。

第八条　报名参加考试的人员报名时需要交纳考试报名费。报名费标准按各省、自治区、直辖市价格主管部门、财政部门制定的相关规定执行。

第九条　报名的具体时间在各年度财政部考委会发布的报名简章中规定，地方考委会应当据此确定本地区具体报名日期，并向社会公告。

第十条　报名人员可以在一次考试中同时报考专业阶段考试6个科目，也可以选择报考部分科目。

第十一条　具有会计或者相关专业高级技术职称的人员，可以申请免予专业阶段考试1个专长科目的考试。

第十二条　应考人员答卷由财政部考办集中组织评阅，考试成绩由财政部考委会负责认定，由财政部考办发布。

每科考试均实行百分制，60分为成绩合格分数线。

考生对考试成绩有异议的，可向报名地的地方考办提出成绩复核申请，由财政部考办统一组织成绩复核。复核后的成绩为最终成绩。

第十三条　专业阶段考试的单科考试合格成绩5年内有效。对在连续5个年度考试中取得专业阶段考试全部科目考试合格成绩的考生，财政部考委会颁发注册会计师全国统一考试专业阶段考试合格证书。

对取得综合阶段考试科目考试合格成绩的考生，财政部考委会颁发注册会计师全国统一考试全科考试合格证书。

注册会计师全国统一考试专业阶段考试合格证书由考生向参加专业阶段考试最后一科考试所在地的地方考办领取。注册会计师全国统一考试全科考试合格证书由考生向参加职业能力综合测试科目考试所在地的地方考办领取。

第十四条　参加注册会计师全国统一考试的人员及组织考试相关人员，必须遵守注册会计师全国统一考试的相关规则、守则等，违者按照《注册会计师全国统一考试违规行为处理办法》予以处理。

第十五条　注册会计师全国统一考试启用前的试题、参考答案和评分标准按照国家秘密管理。

命审题工作及参与人员的有关情况、试题试卷命制工作方案、题库、案例库,注册会计师全国统一考试启用后的试题、参考答案、评分标准,评卷人信息,经评阅的考生答卷,未公布的应考人员考试成绩及其他有关情况和数据等,按照工作秘密管理。

第十六条 香港特别行政区、澳门特别行政区、台湾地区居民及外国人参加注册会计师全国统一考试办法,由财政部另行规定。

第十七条 本办法自公布之日起施行。2001 年 8 月 1 日财政部发布的《注册会计师全国统一考试办法》(财会〔2001〕1053 号)同时废止。

本办法公布前,已经参加注册会计师全国统一考试并取得 2005 年度至 2008 年度任一考试科目合格成绩的考生,以及已经获准免试或者豁免注册会计师全国统一考试部分考试科目的考生,参加 2009 年注册会计师全国统一考试的办法,由财政部另行规定。

中央储备棉管理办法

(2024 年 1 月 30 日国家发展和改革委员会、财政部令第 12 号公布　自 2024 年 4 月 1 日起施行　国司备字[2024010417])

第一章　总　　则

第一条 为加强中央储备棉管理,确保中央储备棉数量真实、质量良好和储存安全,有效发挥中央储备棉在国家宏观调控中的作用,制定本办法。

第二条 中央储备棉的管理、监督检查等适用本办法。

第三条 中央储备棉的轮换、收储、动用(含销售,下同)应当服从服务于棉花市场调控、应急保供、库存更新等需要。

第二章　职 责 分 工

第四条 国家发展改革委负责研究拟订中央储备棉规划和总量计划,会同相关部门提出中央储备棉轮换、收储、动用等调控措施意见,报国务院批准后组织实施。

第五条 国家粮食和储备局负责中央储备棉行政管理,会同相关部门下达中央储备棉轮换、收储、动用计划,对中央储备棉数量、储存安全及计划执行情况进行监督检查。

第六条 财政部负责研究制定中央储备棉财政补贴财务政策，安排中央储备棉财政补贴资金。

第七条 中国储备粮管理集团有限公司（以下简称中储粮集团）负责具体实施中央储备棉轮换、收储、动用计划，执行国家相关部门指令并接受监督指导，加强中央储备棉出入库和在库管理，对中央储备棉的数量、质量和储存安全负责。

第八条 中国农业发展银行负责按照国家有关规定和中央储备棉轮换、收储、动用计划，及时发放中央储备棉贷款，并实施信贷监管。

第三章 轮换、收储、动用管理

第九条 中央储备棉的轮换、收储、动用实行计划管理，任何单位和个人未经批准不得擅自动用，不得侵占、破坏、挪用。

第十条 在库时间达到5年左右的中央储备棉原则上需要安排轮换。中央储备棉年度轮换数量可根据供需形势和市场调控需要等进行适当调整。

第十一条 中储粮集团根据中央储备棉入库年限、保管质量、储存安全等情况，提出中央储备棉年度轮换计划建议，报送国家发展改革委、国家粮食和储备局、财政部。

第十二条 出现下列情形之一的，可以启动中央储备棉收储：

（一）国内棉花持续显著供大于需，或棉花价格大幅快速下跌；

（二）中央储备棉库存明显低于储备规模；

（三）国务院认为需要收储的其他情形。

第十三条 出现下列情形之一的，可以动用中央储备棉：

（一）国内棉花持续显著供不足需，或棉花价格大幅快速上涨；

（二）应对重大自然灾害或者其他突发事件、国防动员等需要动用中央储备棉；

（三）国务院认为需要动用中央储备棉的其他情形。

第十四条 国家发展改革委会同国家粮食和储备局、财政部确定中央储备棉轮换、收储、动用的原则、方式、数量和时机等。国家粮食和储备局、财政部会同国家发展改革委等向中储粮集团下达轮换、收储、动用计划。

第十五条 中储粮集团应当按月将中央储备棉轮换、收储、动用计划执行情况报国家发展改革委、国家粮食和储备局、财政部。因不可抗力等不能按时完成计划的，中储粮集团应当及时报告国家粮食和储备局，由国家粮食和储备局、财政部会同相关部门批准。

第十六条 中央储备棉的轮换、收储、动用通过公开竞价交易和进口询价采购方式进行,必要时经国家发展改革委会同相关部门同意,可采取邀标竞价等方式进行。

第四章 储存管理

第十七条 中央储备棉以中储粮集团直属企业自储为主,并逐步提高自储比例。确有需要的,可由中储粮集团租仓储存或委托具备条件的其他企业代储。中储粮集团应当按月将直属企业、租仓库点和代储企业(以下统称承储企业)的名单和储存数量报告国家粮食和储备局,并抄送中国农业发展银行。

第十八条 中储粮集团和承储企业不得擅自变更中央储备棉储存库点,不得虚报、瞒报中央储备棉数量,不得擅自串换中央储备棉品种,不得在中央储备棉中掺杂掺假、以次充好,不得故意拖延中央储备棉出入库。

任何单位、企业、个人不得以中央储备棉对外进行抵押、质押等担保或者清偿债务。

第十九条 中储粮集团和承储企业应当严格执行中央储备棉管理相关规章制度、标准,健全完善内部管理制度和工作机制,严格仓储管理,加强安全管理;对中央储备棉储存管理状况进行经常性检查,及时排查风险隐患,妥善处理保管过程中的数量、质量和储存安全等问题。发现数量和储存安全方面的重大风险隐患,中储粮集团应及时报告国家粮食和储备局。

第二十条 承储企业应当在专门库房内储存中央储备棉,并实行专人保管、专账记载,保证中央储备棉账账相符、账实相符、储存安全。

第二十一条 承储企业应当对中央储备棉进行棉权公示,在储存中央储备棉的库房涂刷或悬挂标识标牌。

第二十二条 因不可抗力等因素需要安排中央储备棉移库的,中储粮集团应当及时提出移库计划建议,经国家粮食和储备局、财政部会同相关部门同意后具体实施。

第二十三条 中储粮集团要加强中央储备棉直属库建设,安排资金用于新建仓容和更新改造,提高自储能力和管理水平;推动智慧棉库建设,建立自主可控的信息化监管系统,严格保障数据安全,实现在线监管,提升穿透监管能力。中央预算内投资对中央储备棉直属库建设予以适当支持。

第五章 财务管理

第二十四条 中央储备棉收储、轮入等所需资金通过中储粮集团直属中国储备棉管理有限公司(以下简称中储棉公司)向中国农业发展银行申请贷款解决,中央财政对中储棉公司按规定利率予以贷款贴息。

第二十五条 中央储备棉入储成本由财政部核定,出库盈利上交中央财政,出库亏损经财政部批准后由中央财政负担。中央财政安排亏损补贴前继续占用中国农业发展银行贷款发生的占贷利息,由中央财政负担。

第二十六条 中央储备棉在库保管费实行定额包干,与保管费相关的税费由中央财政据实负担。保管费标准由财政部结合中央储备棉业务实际情况等确定和调整。

第二十七条 中央储备棉财政补贴资金支付按照国库集中支付制度有关规定执行。中储棉公司应当按照部门预算管理要求对中央储备棉财政补贴资金开展全过程绩效管理,加强中央储备棉资金使用管理。

第六章 质量管理

第二十八条 中央储备棉质量执行公证检验制度,具体按照国家有关规定执行。根据市场调控、应急保供等紧急需要,经相关部门同意,可适当调整公证检验程序和方式。

第二十九条 中储粮集团应当保证入库的中央储备棉达到中央储备棉轮换、收储计划规定的质量等级,并符合国家有关质量要求。

第七章 监督检查

第三十条 国家粮食和储备局、财政部按照各自职责,对中储粮集团和承储企业管理中央储备棉情况进行监督检查。在监督检查过程中,可以行使下列职权:

(一)进入承储企业检查中央储备棉的数量和储存安全;

(二)向有关单位和人员了解中央储备棉轮换、收储、动用等计划执行和资金使用情况;

(三)调阅中央储备棉有关资料、凭证;

(四)对违法行为,依法予以处理。

第三十一条 国家粮食和储备局对中央储备棉轮换、收储、动用计划执行情况进行监督检查,督促中储粮集团和承储企业落实计划,并按规定查处有关案件。

第三十二条 中储粮集团和承储企业应当配合国家相关部门的监督检查。

第三十三条 中储粮集团应当加强对承储企业管理中央储备棉情况的内部管控,及时发现并解决问题。

第三十四条 中国农业发展银行按照信贷政策和规定,加强对中央储备棉贷款的信贷监管。中储粮集团和承储企业应当及时提供有关资料和情况。

第八章 法律责任

第三十五条 国家机关工作人员有下列行为之一的,依照《中华人民共和国公务员法》等有关规定,给予相应处分:

(一)发现承储企业存在不适于储存中央储备棉等情况不责令限期整改的;

(二)接到举报、发现违法违规行为不及时查处的;

(三)有其他违反本办法行为的。

第三十六条 中储粮集团有下列行为之一的,由国家相关部门责令改正;情节严重的,对直接责任人和其他相关人员提出处理意见,按权限由相关部门或单位给予相应处分:

(一)拒不组织实施或者擅自改变中央储备棉轮换、收储、动用计划的;

(二)选择不符合储存保管要求的企业承储中央储备棉的;

(三)发现中央储备棉数量、质量和储存安全等方面问题不及时采取措施处理并按照规定报告,造成重大损失的;

(四)有其他违反本办法行为的。

第三十七条 承储企业有下列行为之一的,除按照国家有关规定予以行政处罚外,由国家相关部门责成中储粮集团对其限期整改,给予警告,需退回财政补贴的由中储棉公司及时收回并退回财政部,有违法所得的由中储棉公司及时收回并上缴财政部,造成财产损失的依法承担民事赔偿责任;对于中央储备棉代储企业,情节严重的,还应当及时解除承储合同:

(一)拒不执行或者擅自改变中央储备棉轮换、收储、动用计划的;

(二)擅自动用中央储备棉的;

(三)以中央储备棉对外进行担保或者清偿债务的;

(四)虚报、瞒报中央储备棉数量的;

(五)在中央储备棉中掺杂掺假、以次充好的;

(六)擅自串换中央储备棉品种、变更中央储备棉储存库点的;

(七)未在专门库房内储存中央储备棉或未实行专人保管、专账记载,中央储备棉账账不符、账实不符的;

（八）因管理不善等人为因素造成中央储备棉数量、质量和储存安全等方面出现问题，造成重大损失的；

（九）有其他违反本办法行为的。

第九章　附　　则

第三十八条　中央储备棉的财务管理、轮换管理、仓储管理具体事项按照《国家储备棉财务管理办法》《中央储备棉轮换管理暂行办法》《中央储备棉仓储管理办法》执行。

第三十九条　本办法由国家发展改革委、财政部负责解释。

第四十条　本办法自2024年4月1日起施行。

固定资产贷款管理办法

（2024年1月30日国家金融监督管理总局令2024年第1号公布　自2024年7月1日起施行　国司备字［2024010422］）

第一章　总　　则

第一条　为规范银行业金融机构固定资产贷款业务经营行为，加强固定资产贷款审慎经营管理，促进固定资产贷款业务健康发展，依据《中华人民共和国银行业监督管理法》《中华人民共和国商业银行法》等法律法规，制定本办法。

第二条　本办法所称银行业金融机构（以下简称贷款人），是指在中华人民共和国境内设立的商业银行、农村合作银行、农村信用合作社等吸收公众存款的金融机构。

第三条　本办法所称固定资产贷款，是指贷款人向法人或非法人组织（按照国家有关规定不得办理银行贷款的主体除外）发放的，用于借款人固定资产投资的本外币贷款。

本办法所称固定资产投资，是指借款人在经营过程中对于固定资产的建设、购置、改造等行为。

第四条　本办法所称项目融资，是指符合以下特征的固定资产贷款：

（一）贷款用途通常是用于建造一个或一组大型生产装置、基础设施、房地产项目或其他项目，包括对在建或已建项目的再融资；

（二）借款人通常是为建设、经营该项目或为该项目融资而专门组建的企事业法人，包括主要从事该项目建设、经营或融资的既有企事业法人；

（三）还款资金来源主要依赖该项目产生的销售收入、补贴收入或其他收入，一般不具备其他还款来源。

第五条 贷款人开展固定资产贷款业务，应当遵循依法合规、审慎经营、平等自愿、公平诚信的原则。

第六条 贷款人应完善内部控制机制，实行贷款全流程管理，全面了解客户和项目信息，建立固定资产贷款风险管理制度和有效的岗位制衡机制，将贷款管理各环节的责任落实到具体部门和岗位，并建立各岗位的考核和问责机制。

第七条 贷款人应将固定资产贷款纳入对借款人及借款人所在集团客户的统一授信管理，并根据风险管理实际需要，建立风险限额管理制度。

第八条 贷款人应与借款人约定明确、合法的贷款用途，并按照约定检查、监督贷款的使用情况，防止贷款被挪用。

第九条 固定资产贷款期限一般不超过十年。确需办理期限超过十年贷款的，应由贷款人总行负责审批，或根据实际情况审慎授权相应层级负责审批。

第十条 固定资产贷款利率应当遵循利率市场化原则，由借贷双方在遵守国家有关规定的前提下协商确定。

第十一条 国家金融监督管理总局及其派出机构依法对固定资产贷款业务实施监督管理。

第二章 受理与调查

第十二条 固定资产贷款申请应具备以下条件：

（一）借款人依法经市场监督管理部门或主管部门核准登记；

（二）借款人信用状况良好；

（三）借款人为新设项目法人的，其控股股东应有良好的信用状况；

（四）国家对拟投资项目有投资主体资格和经营资质要求的，符合其要求；

（五）借款用途及还款来源明确、合法；

（六）项目符合国家的产业、土地、环保等相关政策，并按规定履行了固定资产投资项目的合法管理程序；

（七）符合国家有关投资项目资本金制度的规定；

（八）贷款人要求的其他条件。

第十三条 贷款人应对借款人提供申请材料的方式和具体内容提出要求,并要求借款人恪守诚实守信原则,承诺所提供材料真实、完整、有效。

第十四条 贷款人应落实具体的责任部门和岗位,履行尽职调查并形成书面报告。尽职调查的主要内容包括:

(一)借款人及项目发起人等相关关系人的情况,包括但不限于:股权关系、组织架构、公司治理、内部控制、生产经营、核心主业、资产结构、财务资金状况、融资情况及资信水平等;

(二)贷款项目的情况,包括但不限于:项目建设内容和可行性,按照有关规定需取得的审批、核准或备案等手续情况,项目资本金等建设资金的来源和可靠性,项目承建方资质水平,环境风险情况等;

(三)借款人的还款来源情况、重大经营计划、投融资计划及未来预期现金流状况;

(四)涉及担保的,包括但不限于担保人的担保能力、抵(质)押物(权)的价值等;

(五)需要调查的其他内容。

尽职调查人员应当确保尽职调查报告内容的真实性、完整性和有效性。

第三章 风险评价与审批

第十五条 贷款人应落实具体的责任部门和岗位,对固定资产贷款进行全面的风险评价,并形成风险评价报告。

第十六条 贷款人应建立完善的固定资产贷款风险评价制度,设置定量或定性的指标和标准,以偿债能力分析为核心,从借款人、项目发起人、项目合规性、项目技术和财务可行性、项目产品市场、项目融资方案、还款来源可靠性、担保、保险等角度进行贷款风险评价,并充分考虑政策变化、市场波动等不确定因素对项目的影响,审慎预测项目的未来收益和现金流。

贷款人经评价认为固定资产贷款风险可控,办理信用贷款的,应当在风险评价报告中进行充分论证。

第十七条 贷款人应按照审贷分离、分级审批的原则,规范固定资产贷款审批流程,明确贷款审批权限,确保审批人员按照授权独立审批贷款。

第十八条 贷款人为股东等关联方办理固定资产贷款的,应严格执行关联交易管理的相关监管规定,发放贷款条件不得优于一般借款人,并在风险评价报告中进行说明。

第四章 合同签订

第十九条 贷款人应与借款人及其他相关当事人签订书面借款合同等相关协议，需担保的应同时签订担保合同或条款。合同中应详细规定各方当事人的权利、义务及违约责任，避免对重要事项未约定、约定不明或约定无效。

第二十条 贷款人应在合同中与借款人约定具体的贷款金额、期限、利率、用途、支付、还贷保障及风险处置等要素和有关细节。

第二十一条 贷款人应在合同中与借款人约定提款条件以及贷款资金支付接受贷款人管理和控制等与贷款使用相关的条款，提款条件应包括与贷款同比例的资本金已足额到位、项目实际进度与已投资额相匹配等要求。

第二十二条 贷款人应在合同中与借款人约定对借款人相关账户实施监控，必要时可约定专门的贷款发放账户和还款账户。

第二十三条 贷款人应要求借款人在合同中对与贷款相关的重要内容作出承诺，承诺内容包括但不限于：

（一）贷款项目及其借款事项符合法律法规的要求；

（二）及时向贷款人提供完整、真实、有效的材料；

（三）配合贷款人进行贷款支付管理、贷后管理及相关检查；

（四）进行合并、分立、股权转让，以及进行可能影响其偿债能力的对外投资、对外提供担保、实质性增加债务融资等重大事项前征得贷款人同意；

（五）发生其他影响其偿债能力的重大不利事项及时通知贷款人。

第二十四条 贷款人应与借款人在合同中约定，借款人出现以下情形之一时，借款人应承担的违约责任，以及贷款人可采取的提前收回贷款、调整贷款支付方式、调整贷款利率、收取罚息、压降授信额度、停止或中止贷款发放等措施，并追究相应法律责任：

（一）未按约定用途使用贷款的；

（二）未按约定方式支用贷款资金的；

（三）未遵守承诺事项的；

（四）申贷文件信息失真的；

（五）突破约定的财务指标约束等情形的；

（六）违反借款合同约定的其他情形的。

第二十五条 贷款人应在合同中与借款人约定明确的还款安排。贷款人应根据固定资产贷款还款来源情况和项目建设运营周期等因素，合理确定贷款期限和还款方式。

贷款期限超过一年的，应实行本金分期偿还。贷款人应当根据风险管理要求，并结合借款人经营情况、还款来源情况等，审慎与借款人约定每期还本金额。还本频率原则上不低于每年两次。经贷款人评估认为确需降低还本频率的，还本频率最长可放宽至每年一次。还款资金来源主要依赖项目经营产生的收入还款的，首次还本日期应不晚于项目达到预定可使用状态满一年。

第五章　发放与支付

第二十六条　贷款人应设立独立的责任部门或岗位，负责贷款发放和支付审核。

第二十七条　贷款人在发放贷款前应确认借款人满足合同约定的提款条件，并按照合同约定的方式对贷款资金的支付实施管理与控制。贷款人应健全贷款资金支付管控体系，加强金融科技应用，有效监督贷款资金按约定用途使用。

第二十八条　合同约定专门贷款发放账户的，贷款发放和支付应通过该账户办理。

第二十九条　贷款人应通过贷款人受托支付或借款人自主支付的方式对贷款资金的支付进行管理与控制。

贷款人受托支付是指贷款人根据借款人的提款申请和支付委托，将贷款资金支付给符合合同约定用途的借款人交易对象。

借款人自主支付是指贷款人根据借款人的提款申请将贷款资金发放至借款人账户后，由借款人自主支付给符合合同约定用途的借款人交易对象。

第三十条　向借款人某一交易对象单笔支付金额超过一千万元人民币的，应采用贷款人受托支付方式。

第三十一条　采用贷款人受托支付的，贷款人应在贷款资金发放前审核借款人相关交易资料是否符合合同约定条件。贷款人审核同意后，将贷款资金通过借款人账户支付给借款人交易对象，并应做好有关细节的认定记录。贷款人在必要时可以要求借款人、独立中介机构和承包商等共同检查固定资产建设进度，并根据出具的、符合合同约定条件的共同签证单，进行贷款支付。

贷款人原则上应在贷款发放五个工作日内将贷款资金通过借款人账户支付给借款人交易对象。因借款人方面原因无法完成受托支付的，贷款人在与借款人协商一致的情况下，最迟应于十个工作日内完成对外支付。因不可抗力无法完成受托支付的，贷款人应与借款人协商确定合理的支付时限。

对于贷款资金使用记录良好的借款人，在合同约定的贷款用途范围内，出现合理的紧急用款需求，贷款人经评估认为风险可控的，可适当简化借款人需提供的受托支付事前证明材料和流程。贷款人应于放款后及时完成事后审核，并加强资金用途管理。

第三十二条 采用借款人自主支付的，贷款人应要求借款人定期汇总报告贷款资金支付情况，并通过账户分析、凭证查验、现场调查等方式核查贷款支付是否符合约定用途，以及是否存在以化整为零方式规避受托支付的情形。

第三十三条 固定资产贷款发放前，贷款人应确认与拟发放贷款同比例的项目资本金足额到位，并与贷款配套使用。

第三十四条 在贷款发放和支付过程中，借款人出现以下情形的，贷款人应与借款人协商补充贷款发放和支付条件，或根据合同约定变更贷款支付方式、停止或中止贷款资金的发放和支付：

（一）信用状况下降；

（二）经营及财务状况明显趋差；

（三）项目进度落后于资金使用进度；

（四）贷款资金使用出现异常或规避受托支付；

（五）其他重大违反合同约定的行为。

第六章　贷后管理

第三十五条 贷款人应加强对借款人资金挪用行为的监控，发现借款人挪用贷款资金的，应按照合同约定采取要求借款人整改、提前归还贷款或下调贷款风险分类等相应措施进行管控。

第三十六条 贷款人应定期对借款人和项目发起人的履约情况及信用状况、股权结构重大变动情况、项目的建设和运营情况、宏观经济变化和市场波动情况、贷款担保的变动情况等内容进行检查与分析，建立贷款质量监控制度和贷款风险预警体系。

出现可能影响贷款安全的不利情形时，贷款人应对贷款风险进行重新评估并采取针对性措施。

第三十七条 项目实际投资超过原定投资金额，贷款人经重新风险评价和审批决定追加贷款的，应要求项目发起人配套追加不低于项目资本金比例的投资。需提供担保的，贷款人应同时要求追加相应担保。

第三十八条 贷款人应对抵（质）押物的价值和担保人的担保能力建立贷后动态监测和重估制度。

第三十九条 贷款人应加强对项目资金滞留账户情况的监控，确保贷款发放与项目的实际进度和资金需求相匹配。

第四十条 贷款人应对固定资产投资项目的收入现金流以及借款人的整体现金流进行动态监测,对异常情况及时查明原因并采取相应措施。

第四十一条 合同约定专门还款账户的,贷款人应按约定根据需要对固定资产投资项目或借款人的收入等现金流进入该账户的比例和账户内的资金平均存量提出要求。

第四十二条 借款人出现违反合同约定情形的,贷款人应及时采取有效措施,必要时应依法追究借款人的违约责任。

第四十三条 借款人申请贷款展期的,贷款人应审慎评估展期原因和后续还款安排的可行性。同意展期的,应根据借款人还款来源等情况,合理确定展期期限,并加强对贷款的后续管理,按照实质风险状况进行风险分类。

期限一年以内的贷款展期期限累计不得超过原贷款期限;期限超过一年的贷款展期期限累计不得超过原贷款期限的一半。

第四十四条 贷款人应按照借款合同约定,收回贷款本息。

对于未按照借款合同约定偿还的贷款,贷款人应采取清收、协议重组、债权转让或核销等措施进行处置。

第七章 项目融资

第四十五条 贷款人从事项目融资业务,应当具备对所从事项目的风险识别和管理能力,配备业务开展所需要的专业人员,建立完善的操作流程和风险管理机制。贷款人可以根据需要,委托或者要求借款人委托具备相关资质的独立中介机构为项目提供法律、税务、保险、技术、环保和监理等方面的专业意见或服务。

第四十六条 贷款人从事项目融资业务,应当充分识别和评估融资项目中存在的建设期风险和经营期风险,包括政策风险、筹资风险、完工风险、产品市场风险、超支风险、原材料风险、营运风险、汇率风险、环境风险、社会风险和其他相关风险。

第四十七条 贷款人应当按照国家关于固定资产投资项目资本金制度的有关规定,综合考虑项目风险水平和自身风险承受能力等因素,合理确定贷款金额。

第四十八条 贷款人应当根据风险收益匹配原则,综合考虑项目风险、风险缓释措施等因素,与借款人协商确定合理的贷款利率。贷款人可以根据项目融资在不同阶段的风险特征和水平,采用不同的贷款利率。

第四十九条 贷款人原则上应当要求将符合抵质押条件的项目资产和/或项目预期收益等权利为贷款设定担保,并可以根据需要,将项目发起人持有的项目公司股权为贷款设定质押担保。贷款人可根据实际情况与借款人约定为项目投保商业保险。

贷款人认为可办理项目融资信用贷款的,应当在风险评价时进行审慎论证,确保风险可控,并在风险评价报告中进行充分说明。

第五十条 贷款人应当采取措施有效降低和分散融资项目在建设期和经营期的各类风险。贷款人应当以要求借款人或者通过借款人要求项目相关方签订总承包合同、提供履约保函等方式,最大限度降低建设期风险。贷款人可以要求借款人签订长期供销合同、使用金融衍生工具或者发起人提供资金缺口担保等方式,有效分散经营期风险。

第五十一条 贷款人可以通过为项目提供财务顾问服务,为项目设计综合金融服务方案,组合运用各种融资工具,拓宽项目资金来源渠道,有效分散风险。

第五十二条 贷款人应当与借款人约定专门的项目收入账户,要求所有项目收入进入约定账户,并按照事先约定的条件和方式对外支付。贷款人应当对项目收入账户进行动态监测,当账户资金流动出现异常时,应当及时查明原因并采取相应措施。

第五十三条 多家银行业金融机构参与同一项目融资的,原则上应当采用银团贷款方式,避免重复融资、过度融资。采用银团贷款方式的,贷款人应遵守银团贷款相关监管规定。

第八章 法律责任

第五十四条 贷款人违反本办法规定经营固定资产贷款业务的,国家金融监督管理总局及其派出机构应当责令其限期改正。贷款人有下列情形之一的,国家金融监督管理总局及其派出机构可根据《中华人民共和国银行业监督管理法》采取相关监管措施:

(一)固定资产贷款业务流程有缺陷的;

(二)未按本办法要求将贷款管理各环节的责任落实到具体部门和岗位的;

(三)贷款调查、风险评价、贷后管理未尽职的;

(四)未按本办法规定对借款人和项目的经营情况进行持续有效监控的。

第五十五条 贷款人有下列情形之一的,国家金融监督管理总局及其派出机构可根据《中华人民共和国银行业监督管理法》对其采取相关监管措施或进行处罚：

（一）受理不符合条件的固定资产贷款申请并发放贷款的；

（二）与借款人串通，违法违规发放固定资产贷款的；

（三）超越、变相超越权限或不按规定流程审批贷款的；

（四）未按本办法规定签订借款合同的；

（五）与贷款同比例的项目资本金到位前发放贷款的；

（六）未按本办法规定进行贷款资金支付管理与控制的；

（七）对借款人严重违约行为未采取有效措施的；

（八）有其他严重违反本办法规定行为的。

第九章　附　　则

第五十六条　国家金融监督管理总局及其派出机构可以根据贷款人的经营管理情况、风险水平和固定资产贷款业务开展情况等，对贷款人固定资产贷款管理提出相关审慎监管要求。

第五十七条　对专利权、著作权等知识产权以及采矿权等其他无形资产办理的贷款，可根据贷款项目的业务特征、运行模式等参照本办法执行，或适用流动资金贷款管理相关办法。

第五十八条　国家金融监督管理总局对房地产贷款以及其他特殊类贷款另有规定的，从其规定。

第五十九条　国家开发银行、政策性银行以及经国家金融监督管理总局批准设立的非银行金融机构发放的固定资产贷款，可参照本办法执行。

第六十条　贷款人应依照本办法制定固定资产贷款管理细则及操作规程。

第六十一条　本办法由国家金融监督管理总局负责解释。

第六十二条　本办法自 2024 年 7 月 1 日起施行，《固定资产贷款管理暂行办法》（中国银行业监督管理委员会令 2009 年第 2 号）、《项目融资业务指引》（银监发〔2009〕71 号）、《中国银监会关于规范中长期贷款还款方式的通知》（银监发〔2010〕103 号）、《中国银监会办公厅关于严格执行〈固定资产贷款管理暂行办法〉、〈流动资金贷款管理暂行办法〉和〈项目融资业务指引〉的通知》（银监办发〔2010〕53 号）同时废止。

流动资金贷款管理办法

（2024年1月30日国家金融监督管理总局令2024年第2号公布　自2024年7月1日起施行　国司备字[2024010424]）

第一章　总　　则

第一条　为规范银行业金融机构流动资金贷款业务经营行为，加强流动资金贷款审慎经营管理，促进流动资金贷款业务健康发展，依据《中华人民共和国银行业监督管理法》《中华人民共和国商业银行法》等法律法规，制定本办法。

第二条　本办法所称银行业金融机构(以下简称贷款人)，是指在中华人民共和国境内设立的商业银行、农村合作银行、农村信用合作社等吸收公众存款的金融机构。

第三条　本办法所称流动资金贷款，是指贷款人向法人或非法人组织(按照国家有关规定不得办理银行贷款的主体除外)发放的，用于借款人日常经营周转的本外币贷款。

第四条　贷款人开展流动资金贷款业务，应当遵循依法合规、审慎经营、平等自愿、公平诚信的原则。

第五条　贷款人应完善内部控制机制，实行贷款全流程管理，全面了解客户信息，建立流动资金贷款风险管理制度和有效的岗位制衡机制，将贷款管理各环节的责任落实到具体部门和岗位，并建立各岗位的考核和问责机制。

第六条　贷款人应合理测算借款人营运资金需求，审慎确定借款人的流动资金授信总额及具体贷款的额度，不得超过借款人的实际需求发放流动资金贷款。贷款人应根据借款人经营的规模和周期特点，合理设定流动资金贷款的业务品种和期限，以满足借款人经营的资金需求，实现对贷款资金回笼的有效控制。

第七条　贷款人应将流动资金贷款纳入对借款人及其所在集团客户的统一授信管理，并根据风险管理实际需要，建立风险限额管理制度。

第八条　贷款人应根据经济运行状况、行业发展规律和借款人的有效信贷需求等，合理确定内部绩效考核指标，不得制订不合理的贷款规模指标，不得恶性竞争和突击放贷。

第九条　贷款人应与借款人约定明确、合法的贷款用途。

流动资金贷款不得用于借款人股东分红,以及金融资产、固定资产、股权等投资;不得用于国家禁止生产、经营的领域和用途。

对向地方金融组织发放流动资金贷款另有规定的,从其规定。

第十条 流动资金贷款禁止挪用,贷款人应按照合同约定检查、监督流动资金贷款的使用情况。

第十一条 流动资金贷款期限原则上不超过三年。对于经营现金流回收周期较长的,可适当延长贷款期限,最长不超过五年。

第十二条 流动资金贷款利率应当遵循利率市场化原则,由借贷双方在遵守国家有关规定的前提下协商确定。

第十三条 国家金融监督管理总局及其派出机构依法对流动资金贷款业务实施监督管理。

第二章 受理与调查

第十四条 流动资金贷款申请应具备以下条件:

(一)借款人依法经市场监督管理部门或主管部门核准登记;

(二)借款用途明确、合法;

(三)借款人经营合法、合规;

(四)借款人具有持续经营能力,有合法的还款来源;

(五)借款人信用状况良好;

(六)贷款人要求的其他条件。

第十五条 贷款人应对流动资金贷款申请材料的方式和具体内容提出要求,并要求借款人恪守诚实守信原则,承诺所提供材料真实、完整、有效。

第十六条 贷款人应采取现场与非现场相结合的形式履行尽职调查,形成书面报告,并对其内容的真实性、完整性和有效性负责。

为小微企业办理的流动资金贷款,贷款人通过非现场调查手段可有效核实相关信息真实性,并可据此对借款人作出风险评价的,可简化或不再进行现场调查。

贷款人应根据自身风险管理能力,按照小微企业流动资金贷款的区域、行业、品种等,审慎确定借款人可简化或不再进行现场调查的贷款金额上限。

尽职调查包括但不限于以下内容:

(一)借款人的组织架构、公司治理、内部控制及法定代表人和经营管理团队的资信等情况;

(二)借款人的经营范围、核心主业、生产经营、贷款期内经营规划和重大投资计划等情况；

（三）借款人所在行业状况；

（四）借款人的应收账款、应付账款、存货等真实财务状况；

（五）借款人营运资金总需求和现有融资性负债情况；

（六）借款人关联方及关联交易等情况；

（七）贷款具体用途及与贷款用途相关的交易对象资金占用等情况；

（八）还款来源情况，包括经营产生的现金流、综合收益及其他合法收入等；

（九）对有担保的流动资金贷款，还需调查抵（质）押物的权属、价值和变现难易程度，或保证人的保证资格和能力等情况。

第三章　风险评价与审批

第十七条　贷款人应建立完善的风险评价机制，落实具体的责任部门和岗位，全面审查流动资金贷款的风险因素。

第十八条　贷款人应建立和完善内部评级制度，采用科学合理的评级和授信方法，评定客户信用等级，建立客户资信记录。

第十九条　贷款人应根据借款人经营规模、业务特征、资金循环周期等要素测算其营运资金需求（测算方法示例参考附件），并合理确定贷款结构，包括金额、期限、利率、担保和还款方式等。

贷款人可根据实际需要，制定针对不同类型借款人的测算方法，并适时对方法进行评估及调整。

借款人为小微企业的，贷款人可通过其他方式分析判断借款人营运资金需求。

第二十条　贷款人应根据贷审分离、分级审批的原则，建立规范的流动资金贷款评审制度和流程，确保风险评价和信贷审批的独立性。

贷款人应建立健全内部审批授权与转授权机制。审批人员应在授权范围内按规定流程审批贷款，不得越权审批。

第二十一条　贷款人为股东等关联方办理流动资金贷款的，应严格执行关联交易管理的相关监管规定，发放贷款条件不得优于一般借款人，并在风险评价报告中进行说明。

第四章　合同签订

第二十二条　贷款人应与借款人及其他相关当事人签订书面借款合同等

相关协议,需担保的应同时签订担保合同或条款。

第二十三条 贷款人应在借款合同中与借款人明确约定流动资金贷款的金额、期限、利率、用途、支付、还款方式等条款。

对于期限超过一年的流动资金贷款,在借贷双方协商基础上,原则上实行本金分期偿还,并审慎约定每期还本金额。

第二十四条 前条所指支付条款,包括但不限于以下内容:

(一)贷款资金的支付方式和贷款人受托支付的金额标准;

(二)支付方式变更及触发变更条件;

(三)贷款资金支付的限制、禁止行为;

(四)借款人应及时提供的贷款资金使用记录和资料。

第二十五条 贷款人应要求借款人在合同中对与贷款相关的重要内容作出承诺,承诺内容包括但不限于:

(一)及时向贷款人提供真实、完整、有效的材料;

(二)配合贷款人进行贷款支付管理、贷后管理及相关检查;

(三)进行合并、分立、股权转让,以及进行可能影响其偿债能力的对外投资、对外提供担保、实质性增加债务融资等重大事项前征得贷款人同意;

(四)贷款人有权根据借款人资金回笼情况提前收回贷款;

(五)发生影响偿债能力的重大不利事项时及时通知贷款人。

第二十六条 贷款人应与借款人在合同中约定,出现以下情形之一时,借款人应承担的违约责任,以及贷款人可采取的提前收回贷款、调整贷款支付方式、调整贷款利率、收取罚息、压降授信额度、停止或中止贷款发放等措施,并追究相应法律责任:

(一)未按约定用途使用贷款的;

(二)未按约定方式进行贷款资金支付的;

(三)未遵守承诺事项的;

(四)突破约定财务指标的;

(五)发生重大交叉违约事件的;

(六)违反借款合同约定的其他情形的。

第五章 发放和支付

第二十七条 贷款人应设立独立的责任部门或岗位,负责流动资金贷款发放和支付审核。

第二十八条 贷款人在发放贷款前应确认借款人满足合同约定的提款条

件,并按照合同约定通过贷款人受托支付或借款人自主支付的方式对贷款资金的支付进行管理与控制。贷款人应健全贷款资金支付管控体系,加强金融科技应用,有效监督贷款资金按约定用途使用。

贷款人受托支付是指贷款人根据借款人的提款申请和支付委托,将贷款通过借款人账户支付给符合合同约定用途的借款人交易对象。

借款人自主支付是指贷款人根据借款人的提款申请将贷款资金发放至借款人账户后,由借款人自主支付给符合合同约定用途的借款人交易对象。

第二十九条 贷款人应根据借款人的行业特征、经营规模、管理水平、信用状况等因素和贷款业务品种,合理约定贷款资金支付方式及贷款人受托支付的金额标准。

第三十条 具有以下情形之一的流动资金贷款,应采用贷款人受托支付方式:

(一)与借款人新建立信贷业务关系且借款人信用状况一般;

(二)支付对象明确且向借款人某一交易对象单笔支付金额超过一千万元人民币;

(三)贷款人认定的其他情形。

第三十一条 采用贷款人受托支付的,贷款人应根据约定的贷款用途,审核借款人提供的支付申请所列支付对象、支付金额等信息是否与相应的商务合同等证明材料相符。审核同意后,贷款人应将贷款资金通过借款人账户支付给借款人交易对象。

对于贷款资金使用记录良好的借款人,在合同约定的贷款用途范围内,出现合理的紧急用款需求,贷款人经评估认为风险可控的,可适当简化借款人需提供的受托支付事前证明材料和流程,于放款完成后及时完成事后审核。

第三十二条 采用借款人自主支付的,贷款人应按借款合同约定要求借款人定期汇总报告贷款资金支付情况,并通过账户分析、凭证查验或现场调查等方式核查贷款支付是否符合约定用途,以及是否存在以化整为零方式规避受托支付的情形。

第三十三条 在贷款发放或支付过程中,借款人出现以下情形的,贷款人应与借款人协商补充贷款发放和支付条件,或根据合同约定变更贷款支付方式、停止或中止贷款资金的发放和支付:

(一)信用状况下降;

(二)经营及财务状况明显趋差;

(三)贷款资金使用出现异常或规避受托支付;

(四)其他重大违反合同约定的行为。

第六章　贷后管理

第三十四条　贷款人应加强对借款人资金挪用行为的监控，发现借款人挪用贷款资金的，应按照合同约定采取要求借款人整改、提前归还贷款或下调贷款风险分类等相应措施进行管控。

第三十五条　贷款人应加强贷款资金发放后的管理，针对借款人所属行业及经营特点，通过定期与不定期现场检查与非现场监测，分析借款人经营、财务、信用、支付、担保及融资数量和渠道变化等状况，掌握各种影响借款人偿债能力的风险因素。

对于简化或不再进行现场实地调查的业务，应当按照适当比例实施贷后实地检查。

第三十六条　贷款人应通过借款合同的约定，要求借款人指定专门资金回笼账户并及时提供该账户资金进出情况。

贷款人可根据借款人信用状况、融资情况等，与借款人协商签订账户管理协议，明确约定对指定账户回笼资金进出的管理。

贷款人应关注大额及异常资金流入流出情况，加强对资金回笼账户的监控。

第三十七条　贷款人应动态关注借款人经营、管理、财务及资金流向等重大预警信号，根据合同约定及时采取提前收回贷款、追加担保等有效措施防范化解贷款风险。

第三十八条　贷款人应评估贷款业务品种、额度、期限与借款人经营状况、还款能力的匹配程度，作为与借款人后续合作的依据，必要时及时调整与借款人合作的策略和内容。

第三十九条　贷款人应根据法律法规规定和借款合同的约定，参与借款人大额融资、资产出售以及兼并、分立、股份制改造、破产清算等活动，维护贷款人债权。

第四十条　借款人申请贷款展期的，贷款人应审慎评估展期原因和后续还款安排的可行性。同意展期的，应根据借款人还款来源等情况，合理确定展期期限，并加强对贷款的后续管理，按照实质风险状况进行风险分类。

期限一年以内的贷款展期期限累计不得超过原贷款期限；期限超过一年的贷款展期期限累计不得超过原贷款期限的一半。

第四十一条　贷款人应按照借款合同约定，收回贷款本息。

对于未按照借款合同约定偿还的贷款，贷款人应采取清收、协议重组、债权转让或核销等措施进行处置。

第七章 法律责任

第四十二条 贷款人违反本办法规定经营流动资金贷款业务的,国家金融监督管理总局及其派出机构应当责令其限期改正。贷款人有下列情形之一的,国家金融监督管理总局及其派出机构可根据《中华人民共和国银行业监督管理法》采取相关监管措施:

(一)流动资金贷款业务流程有缺陷的;

(二)未将贷款管理各环节的责任落实到具体部门和岗位的;

(三)贷款调查、风险评价、贷后管理未尽职的。

第四十三条 贷款人有下列情形之一的,国家金融监督管理总局及其派出机构可根据《中华人民共和国银行业监督管理法》对其采取相关监管措施或进行处罚:

(一)以降低信贷条件或超过借款人实际资金需求发放贷款的;

(二)未按本办法规定签订借款合同的;

(三)与借款人串通或参与虚构贸易背景违规发放贷款的;

(四)放任借款人将流动资金贷款用于借款人股东分红、金融资产投资、固定资产投资、股权投资以及国家禁止生产、经营的领域和用途的;

(五)超越或变相超越权限审批贷款的;

(六)未按本办法规定进行贷款资金支付管理与控制的;

(七)对借款人严重违约行为未采取有效措施的;

(八)严重违反本办法规定的审慎经营规则的其他情形的。

第八章 附 则

第四十四条 国家金融监督管理总局及其派出机构可以根据贷款人的经营管理情况、风险水平和流动资金贷款业务开展情况等,对贷款人流动资金贷款管理提出相关审慎监管要求。

第四十五条 对专利权、著作权等知识产权以及采矿权等其他无形资产办理的贷款,可适用本办法,或根据贷款项目的业务特征、运行模式等参照固定资产贷款管理相关办法执行。

第四十六条 对于贷款金额五十万元人民币以下的固定资产相关融资需求,可参照本办法执行。

第四十七条 国家金融监督管理总局对互联网贷款、汽车贷款以及其他特殊类贷款另有规定的,从其规定。

第四十八条 国家开发银行、政策性银行以及经国家金融监督管理总局批准设立的非银行金融机构发放的流动资金贷款,可参照本办法执行。

第四十九条 贷款人应依据本办法制定流动资金贷款管理实施细则及操作规程。

第五十条 本办法由国家金融监督管理总局负责解释。

第五十一条 本办法自 2024 年 7 月 1 日起施行,《流动资金贷款管理暂行办法》(中国银行业监督管理委员会令 2010 年第 1 号)同时废止。

附件:流动资金贷款需求量的测算示例

附件

流动资金贷款需求量的测算示例

流动资金贷款需求量应基于借款人日常经营周转所需营运资金与现有流动资金的差额(即流动资金缺口)确定。一般来讲,影响流动资金需求的关键因素为存货(原材料、半成品、产成品)、现金、应收账款和应付账款。同时,还会受到借款人所属行业、经营规模、发展阶段、谈判地位等重要因素的影响。银行业金融机构根据借款人当期财务报告和业务发展预测,按以下方法测算其流动资金贷款需求量:

一、估算借款人营运资金量

借款人营运资金量影响因素主要包括现金、存货、应收账款、应付账款、预收账款、预付账款等。在调查基础上,预测各项资金周转时间变化,合理估算借款人营运资金量。在实际测算中,借款人营运资金需求可参考如下公式:

营运资金量=上年度销售收入×(1-上年度销售利润率)×(1+预计销售收入年增长率)/营运资金周转次数

其中:营运资金周转次数=360/(存货周转天数+应收账款周转天数-应付账款周转天数+预付账款周转天数-预收账款周转天数)

周转天数=360/周转次数

应收账款周转次数=销售收入/平均应收账款余额

预收账款周转次数=销售收入/平均预收账款余额

存货周转次数=销售成本/平均存货余额

预付账款周转次数=销售成本/平均预付账款余额

应付账款周转次数=销售成本/平均应付账款余额

二、估算新增流动资金贷款额度

将估算出的借款人营运资金需求量扣除借款人自有资金、现有流动资金贷款以及其他融资，即可估算出新增流动资金贷款额度。

新增流动资金贷款额度＝营运资金量－借款人自有资金－现有流动资金贷款－其他渠道提供的营运资金

三、需要考虑的其他因素

（一）各银行业金融机构应根据实际情况和未来发展情况（如借款人所属行业、规模、发展阶段、谈判地位等）分别合理预测借款人应收账款、存货和应付账款的周转天数，并可考虑一定的保险系数。

（二）对集团关联客户，可采用合并报表估算流动资金贷款额度，原则上纳入合并报表范围内的成员企业流动资金贷款总和不能超过估算值。

（三）对小微企业融资、订单融资、预付租金或者临时大额债项融资等情况，可在交易真实性的基础上，确保有效控制用途和回款情况下，根据实际交易需求确定流动资金额度。

（四）对季节性生产借款人，可按每年的连续生产时段作为计算周期估算流动资金需求，贷款期限应根据回款周期合理确定。

个人贷款管理办法

（2024 年 1 月 30 日国家金融监督管理总局令 2024 年第 3 号公布　自 2024 年 7 月 1 日起施行　国司备字[2024010425]）

第一章　总　　则

第一条　为规范银行业金融机构个人贷款业务行为，加强个人贷款业务审慎经营管理，促进个人贷款业务健康发展，依据《中华人民共和国银行业监督管理法》《中华人民共和国商业银行法》等法律法规，制定本办法。

第二条　本办法所称银行业金融机构（以下简称贷款人），是指在中华人民共和国境内设立的商业银行、农村合作银行、农村信用合作社等吸收公众存款的金融机构。

第三条　本办法所称个人贷款，是指贷款人向符合条件的自然人发放的用于个人消费、生产经营等用途的本外币贷款。

第四条　贷款人开展个人贷款业务，应当遵循依法合规、审慎经营、平等自愿、公平诚信的原则。

第五条 贷款人应建立有效的个人贷款全流程管理机制，制订贷款管理制度及每一贷款品种的操作规程，明确相应贷款对象和范围，实施差别风险管理，建立贷款各操作环节的考核和问责机制。

第六条 贷款人应根据风险管理实际需要，建立个人贷款风险限额管理制度。

第七条 个人贷款用途应符合法律法规规定和国家有关政策，贷款人不得发放无指定用途的个人贷款。

贷款人应加强贷款资金支付管理，有效防范个人贷款业务风险。

第八条 个人贷款的期限应符合国家相关规定。用于个人消费的贷款期限不得超过五年；用于生产经营的贷款期限一般不超过五年，对于贷款用途对应的经营现金流回收周期较长的，可适当延长贷款期限，最长不超过十年。

第九条 个人贷款利率应当遵循利率市场化原则，由借贷双方在遵守国家有关规定的前提下协商确定。

第十条 贷款人应建立借款人合理的收入偿债比例控制机制，结合借款人收入、负债、支出、贷款用途、担保情况等因素，合理确定贷款金额和期限，控制借款人每期还款额不超过其还款能力。

第十一条 国家金融监督管理总局及其派出机构依法对个人贷款业务实施监督管理。

第二章 受理与调查

第十二条 个人贷款申请应具备以下条件：

（一）借款人为具有完全民事行为能力的中华人民共和国公民或符合国家有关规定的境外自然人；

（二）借款用途明确合法；

（三）贷款申请数额、期限和币种合理；

（四）借款人具备还款意愿和还款能力；

（五）借款人信用状况良好；

（六）贷款人要求的其他条件。

第十三条 贷款人应要求借款人以书面形式提出个人贷款申请，并要求借款人提供能够证明其符合贷款条件的相关资料。

第十四条 贷款人受理借款人贷款申请后，应履行尽职调查职责，对个人贷款申请内容和相关情况的真实性、准确性、完整性进行调查核实，形成调查评价意见。

第十五条 贷款调查包括但不限于以下内容：

(一)借款人基本情况；

(二)借款人收入情况；

(三)借款用途,用于生产经营的还应调查借款人经营情况；

(四)借款人还款来源、还款能力及还款方式；

(五)保证人担保意愿、担保能力或抵(质)押物权属、价值及变现能力。

第十六条 贷款调查应以现场实地调查与非现场间接调查相结合的形式开展,采取现场核实、电话查问、信息咨询以及其他数字化电子调查等途径和方法。

对于金额不超过二十万元人民币的贷款,贷款人通过非现场间接调查手段可有效核实相关信息真实性,并可据此对借款人作出风险评价的,可简化或不再进行现场实地调查(不含用于个人住房用途的贷款)。

第十七条 贷款人应建立健全贷款调查机制,明确对各类事项调查的途径和方式方法,确保贷款调查的真实性和有效性。

贷款人将贷款调查中的部分特定事项委托第三方代为办理的,不得损害借款人合法权益,并确保相关风险可控。贷款人应明确第三方的资质条件,建立名单制管理制度,并定期对名单进行审查更新。

贷款人不得将贷款调查中涉及借款人真实意思表示、收入水平、债务情况、自有资金来源及外部评估机构准入等风险控制的核心事项委托第三方完成。

第十八条 贷款人应建立并执行贷款面谈制度。

贷款人可根据业务需要通过视频形式与借款人面谈(不含用于个人住房用途的贷款)。视频面谈应当在贷款人自有平台上进行,记录并保存影像。贷款人应当采取有效措施确定并核实借款人真实身份及所涉及信息真实性。

第三章 风险评价与审批

第十九条 贷款审查应对贷款调查内容的合法性、合理性、准确性进行全面审查,重点关注调查人的尽职情况和借款人的偿还能力、信用状况、担保情况、抵(质)押比率、风险程度等。

第二十条 贷款人应建立和完善风险评价机制,落实风险评价的责任部门和岗位。贷款风险评价应全面分析借款人的信用状况和还款能力,关注其收入与支出情况、偿债情况等,用于生产经营的还应对借款人经营情况和风险情况进行分析,采取定量和定性分析方法,全面、动态、审慎地进行贷款风险评价。对于提供担保的贷款,贷款人应当以全面评价借款人的偿债能力为前提,不得直接通过担保方式确定贷款金额和期限等要素。

贷款人应建立和完善借款人信用风险评价体系,关注借款人各类融资情况,建立健全个人客户统一授信管理体系,并根据业务发展情况和风险控制需要,适时予以调整。

第二十一条 贷款人应根据审慎性原则,完善授权管理制度,规范审批操作流程,明确贷款审批权限,实行审贷分离和授权审批,确保贷款审批按照授权独立审批贷款。

贷款人通过线上方式进行自动化审批的,应当建立人工复审机制,作为对自动化审批的补充,并设定人工复审的触发条件。对贷后管理中发现自动化审批不能有效识别风险的,贷款人应当停止自动化审批流程。

第二十二条 贷款人通过全线上方式开展的业务,应当符合互联网贷款相关规定。

第二十三条 对未获批准的个人贷款申请,贷款人应告知借款人。

第二十四条 贷款人应根据重大经济形势变化、违约率明显上升等异常情况,对贷款审批环节进行评价分析,及时、有针对性地调整审批政策,加强相关贷款的管理。

第二十五条 贷款人为股东等关联方办理个人贷款的,应严格执行关联交易管理的相关监管规定,发放贷款条件不得优于一般借款人,并在风险评价报告中进行说明。

第四章 协议与发放

第二十六条 贷款人应与借款人签订书面借款合同,需担保的应同时签订担保合同或条款。贷款人应要求借款人当面签订借款合同及其他相关文件。对于金额不超过二十万元人民币的贷款,可通过电子银行渠道签订有关合同和文件(不含用于个人住房用途的贷款)。

当面签约的,贷款人应当对签约过程进行录音录像并妥善保存相关影像。

第二十七条 借款合同应符合《中华人民共和国民法典》等法律规定,明确约定各方当事人的诚信承诺和贷款资金的用途、支付对象(范围)、支付金额、支付条件、支付方式等。

贷款人应在合同中与借款人约定,借款人不履行合同或怠于履行合同时应承担的违约责任,以及贷款人可采取的提前收回贷款、调整贷款支付方式、调整贷款利率、收取罚息、压降授信额度、停止或中止贷款发放等措施,并追究相应法律责任。

第二十八条 贷款人应建立健全合同管理制度，有效防范个人贷款法律风险。

借款合同采用格式条款的，应当维护借款人的合法权益，并予以公示。

第二十九条 贷款人应依照《中华人民共和国民法典》等法律法规的相关规定，规范担保流程与操作。

按合同约定办理抵(质)押物登记的，贷款人应当参与。贷款人委托第三方办理的，应对抵(质)押物登记情况予以核实。

第三十条 贷款人应加强对贷款的发放管理，遵循审贷与放贷分离的原则，设立独立的放款管理部门或岗位，负责落实放款条件、发放满足约定条件的个人贷款。

第三十一条 借款合同生效后，贷款人应按合同约定及时发放贷款。

第五章 支付管理

第三十二条 贷款人应按照借款合同约定，通过贷款人受托支付或借款人自主支付的方式对贷款资金的支付进行管理与控制。贷款人应健全贷款资金支付管控体系，加强金融科技应用，有效监督贷款资金按约定用途使用。

贷款人受托支付是指贷款人根据借款人的提款申请和支付委托，将贷款资金支付给符合合同约定用途的借款人交易对象。

借款人自主支付是指贷款人根据借款人的提款申请将贷款资金直接发放至借款人账户，并由借款人自主支付给符合合同约定用途的借款人交易对象。

第三十三条 个人贷款资金应当采用贷款人受托支付方式向借款人交易对象支付，但本办法第三十六条规定的情形除外。

第三十四条 采用贷款人受托支付的，贷款人应要求借款人在使用贷款时提出支付申请，并授权贷款人按合同约定方式支付贷款资金。

贷款人应在贷款资金发放前审核借款人相关交易资料和凭证是否符合合同约定条件，支付后做好有关细节的认定记录。

对于贷款资金使用记录良好的借款人，在合同约定的生产经营贷款用途范围内，出现合理的紧急用款需求，贷款人经评估认为风险可控的，可适当简化借款人需提供的受托支付事前证明材料和流程，于放款完成后及时完成事后审核。

第三十五条 贷款人受托支付完成后，应详细记录资金流向，归集保存相关凭证。

第三十六条　有下列情形之一的个人贷款,经贷款人同意可以采取借款人自主支付方式:

(一)借款人无法事先确定具体交易对象且单次提款金额不超过三十万元人民币的;

(二)借款人交易对象不具备条件有效使用非现金结算方式的;

(三)贷款资金用于生产经营且单次提款金额不超过五十万元人民币的;

(四)法律法规规定的其他情形的。

第三十七条　采用借款人自主支付的,贷款人应与借款人在借款合同中事先约定,要求借款人定期报告或告知贷款人贷款资金支付情况。

贷款人应当通过账户分析、凭证查验或现场调查等方式,核查贷款支付是否符合约定用途,以及是否存在以化整为零方式规避受托支付的情形。

第三十八条　贷款支付过程中,借款人信用状况下降、贷款资金使用出现异常或违反合同约定以化整为零方式规避受托支付的,贷款人应与借款人协商补充贷款发放和支付条件,或根据合同约定变更贷款支付方式、停止或中止贷款资金的发放和支付。

第六章　贷后管理

第三十九条　个人贷款支付后,贷款人应采取有效方式对贷款资金使用、借款人的信用及担保情况变化等进行跟踪检查和监控分析,确保贷款资产安全。

贷款人应加强对借款人资金挪用行为的监控,发现借款人挪用贷款资金的,应按照合同约定采取要求借款人整改、提前归还贷款或下调贷款风险分类等相应措施进行管控。

第四十条　贷款人应区分个人贷款的品种、对象、金额等,确定贷款检查的相应方式、内容和频度。对于简化或不再进行现场实地调查的业务,应当按照适当比例实施贷后实地检查。贷款人内部审计等部门应对贷款检查职能部门的工作质量进行抽查和评价。

第四十一条　贷款人应定期跟踪分析评估借款人履行借款合同约定内容的情况,并作为与借款人后续合作的信用评价基础。

第四十二条　贷款人应当按照法律法规规定和借款合同的约定,对借款人未按合同承诺提供真实、完整信息和未按合同约定用途使用、支付贷款等行为追究违约责任。

第四十三条　借款人申请贷款展期的,贷款人应审慎评估展期原因和后续还款安排的可行性。同意展期的,应根据还款来源等情况,合理确定展期期限,并加强对贷款的后续管理,按照实质风险状况进行风险分类。

期限一年以内的贷款展期期限累计不得超过原贷款期限;期限超过一年的贷款展期期限累计不得超过原贷款期限的一半。

第四十四条 贷款人应按照借款合同约定,收回贷款本息。

对于未按照借款合同约定偿还的贷款,贷款人应采取清收、协议重组、债权转让或核销等措施进行处置。

第七章 法律责任

第四十五条 贷款人违反本办法规定办理个人贷款业务的,国家金融监督管理总局及其派出机构应当责令其限期改正。贷款人有下列情形之一的,国家金融监督管理总局及其派出机构可根据《中华人民共和国银行业监督管理法》采取相关监管措施:

(一)贷款调查、审查、贷后管理未尽职的;

(二)未按规定建立、执行贷款面谈、借款合同面签制度的;

(三)借款合同采用格式条款未公示的;

(四)违反本办法第三十条规定的;

(五)支付管理不符合本办法要求的。

第四十六条 贷款人有下列情形之一的,国家金融监督管理总局及其派出机构可根据《中华人民共和国银行业监督管理法》对其采取相关监管措施或进行处罚:

(一)发放不符合条件的个人贷款的;

(二)签订的借款合同不符合本办法规定的;

(三)违反本办法第七条规定的;

(四)将贷款调查的风险控制核心事项委托第三方完成的;

(五)超越或变相超越贷款权限审批贷款的;

(六)授意借款人虚构情节获得贷款的;

(七)对借款人严重违约行为未采取有效措施的;

(八)严重违反本办法规定的审慎经营规则的其他情形的。

第八章 附 则

第四十七条 国家金融监督管理总局及其派出机构可以根据贷款人的经

营管理情况、风险水平和个人贷款业务开展情况等，对贷款人个人贷款管理提出相关审慎监管要求。

第四十八条　国家开发银行、政策性银行以及经国家金融监督管理总局批准设立的非银行金融机构发放的个人贷款，可参照本办法执行。

第四十九条　国家金融监督管理总局对互联网、个人住房、个人助学、个人汽车等其他特殊类贷款另有规定的，从其规定。

银行业金融机构发放给农户用于生产性贷款等国家有专门政策规定的特殊类个人贷款，暂不执行本办法。

信用卡透支不适用本办法。

第五十条　贷款人应依照本办法制定个人贷款业务管理细则及操作规程。

第五十一条　本办法由国家金融监督管理总局负责解释。

第五十二条　本办法自2024年7月1日起施行，《个人贷款管理暂行办法》（中国银行业监督管理委员会令2010年第2号）同时废止。

自然资源行政处罚办法

（2024年1月31日自然资源部令第12号公布　自2024年5月1日起施行　国司备字[2024010481]）

第一章　总　　则

第一条　为规范自然资源行政处罚的实施，保障和监督自然资源主管部门依法履行职责，保护公民、法人或者其他组织的合法权益，根据《中华人民共和国行政处罚法》以及《中华人民共和国土地管理法》《中华人民共和国城市房地产管理法》《中华人民共和国矿产资源法》《中华人民共和国测绘法》《中华人民共和国城乡规划法》等自然资源管理法律法规，制定本办法。

第二条　县级以上自然资源主管部门依照法定职权和程序，对公民、法人或者其他组织违反土地、矿产、测绘地理信息、城乡规划等自然资源管理法律法规的行为实施行政处罚，适用本办法。

综合行政执法部门、乡镇人民政府、街道办事处等依法对公民、法人或者其他组织违反土地、矿产、测绘地理信息、城乡规划等自然资源法律法规的行为实施行政处罚，可以适用本办法。

第三条　自然资源主管部门实施行政处罚，遵循公正、公开的原则，做到事实清楚,证据确凿,定性准确,依据正确,程序合法,处罚适当。

第四条 自然资源行政处罚包括:

(一)警告、通报批评;

(二)罚款、没收违法所得、没收非法财物;

(三)暂扣许可证件、降低资质等级、吊销许可证件;

(四)责令停产停业;

(五)限期拆除在非法占用土地上的新建建筑物和其他设施;

(六)法律法规规定的其他行政处罚。

第五条 省级自然资源主管部门应当结合本地区社会经济发展的实际情况,依法制定行政处罚裁量基准,规范行使行政处罚裁量权,并向社会公布。

第二章 管辖和适用

第六条 土地、矿产、城乡规划违法案件由不动产所在地的县级自然资源主管部门管辖。

测绘地理信息违法案件由违法行为发生地的县级自然资源主管部门管辖。难以确定违法行为发生地的,可以由涉嫌违法的公民、法人或者其他组织的单位注册地、办公场所所在地、个人户籍所在地的县级自然资源主管部门管辖。

法律法规另有规定的除外。

第七条 自然资源部管辖全国范围内重大、复杂和法律法规规定应当由其管辖的自然资源违法案件。

前款规定的全国范围内重大、复杂的自然资源违法案件,是指:

(一)党中央、国务院要求自然资源部管辖的自然资源违法案件;

(二)跨省级行政区域的自然资源违法案件;

(三)自然资源部认为应当由其管辖的其他自然资源违法案件。

第八条 省级、市级自然资源主管部门管辖本行政区域内重大、复杂的,涉及下一级人民政府的和法律法规规定应当由其管辖的自然资源违法案件。

第九条 有下列情形之一的,上级自然资源主管部门有权管辖下级自然资源主管部门管辖的案件:

(一)下级自然资源主管部门应当立案而不予立案的;

(二)案情复杂,情节恶劣,有重大影响,需要由上级自然资源主管部门管辖的。

上级自然资源主管部门可以将本级管辖的案件交由下级自然资源主管部

门管辖,但是法律法规规定应当由其管辖的除外。

第十条 两个以上自然资源主管部门都有管辖权的,由最先立案的自然资源主管部门管辖。

自然资源主管部门之间因管辖权发生争议的,应当协商解决,协商不成的,报请共同的上一级自然资源主管部门指定管辖;也可以直接由共同的上一级自然资源主管部门指定管辖。

上一级自然资源主管部门应当在收到指定管辖申请之日起七日内,作出管辖决定。

第十一条 自然资源主管部门发现违法案件不属于本部门管辖的,应当移送有管辖权的自然资源主管部门或者其他部门。

受移送的自然资源主管部门对管辖权有异议的,应当报请上一级自然资源主管部门指定管辖,不得再自行移送。

第十二条 自然资源主管部门实施行政处罚时,依照《中华人民共和国行政处罚法》第二十六条规定,可以向有关机关提出协助请求。

第十三条 违法行为涉嫌犯罪的,自然资源主管部门应当及时将案件移送司法机关。发现涉及国家公职人员违法犯罪问题线索的,应当及时移送监察机关。

自然资源主管部门应当与司法机关加强协调配合,建立健全案件移送制度,加强证据材料移交、接收衔接,完善案件处理信息通报机制。

第十四条 自然资源行政处罚当事人有违法所得,除依法应当退赔的外,应当予以没收。

违法所得是指实施自然资源违法行为所取得的款项,但可以扣除合法成本和投入,具体扣除办法由自然资源部另行规定。

第三章 立案、调查和审理

第十五条 自然资源主管部门发现公民、法人或者其他组织行为涉嫌违法的,应当及时核查。对正在实施的违法行为,应当依法及时下达责令停止违法行为通知书予以制止。

责令停止违法行为通知书应当记载下列内容:

(一)违法行为人的姓名或者名称;

(二)违法事实和依据;

(三)其他应当记载的事项。

第十六条 符合下列条件的,自然资源主管部门应当在发现违法行为后及时立案：

（一）有明确的行为人；

（二）有违反自然资源管理法律法规的事实；

（三）依照自然资源管理法律法规应当追究法律责任；

（四）属于本部门管辖；

（五）违法行为没有超过追诉时效。

违法行为轻微并及时纠正，没有造成危害后果的，可以不予立案。

第十七条 立案后，自然资源主管部门应当指定具有行政执法资格的承办人员，及时组织调查取证。

调查取证时，案件调查人员不得少于两人，并应当主动向当事人或者有关人员出示执法证件。当事人或者有关人员有权要求调查人员出示执法证件。调查人员不出示执法证件的，当事人或者有关人员有权拒绝接受调查或者检查。

当事人或者有关人员应当如实回答询问，并协助调查或者检查，不得拒绝或者阻挠。

第十八条 调查人员与案件有直接利害关系或者有其他关系可能影响公正执法的，应当回避。

当事人认为调查人员与案件有直接利害关系或者有其他关系可能影响公正执法的，有权申请回避。

当事人提出回避申请的，自然资源主管部门应当依法审查，由自然资源主管部门负责人决定。决定作出之前，不停止调查。

第十九条 自然资源主管部门进行调查取证，有权采取下列措施：

（一）要求被调查的单位或者个人提供有关文件和资料，并就与案件有关的问题作出说明；

（二）询问当事人以及相关人员，进入违法现场进行检查、勘测、拍照、录音、摄像，查阅和复印相关材料；

（三）依法可以采取的其他措施。

第二十条 当事人拒绝调查取证或者采取暴力、威胁的方式阻碍自然资源主管部门调查取证的，自然资源主管部门可以提请公安机关、检察机关、监察机关或者相关部门协助，并向本级人民政府或者上一级自然资源主管部门报告。

第二十一条 调查人员应当收集、调取与案件有关的书证、物证、视听资料、电子数据的原件、原物、原始载体；收集、调取原件、原物、原始载体确有困难的，可以收集、调取复印件、复制件、节录本、照片、录像等。声音资料应当附有该声音内容的文字记录。

第二十二条 证人证言应当符合下列要求：

（一）注明证人的姓名、年龄、性别、职业、住址、联系方式等基本情况；

（二）有与案件相关的事实；

（三）有证人的签名，不能签名的，应当按手印或者盖章；

（四）注明出具日期；

（五）附有居民身份证复印件等证明证人身份的文件。

第二十三条 当事人请求自行提供陈述材料的，应当准许。必要时，调查人员也可以要求当事人自行书写。当事人应当在其提供的陈述材料上签名、按手印或者盖章。

第二十四条 询问应当个别进行，并制作询问笔录。询问笔录应当记载询问的时间、地点和询问情况等。

第二十五条 现场勘验一般由案件调查人员实施，也可以委托有资质的单位实施。现场勘验应当通知当事人到场，制作现场勘验笔录，必要时可以采取拍照、录像或者其他方式记录现场情况。

无法找到当事人或者当事人拒不到场、当事人拒绝签名或盖章的，调查人员应当在笔录中注明事由，可以邀请有关基层组织的代表见证。

第二十六条 为查明事实，需要对案件中的有关问题进行认定或者鉴定的，自然资源主管部门可以根据实际情况出具认定意见，也可以委托具有相应资质的机构出具鉴定意见。

第二十七条 因不可抗力、意外事件等致使案件暂时无法调查的，经自然资源主管部门负责人批准，中止调查。中止调查情形消失，自然资源主管部门应当及时恢复调查。自然资源主管部门作出调查中止和恢复调查决定的，应当以书面形式在三个工作日内告知当事人。

第二十八条 有下列情形之一的，经自然资源主管部门负责人批准，终止调查：

（一）调查过程中，发现违法事实不成立的；

（二）违法行为已过行政处罚追诉时效的；

（三）不属于本部门管辖，需要向其他部门移送的；

（四）其他应当终止调查的情形。

第二十九条 案件调查终结，案件承办人员应当提交调查报告。调查报告应当包括当事人的基本情况、违法事实以及法律依据、相关证据、违法性质、违法情节、违法后果，并提出依法是否应当给予行政处罚以及给予何种行政处罚的处理意见。

涉及需要追究党纪、政务或者刑事责任的，应当提出移送有权机关的建议。

第三十条 自然资源主管部门在审理案件调查报告时，应当就下列事项进行审理：

（一）是否符合立案条件；

（二）违法主体是否认定准确；

（三）事实是否清楚、证据是否确凿；

（四）定性是否准确；

（五）适用法律是否正确；

（六）程序是否合法；

（七）拟定的处理意见是否适当；

（八）其他需要审理的内容和事项。

经审理发现调查报告存在问题的，可以要求调查人员重新调查或者补充调查。

第四章 决　　定

第三十一条 审理结束后，自然资源主管部门根据不同情况，分别作出下列决定：

（一）违法事实清楚、证据确凿、依据正确、调查审理符合法定程序的，作出行政处罚决定；

（二）违法行为轻微，依法可以不给予行政处罚的，不予行政处罚；

（三）初次违法且危害后果轻微并及时改正的，可以不予行政处罚；

（四）违法事实不能成立的，不予行政处罚；

（五）违法行为涉及需要追究党纪、政务或者刑事责任的，移送有权机关。

对情节复杂或者重大违法行为给予行政处罚，行政机关负责人应当集体讨论决定。

第三十二条 在自然资源主管部门作出重大行政处罚决定前，应当进行法制审核；未经法制审核或者审核未通过的，自然资源主管部门不得作出决定。

自然资源行政处罚法制审核适用《自然资源执法监督规定》。

第三十三条 违法行为依法需要给予行政处罚的，自然资源主管部门应当制作行政处罚告知书，告知当事人拟作出的行政处罚内容及事实、理由、依据，以及当事人依法享有的陈述、申辩权利，按照法律规定的方式，送达当事人。

当事人要求陈述和申辩的，应当在收到行政处罚告知书后五日内提出。口头形式提出的，案件承办人员应当制作笔录。

第三十四条 拟作出下列行政处罚决定的，自然资源主管部门应当制作行政处罚听证告知书，按照法律规定的方式，送达当事人：

（一）较大数额罚款；

（二）没收违法用地上的新建建筑物和其他设施；

（三）没收较大数额违法所得、没收较大价值非法财物；

（四）限期拆除在非法占用土地上的新建建筑物和其他设施；

（五）暂扣许可证件、降低资质等级、吊销许可证件；

（六）责令停产停业；

（七）其他较重的行政处罚；

（八）法律、法规、规章规定的其他情形。

当事人要求听证的，应当在收到行政处罚听证告知书后五日内提出。自然资源行政处罚听证的其他规定，适用《自然资源听证规定》。

第三十五条 当事人未在规定时间内陈述、申辩或者要求听证的，以及陈述、申辩或者听证中提出的事实、理由或者证据不成立的，自然资源主管部门应当依法制作行政处罚决定书，并按照法律规定的方式，送达当事人。

行政处罚决定书中应当记载行政处罚告知、当事人陈述、申辩或者听证的情况，并加盖作出处罚决定的自然资源主管部门的印章。

行政处罚决定书一经送达，即发生法律效力。当事人对行政处罚决定不服申请行政复议或者提起行政诉讼的，行政处罚不停止执行，法律另有规定的除外。

第三十六条 法律法规规定的责令改正或者责令限期改正，可以与行政处罚决定一并作出，也可以在作出行政处罚决定之前单独作出。

第三十七条 当事人有两个以上自然资源违法行为的，自然资源主管部门可以制作一份行政处罚决定书，合并执行。行政处罚决定书应当明确对每个违法行为的处罚内容和合并执行的内容。

违法行为有两个以上当事人的，可以并列当事人分别作出行政处罚决定，制作一式多份行政处罚决定书，分别送达当事人。行政处罚决定书应当明确给予每个当事人的处罚内容。

第三十八条 自然资源主管部门应当自立案之日起九十日内作出行政处罚决定；案情复杂不能在规定期限内作出行政处罚决定的，经本级自然资源主管部门负责人批准，可以适当延长，但延长期限不得超过三十日，案情特别复杂的除外。

案件办理过程中,鉴定、听证、公告、邮递在途等时间不计入前款规定的期限;涉嫌犯罪移送的,等待公安机关、检察机关作出决定的时间,不计入前款规定的期限。

第三十九条 自然资源主管部门应当依法公开具有一定社会影响的行政处罚决定。

公开的行政处罚决定被依法变更、撤销、确认违法或者确认无效的,自然资源主管部门应当在三日内撤回行政处罚决定信息并公开说明理由。

第五章 执　　行

第四十条 行政处罚决定生效后,当事人逾期不履行的,自然资源主管部门除采取法律法规规定的措施外,还可以采取以下措施:

(一)向本级人民政府和上一级自然资源主管部门报告;

(二)向当事人所在单位或者其上级主管部门抄送;

(三)依照法律法规停止办理或者告知相关部门停止办理当事人与本案有关的许可、审批、登记等手续。

第四十一条 自然资源主管部门申请人民法院强制执行前,有充分理由认为被执行人可能逃避执行的,可以申请人民法院采取财产保全措施。

第四十二条 当事人确有经济困难,申请延期或者分期缴纳罚款的,经作出处罚决定的自然资源主管部门批准,可以延期或者分期缴纳罚款。

第四十三条 自然资源主管部门作出没收矿产品、建筑物或者其他设施的行政处罚决定后,应当在行政处罚决定生效后九十日内移交本级人民政府或者其指定的部门依法管理和处置。法律法规另有规定的,从其规定。

第四十四条 自然资源主管部门申请人民法院强制执行前,应当催告当事人履行义务。

当事人在法定期限内不申请行政复议或者提起行政诉讼,又不履行的,自然资源主管部门可以自期限届满之日起三个月内,向有管辖权的人民法院申请强制执行。

第四十五条 自然资源主管部门向人民法院申请强制执行,应当提供下列材料:

(一)强制执行申请书;

(二)行政处罚决定书及作出决定的事实、理由和依据;

(三)当事人的意见以及催告情况;

(四)申请强制执行标的情况;

（五）法律法规规定的其他材料。

强制执行申请书应当加盖自然资源主管部门的印章。

第四十六条 符合下列条件之一的，经自然资源主管部门负责人批准，案件结案：

（一）案件已经移送管辖的；

（二）终止调查的；

（三）决定不予行政处罚的；

（四）执行完毕的；

（五）终结执行的；

（六）已经依法申请人民法院或者人民政府强制执行；

（七）其他应当结案的情形。

涉及需要移送有关部门追究党纪、政务或者刑事责任的，应当在结案前移送。

第四十七条 自然资源主管部门应当依法以文字、音像等形式，对行政处罚的启动、调查取证、审核、决定、送达、执行等进行全过程记录，归档保存。

第六章 监督管理

第四十八条 自然资源主管部门应当通过定期或者不定期检查等方式，加强对下级自然资源主管部门实施行政处罚工作的监督，并将发现和制止违法行为、依法实施行政处罚等情况作为监督检查的重点内容。

第四十九条 自然资源主管部门应当建立重大违法案件挂牌督办制度。

省级以上自然资源主管部门可以对符合下列情形之一的违法案件挂牌督办，公开督促下级自然资源主管部门限期办理，向社会公开处理结果，接受社会监督：

（一）违反城乡规划和用途管制，违法突破耕地和永久基本农田、生态保护红线、城镇开发边界等控制线，造成严重后果的；

（二）违法占用耕地，特别是占用永久基本农田面积较大、造成种植条件严重毁坏的；

（三）违法批准征占土地、违法批准建设、违法批准勘查开采矿产资源，造成严重后果的；

（四）严重违反国家土地供应政策、土地市场政策，以及严重违法开发利用土地的；

（五）违法勘查开采矿产资源，情节严重或者造成生态环境严重损害的；

（六）严重违反测绘地理信息管理法律法规的；

（七）隐瞒不报、压案不查、久查不决、屡查屡犯，造成恶劣社会影响的；

（八）需要挂牌督办的其他情形。

第五十条 自然资源主管部门应当建立重大违法案件公开通报制度，将案情和处理结果向社会公开通报并接受社会监督。

第五十一条 自然资源主管部门应当建立违法案件统计制度。下级自然资源主管部门应当定期将本行政区域内的违法形势分析、案件发生情况、查处情况等逐级上报。

第五十二条 自然资源主管部门应当建立自然资源违法案件错案追究制度。行政处罚决定错误并造成严重后果的，作出处罚决定的机关应当承担相应的责任。

第五十三条 自然资源主管部门应当配合有关部门加强对行政处罚实施过程中的社会稳定风险防控。

第七章 法律责任

第五十四条 县级以上自然资源主管部门直接负责的主管人员和其他直接责任人员，违反本办法规定，有下列情形之一，致使公民、法人或者其他组织的合法权益、公共利益和社会秩序遭受损害的，应当依法给予处分：

（一）对违法行为未依法制止的；

（二）应当依法立案查处，无正当理由未依法立案查处的；

（三）在制止以及查处违法案件中受阻，依照有关规定应当向本级人民政府或者上级自然资源主管部门报告而未报告的；

（四）应当依法给予行政处罚而未依法处罚的；

（五）应当依法申请强制执行、移送有关机关追究责任，而未依法申请强制执行、移送有关机关的；

（六）其他徇私枉法、滥用职权、玩忽职守的情形。

第八章 附则

第五十五条 依法经书面委托的自然资源主管部门执法队伍在受委托范围内，以委托机关的名义对公民、法人或者其他组织违反土地、矿产、测绘地理信息、城乡规划等自然资源法律法规的行为实施行政处罚，适用本办法。

第五十六条 自然资源行政处罚法律文书格式，由自然资源部统一制定。

第五十七条 本办法中“三日”“五日”“七日”“十日”指工作日，不含法定节假日。

第五十八条 本办法自2024年5月1日起施行。

民政部关于废止《民政信访工作办法》的决定

（2024年2月1日民政部令第70号公布 自公布之日起施行 国司备字[2024010413]）

决定废止2011年7月1日公布的《民政信访工作办法》(民政部令第43号)。

本决定自公布之日起施行。

电力企业信息报送规定

（2024年2月8日国家发展和改革委员会令第13号公布 自2024年4月1日起施行 国司备字[2024010477]）

第一章 总 则

第一条 为了加强电力监管，规范电力企业、电力调度机构、电力交易机构信息报送行为，维护电力市场秩序，根据《电力监管条例》，制定本规定。

第二条 电力企业、电力调度机构、电力交易机构向国家发展改革委、国家能源局及其派出机构、省级政府主管部门报送与监管事项相关的文件、资料，适用本规定。

第三条 电力企业、电力调度机构、电力交易机构报送信息遵循真实、及时、完整的原则。

第四条 国家能源局及其派出机构根据电力企业、电力调度机构、电力交易机构报送的信息，对电力企业、电力调度机构、电力交易机构依法从事电力业务的情况实施监管。

第二章 报送内容

第五条 从事发电业务的企业应当报送下列信息：

（一）企业基本情况；
（二）签订和履行并网调度协议、购售电合同的情况；
（三）上网电价情况；
（四）电力市场交易情况；
（五）燃料购入、消耗、库存情况；
（六）煤电等电源项目纳入规划核准、开工、投产情况；
（七）电力安全生产情况；
（八）国家能源局及其派出机构要求报送的其他信息。

第六条 从事输电业务的企业应当报送下列信息：
（一）企业基本情况、企业生产经营情况；
（二）电网结构情况，网内发电装机分布和容量情况；
（三）签订和履行购售电合同的情况；
（四）执行输电电价情况；
（五）输电成本构成及其变动情况；
（六）输电通道运行情况；
（七）电费结算情况；
（八）可再生能源电力消纳量完成情况；
（九）电力安全生产情况；
（十）国家能源局及其派出机构要求报送的其他信息。

第七条 从事供电业务的企业应当报送下列信息：
（一）企业基本情况；
（二）提供供电服务的情况；
（三）提供电力社会普遍服务的情况；
（四）执行配电电价、销售电价的情况；
（五）供电成本构成及其变动情况；
（六）电力安全生产情况；
（七）国家能源局及其派出机构要求报送的其他信息。

第八条 电力调度机构应当报送下列信息：
（一）电力系统运行情况；
（二）电力供需形势情况；
（三）执行电力市场运行规则、电力调度规则和电网运行规则的情况；
（四）电力现货市场、电力辅助服务市场运行情况（含跨区跨省交易）；
（五）电力并网运行管理、电力辅助服务管理情况；
（六）签订和履行并网调度协议的情况；

（七）电力安全生产情况；

（八）国家能源局及其派出机构要求报送的其他信息。

第九条 电力交易机构应当报送下列信息：

（一）执行电力市场运行规则情况；

（二）电力中长期市场运行情况（含跨区跨省交易）；

（三）电力市场结算、清算情况；

（四）电力市场信息披露情况；

（五）国家指令性计划、政府间框架协议执行情况；

（六）国家能源局及其派出机构要求报送的其他信息。

第三章 报送程序

第十条 国家能源局省级派出机构（以下简称省级派出机构）辖区内的电力企业、省级电力调度机构、省级电力交易机构向省级派出机构、省级政府主管部门报送信息。省级派出机构汇总后报国家能源局。

未设立省级派出机构的省、自治区、直辖市范围内的电力企业、省级电力调度机构、省级电力交易机构，向国家能源局区域派出机构（以下简称区域派出机构）、省级政府主管部门报送信息。

第十一条 中国南方电网有限责任公司、国家电网公司所属区域电网公司、区域电力调度机构向区域派出机构报送信息。

第十二条 区域派出机构汇总本辖区内的信息，报国家发展改革委、国家能源局。

第十三条 中央电力企业、国家电力调度机构向国家发展改革委、国家能源局报送信息。

第十四条 电力企业、电力调度机构、电力交易机构应当指定具体负责信息报送的机构和人员，并报国家能源局及其派出机构备案。

第十五条 电力企业、电力调度机构、电力交易机构报送信息，应当经本单位负责的主管人员审核、签发，重要信息应当经主要负责人签发。

第四章 报送方式

第十六条 国家能源局及其派出机构根据电力企业、电力调度机构、电力交易机构报送信息的内容，确定具体的报送形式和期限。

第十七条 电力企业、电力调度机构、电力交易机构应当按照有关规定，通过信函、电报、电传、传真、电子数据交换和电子邮件等方式报送信息。

第十八条 电力企业、电力调度机构、电力交易机构报送信息应当按照有关规定，填报报表、提交报告或者提供有关材料。

第十九条 电力企业、电力调度机构、电力交易机构报送信息应当符合下列期限要求：

(一)日报应当在下一日12时前报出；

(二)周报或者旬报应当在下一周或者下一旬的第2个工作日前报出；

(三)月报应当在下一月的8日前报出；

(四)季报应当在下一季度的第12日前报出；

(五)年报快报应当在下一年的1月20日前报出；

(六)年报应当在下一年的3月20日前报出。

电力企业、电力调度机构、电力交易机构应当按照国家能源局的有关规定将与监管相关的信息系统接入电力监管信息系统，报送有关实时信息。

电力安全生产信息、企业财务信息的报送期限，法律、法规、规章另有规定的，从其规定。

第二十条 电力监管机构根据履行监管职责的需要，要求电力企业、电力调度机构、电力交易机构及时报送有关信息的，电力企业、电力调度机构、电力交易机构应当按照要求报送。

第二十一条 电力企业、电力调度机构、电力交易机构未能按照规定期限报送信息的，应当及时向国家能源局及其派出机构报告，并在国家能源局及其派出机构批准的期限内补报。

第五章 信息使用

第二十二条 国家能源局及其派出机构审查电力企业、电力调度机构、电力交易机构报送的信息，发现有违反电力监管法规、规章情形的，应当责令其改正并按照有关规定做出处理。

第二十三条 国家能源局及其派出机构审查电力企业、电力调度机构、电力交易机构报送的信息，发现电力企业、电力调度机构、电力交易机构在安全生产、成本管理、服务质量等方面存在问题的，应当对其提出整改建议。

第二十四条 国家能源局及其派出机构整理、分析电力企业、电力调度机构、电力交易机构报送的信息，适时向社会公开。

第六章 监督管理

第二十五条 国家能源局及其派出机构建立电力企业报送信息的内部管理制度,明确工作程序、职责分工和责任。国家发展改革委、国家能源局及其派出机构、省级政府主管部门工作人员应当严格遵守保密纪律,保守在监管工作中知悉的国家秘密、商业秘密。

第二十六条 国家能源局及其派出机构对电力企业、电力调度机构、电力交易机构报送信息的情况进行监督检查。

第二十七条 国家能源局及其派出机构通过网站等媒介定期通报电力企业、电力调度机构、电力交易机构信息报送情况,对在信息报送工作中表现突出的单位和人员给予表彰。

第二十八条 电力企业、电力调度机构、电力交易机构未按照本规定报送信息的,由国家能源局及其派出机构责令其改正;情节严重的,给予通报批评。

第二十九条 电力企业、电力调度机构、电力交易机构提供虚假信息或者隐瞒重要事实的,依照《电力监管条例》有关规定处理。

第七章 附 则

第三十条 国家能源局派出机构根据本规定制定实施办法,报国家能源局批准后执行。

第三十一条 本规定自2024年4月1日起施行。原2005年11月30日发布的《电力企业信息报送规定》(原国家电力监管委员会令第13号)同时废止。

供电营业规则

(2024年2月8日国家发展和改革委员会令第14号公布 自2024年6月1日起施行 国司备字[2024010478])

第一章 总 则

第一条 为加强供电营业管理,建立正常的供电营业秩序,保障供用双方的合法权益,依照《电力供应与使用条例》和国家有关规定,制定本规则。

第二条 供电企业和用户在进行电力供应与使用活动中,应当遵守本规则的规定。

第三条 供电企业和用户应当遵守国家有关规定,服从电网统一调度。

第四条 供电企业应当无歧视地向用户提供供电服务并按照电力体制改革的要求和电力市场交易规则履行相应的服务责任。

第五条 供电企业应当按照国家信息公开有关规定,主动公开与供用电相关的政策制度、服务标准、投诉或监督渠道等信息。

本规则应当通过供电企业的供电营业场所及各类线上服务渠道公开,供用户查阅。

第二章 供电方式

第六条 供电企业供电的额定频率为交流 50 赫兹。

第七条 供电企业供电的额定电压:

(一)低压供电:单相为 220 伏,三相三线为 380 伏,三相四线为 380/220 伏;

(二)高压供电:为 10(6、20)、35、110(66)、220(330)千伏。

用户需要的电压等级不在上列范围时,应当自行采取变压措施解决。

用户需要的电压等级在 110 千伏以上时,其受电装置应当作为终端变电站设计。

第八条 供电企业对申请用电的用户提供的供电方式,应当从供用电的安全、经济、合理和便于运维管理出发,依据国家有关政策规定、电网规划、用电需求以及当地供电条件等因素,进行技术经济比较,与用户协商确定。由地方政府投资建设供电设施的,供电企业应当就供电方式与地方政府协商确定。

第九条 用户单相用电设备总容量 12 千瓦以下的可以采用低压 220 伏供电,但有单台设备容量超过 1 千瓦的单相电焊机、换流设备时,用户应当采取有效的技术措施以消除对电能质量的影响,否则应当改为其他方式供电。

第十条 用户用电设备总容量 160 千瓦以下的,可以采用低压三相制供电,特殊情况也可以采用高压供电。

第十一条 符合国家政策要求的,对距离发电厂较近的用户可以采用发电厂直配供电方式,但不得以发电厂的厂用电源或变电站(所)的站用电源对用户供电。

第十二条 供电企业应当根据用户重要等级和负荷性质,按照国家及行业标准提供供电电源。

用户应当按照国家及行业标准配置自备应急电源,采取非电性质应急安全保护措施。

第十三条 新建居住区供电方式应当符合国家相关政策要求及技术标准。

新建居住区居民住宅供电设施应当按照一户一表标准进行建设。

新建居住区的固定车位应当按照规定建设充电基础设施或预留安装条件,满足直接装表接电要求。居民自用充电桩用电按照国家相关政策要求及技术标准配置。

第十四条 对基建工地、农田水利、市政建设等非永久性用电,可以供给临时电源。临时用电期限一般不得超过三年,如需办理延期的,应当在到期前向供电企业提出申请;逾期不办理延期或永久性正式用电手续的,供电企业应当终止供电。

使用临时电源的用户不得向外转供电,不得私自改变用电类别,供电企业不受理除更名、过户、销户、变更交费方式及联系人信息以外的变更业务。临时用电不得作为正式用电使用,如需改为正式用电,应当按照新装用电办理。

因突发事件需要紧急供电时,供电企业应当迅速组织力量,架设临时电源供电。架设临时电源所需的工程费用和应付的电费,由地方人民政府有关部门负责拨付。

第十五条 供电企业一般不采用趸售方式供电。特殊情况需开放趸售供电时,应当由省级电力管理部门批准。

趸购转售电单位应当服从电网的统一调度,按照规定的电价向用户售电,不得再层层趸售。

电网经营企业与趸购转售电单位应当就趸购转售事宜签订供用电合同,明确双方的权利和义务。

趸购转售电单位需新装或增加趸购容量时,应当按照本规则的规定办理新装增容手续。

第十六条 用户不得自行转供电。在公用供电设施尚未到达的地区,供电企业征得该地区有供电能力的直供用户同意,可以采用委托方式向其附近的用户转供电力,但不得委托重要的国防军工用户转供电。

委托转供电应当遵守下列规定:

(一)供电企业与委托转供户(简称转供户)应当就转供范围、转供容量、转供期限、转供费用、计量方式、电费计算、转供电设施建设、产权划分、运行维护、调度通信、违约责任等事项签订协议;

(二)转供区域内的用户(简称被转供户),视同供电企业的直供户,与直供户享有同样的用电权利,其一切用电事宜按照直供户的规定办理;

（三）向被转供户供电的公用线路与变压器的损耗电量应当由供电企业负担，不得摊入被转供户用电量中；

（四）在计算转供户用电量、最大需量及功率因数调整电费时，应当扣除被转供户、公用线路与变压器消耗的有功、无功电量。最大需量按照下列规定折算：

1. 照明及一班制：每月用电量 180 千瓦时，折合为 1 千瓦；
2. 二班制：每月用电量 360 千瓦时，折合为 1 千瓦；
3. 三班制：每月用电量 540 千瓦时，折合为 1 千瓦；
4. 农业用电：每月用电量 270 千瓦时，折合为 1 千瓦。

（五）委托的费用，按照委托的业务项目的多少，由双方协商确定。

第十七条　非电网供电主体对具备表计条件的终端用户，应当按照政府规定的电价政策执行，不得在终端用户的电费中加收物业公共部位、共用设施和配套设施的运行维护费等费用。

本条所指非电网供电，是指在公用供电设施已到达的地区，非电网供电主体将用电地址内配用电设施向供电企业申请整体报装并建立供用电关系，再由其通过内部配电设施向内部终端用户供电的情形。

第十八条　用户应当将重要负荷与非重要负荷、生产用电与生活区用电分开配电。

新装或增加用电的用户应当按照上述规定确定内部的配电方式，对目前尚未达到上述要求的用户应当逐步改造。

第三章　新装、增容与变更用电

第十九条　任何单位或个人需新装用电或增加用电容量（简称增容）、变更用电都应当按照本规则规定，通过供电企业供电营业场所或线上服务渠道提出申请，办理手续。

供电企业应当在供电营业场所及各类线上服务渠道公开办理各项用电业务的程序、制度和收费标准。

第二十条　供电企业的供电营业机构统一归口办理用户的新装、增容用电，包括业务受理、供电方案答复、设计审查、中间检查、竣工检验、装表接电等环节。

第二十一条　用户申请新装或增容时，应当向供电企业提供以下申请资料：

（一）低压用户需提供用电人有效身份证件、用电地址物权证件，居民自用充电桩需按照国家有关规定提供相关材料；

（二）高压用户需提供用电人有效身份证件、用电地址物权证件、用电工程项目批准文件、用电设备清单，国家政策另有规定的，按照相关规定执行。

供电企业采用转移负荷或分流改造等方式后仍然存在供电能力不足或政府规定限制的用电项目，供电企业可以通知用户暂缓办理。

第二十二条 供电企业对已受理的用电申请，应当尽快确定供电方案，在下列期限内正式书面通知用户：

低压用户不超过三个工作日，高压单电源用户不超过十个工作日，高压双电源用户不超过二十个工作日。若不能如期确定供电方案时，供电企业应当向用户说明原因。用户对供电企业答复的供电方案有不同意见时，应当在一个月内提出意见，双方可以再行协商确定。用户应当根据确定的供电方案进行受电工程设计。

第二十三条 高压供电方案的有效期为一年，低压供电方案的有效期为三个月。用户应当在有效期内依据供电方案开工建设受电工程，逾期不开工的，供电方案失效。

用户遇有特殊情况，需延长供电方案有效期的，应当在有效期到期前十日向供电企业提出申请，供电企业应当视情况予以办理延长手续，但延长时间不得超过前款规定期限。

第二十四条 有下列情形之一的，为变更用电：

（一）停止部分或全部受电设施用电容量的（简称减容）；

（二）临时更换其他容量变压器的（简称暂换）；

（三）迁移受电设施用电地址的（简称迁址）；

（四）移动电能计量装置安装位置的（简称移表）；

（五）暂时停止全部用电并拆表的（简称暂拆）；

（六）用电地址物权变化引起用电人变更的（简称过户）；

（七）变更用户名称的（简称更名）；

（八）一户分立为两户以上用户的（简称分户）；

（九）两户以上用户合并为一户的（简称并户）；

（十）终止供用电关系的（简称销户）；

（十一）改变供电电压等级的（简称改压）；

（十二）改变电价类别、用电类别等计价计费信息的（简称改类）；

（十三）改变行业分类、交费方式、银行账号、增值税信息、联系人信息等基础档案信息的（简称其它变更）。

用户需办理变更用电业务时，应当到供电企业供电营业场所或通过线上服务渠道办理申请手续,必要时应当办理变更供用电合同。用户之间存在用电纠纷的,应当妥善处理后再行申请办理变更用电业务。

第二十五条 用户减容分为永久性减容和非永久性减容,须向供电企业提出申请。供电企业应当按照下列规定办理:

(一)高低压用户均可以办理减容业务,自减容之日起,按照减容后的容量执行相应电价政策;高压供电的用户,减容应当是整台或整组变压器(含不通过受电变压器的高压电动机)的停止或更换小容量变压器用电,根据用户申请的减容日期,对非永久性减容的用户设备进行加封,对永久性减容的用户受电设备拆除电气连接;

(二)申请非永久性减容的,减容次数不受限制,每次减容时长不得少于十五日,最长不得超过两年;两年内恢复的按照减容恢复办理,超过两年的应当按照新装或增容办理;

(三)用户申请恢复用电时,容(需)量电费从减容恢复之日起按照恢复后的容(需)量计收;实际减容时长少于十五日的,停用期间容(需)量电费正常收取;非永久性减容期满后用户未申请恢复的,供电企业可以延长减容期限,但距用户申请非永久性减容时间最多不超过两年,超过两年仍未申请恢复的,按照永久性减容办理;

(四)申请永久性减容的,应当按照减容后的容量重新签订供用电合同;永久性减少全部用电容量的,按照销户办理;办理永久性减容后需恢复用电容量的,按照新装或增容办理。

第二十六条 用户暂换(因受电变压器故障而无相同容量变压器替代,需要临时更换其他容量变压器),应当在更换前向供电企业提出申请。供电企业应当按照下列规定办理:

(一)应当在原受电地点内整台暂换受电变压器;

(二)暂换变压器的使用时间,10(6、20)千伏以下的不得超过两个月,35千伏以上的不得超过三个月,逾期不办理手续的,供电企业可以中止供电;

(三)暂换和暂换恢复的变压器经检验合格后才能投入运行;

(四)两部制电价用户须在暂换之日起,按照替换后的变压器容量计收容(需)量电费。

第二十七条 用户迁址,应当向供电企业提出申请。供电企业应当按照下列规定办理:

(一)原址按照终止用电办理,供电企业予以销户。新址用电优先受理;

(二)迁移后的新址不在原供电点供电的,新址用电按照新装用电办理;

(三)迁移后的新址仍在原供电点,但新址用电容量超过原址用电容量的,超过部分按照增容办理；新址用电引起的用户产权范围内工程费用由用户负担；

（四）私自迁移用电地址用电的，除按照本规则第一百零一条第四项处理外，自迁新址不论是否引起供电点变动，一律按照新装用电办理。

第二十八条 用户移表（因修缮房屋或其他原因需要移动电能计量装置安装位置），应当向供电企业提出申请。供电企业应当按照下列规定办理：

（一）在用电地址、用电容量、用电类别、供电点等不变情况下，可以办理移表手续；

（二）移表所需的用户产权范围内工程费用由用户负担；

（三）用户不论何种原因，不得自行移动表位，否则，可以按照本规则第一百零一条第四项处理。

第二十九条 用户暂拆（因修缮房屋等原因需要暂时停止用电并拆表），应当向供电企业提出申请。供电企业应当按照下列规定办理：

（一）用户暂拆应当停止全部用电容量的使用并与供电企业结清电费；

（二）用户办理暂拆手续后，供电企业应当在五个工作日内执行暂拆；

（三）暂拆时间最长不得超过一年；暂拆期间，供电企业保留该用户原容量的使用权；

（四）暂拆原因消除，用户要求复装接电时，须向供电企业办理复装接电手续；上述手续完成后，供电企业应当在五个工作日内为该用户复装接电；

（五）超过暂拆规定时间要求复装接电的，按照新装办理。

第三十条 用户过户，应当持有关证明向供电企业提出申请。供电企业应当按照下列规定办理：

（一）在用电地址、用电容量不变条件下，可以办理过户；

（二）原用户应当与供电企业结清债务，才能解除原供用电关系；

（三）不申请办理过户手续而私自过户的，新用户应当承担原用户所负债务；供电企业发现用户私自过户时，供电企业应当通知该户补办手续，必要时可以中止供电。

第三十一条 用户更名，应当向供电企业提出申请。在用户用电主体、用电地址、用电容量、用电类别不变条件下，供电企业应当办理更名。

第三十二条 用户分户，应当持有关证明向供电企业提出申请。供电企业应当按照下列规定办理：

（一）在用电地址、供电点、用电容量不变，且其受电装置具备分装的条件时，可以办理分户；

（二）分立后的用户按照地址均应当具有独立的不动产权属；

(三)在原用户与供电企业结清债务的情况下,再办理分户手续;

(四)分立后的新用户应当与供电企业重新建立供用电关系;

(五)原用户的用电容量由分户者自行协商分割,需要增容的,分户后另行向供电企业办理增容手续;

(六)分户引起的用户产权范围内工程费用由分户者负担;

(七)分户后受电装置应当经供电企业检验合格,由供电企业分别装表计费。

第三十三条 用户并户,应当持有关证明向供电企业提出申请。供电企业应当按照下列规定办理:

(一)在同一供电点、同一用电地址的相邻两个以上用户允许办理并户;

(二)原用户应当在并户前与供电企业结清债务;

(三)新用户用电容量不得超过并户前各户容量之和;

(四)并户引起的用户产权范围内工程费用由并户者负担;

(五)并户受电装置应当经供电企业检验合格,由供电企业重新装表计费。

第三十四条 用户销户,应当向供电企业提出申请。供电企业应当按照下列规定办理:

(一)销户应当停止全部用电容量的使用;

(二)供用电双方结清电费;

(三)查验电能计量装置完好性后,拆除接户线和电能计量装置。

办完上述事宜,即完成销户,解除供用电关系。

第三十五条 用户连续六个月不用电,且经现场确认不具备继续用电条件或存在安全用电隐患的,供电企业应当向用户进行告知,或公告一个月后予以销户。用户需再用电时,按照新装用电办理。

第三十六条 用户改压(因用户原因需要在原址改变供电电压等级),应当向供电企业提出申请。供电企业应当按照下列规定办理:

(一)改变电压等级供电,超过原容量者,超过部分按照增容办理;

(二)改压引起的用户产权范围内工程费用由用户负担。

由于供电企业的原因引起用户供电电压等级变化的,改压引起的用户产权范围外工程费用由供电企业负担。

第三十七条 用户改类,应当向供电企业提出申请。供电企业应当按照下列规定办理:

(一)在同一受电设施内,因电力用途发生变化而引起电价类别、用电类别变化的,应当办理改类手续;

(二)用户根据国家电价政策的规定,申请两部制电价、分时电价、阶梯电

价等电价变更的,应当办理改类手续;

(三)擅自改变用电类别的,按照本规则第一百零一条第一项处理。

第三十八条 用户改变行业分类、交费方式、银行账号、增值税信息、用电地名(地理位置不变)、联系人信息等基础档案信息的,须向供电企业提出办理其它变更申请。供电企业发现用户档案信息与实际不符须进行变更的,用户应当配合。

因行业分类变化导致用电类别变化的,按照改类办理。

第三十九条 用户依法破产后,供电企业应当按照下列规定办理:

(一)用户进行工商注销的,供电企业应当予以销户;

(二)终止供电仍需在破产用户原址上用电的,按照新装用电办理。

第四章 供受电设施建设与维护管理

第四十条 用户受电设施的建设与改造应当符合城乡电网建设与改造规划。对规划中安排的线路走廊和变电站建设用地,应当优先满足公用供电设施建设的需要,确保土地和空间资源得到有效利用。

第四十一条 用户新装、增装或改装受电工程的设计安装、试验与运行应当符合国家有关标准;国家尚未制定标准的,应当符合电力行业标准;国家和电力行业尚未制定标准的,应当符合省(自治区、直辖市)电力管理部门的规定和规程。

第四十二条 新建居民住宅小区供电设施应当按照国家相关政策要求及技术标准进行建设。其中:

(一)高层小区一级负荷应当采用双重电源供电;特级负荷除双重电源供电外,还应增设应急电源供电,并严禁将其它负荷接入应急供电系统;二级负荷宜采用双回线路供电;

(二)新建居民住宅小区应当合理规划确定配用电设施位置,满足防洪防涝相关要求,设置应急移动电源接口。

第四十三条 高压供电的用户应当提供设计单位资质证明材料、受电工程设计及说明书,一式两份送交供电企业。其中受电工程设计及说明书应当包括:

(一)用电负荷分布图;

(二)负荷组成、性质及保安负荷;

(三)主要电气设备一览表;

(四)影响电能质量的用电设备清单;

（五）节能篇及主要生产设备、生产工艺耗电以及允许中断供电时间；

（六）高压受电设施一、二次接线图与平面布置图；

（七）用电功率因数计算及无功补偿方式；

（八）继电保护、过电压保护及电能计量装置的方式；

（九）隐蔽工程设计资料；

（十）配电网络布置图；

（十一）自备应急电源及接线方式。

低压供电的用户无需提供设计相关资料。

第四十四条 供电企业对重要电力用户、居民住宅小区送审的受电工程设计文件和有关资料，应当根据本规则的有关规定进行审核，单次审核时间不超过三个工作日，审核意见应当以书面形式连同审核过的一份受电工程设计文件和有关资料一并退还用户，以便用户据以施工。用户若更改审核后的设计文件，应当将变更后的设计再送供电企业复核。

重要电力用户、居民住宅小区受电工程的设计文件，未经供电企业审核同意，用户不得据以施工，否则，供电企业可以不予检验和接电。

不实行设计审查的高压用户，在竣工检验时提交设计单位资质证明材料、受电工程设计及说明书。

第四十五条 无功电力应当就地平衡。用户应当在提高用电自然功率因数的基础上，按照有关标准设计和安装无功补偿设备，并做到随其负荷和电压变动及时投入或切除，防止无功电力倒送。除电网有特殊要求的用户外，用户在当地供电企业规定的电网高峰负荷时的功率因数，应当达到下列规定：

（一）100 千伏安以上高压供电的用户功率因数为 0.90 以上；

（二）其他用户和大、中型电力排灌站、趸购转售电企业，功率因数为 0.85 以上；

（三）农业用电，功率因数为 0.80。

凡功率因数不能达到上述规定的新用户，供电企业可以拒绝接电。对已送电的用户，供电企业应当督促和帮助用户采取措施，提高功率因数。对在规定期限内仍未采取措施达到上述要求的用户，供电企业可以中止或限制供电。功率因数调整电费办法按照国家规定执行。

第四十六条 重要电力用户、居民住宅小区受电工程施工期间，供电企业应当根据审核同意的设计和有关施工标准，对用户受电工程中的隐蔽工程进行中间检查。如有不符合规定的，一次性向用户提出书面意见。用户应当按照设计和施工标准予以改正。单次检查时间不超过两个工作日。不实行隐蔽工程中间检查的用户，在竣工检验时提交隐蔽工程施工、试验单位资质证明材料,施工及试验记录。

第四十七条 用户受电工程施工、试验完工后,应当向供电企业提出竣工检验申请,并提供工程竣工报告。报告应当包括:

(一)施工、试验单位资质证明材料;

(二)工程竣工图及说明;

(三)电气试验及保护整定调试记录;

(四)安全用具的试验报告;

(五)隐蔽工程的施工及试验记录;

(六)运行管理的有关规定和制度;

(七)值班人员名单及资格;

(八)供电企业认为必要的其他资料或记录。

供电企业接到用户的受电装置竣工报告及检验申请后,应当及时组织审核竣工资料,对投运后可能影响公共电网安全运行的涉网设备进行检验。对检验不合格的,供电企业应当一次性向用户提出书面意见。用户应当按照书面意见予以整改,直至合格。单次检验时间不超过三个工作日。检验合格后,供电企业应当与用户协商确定装表接电时间,装表接电时间不超过三个工作日。

第四十八条 公用路灯、交通信号灯是公用设施,应当由当地人民政府及有关管理部门投资建设,并负责维护管理和交纳电费等事项。供电企业可以接受地方有关部门的委托,代为设计、施工与维护管理公用路灯,并照章收取费用,具体事项由双方协商确定。

第四十九条 用户独资、合资或集资建设的供电设施建成后,其运行维护管理按照以下规定确定:

(一)属于公用性质或占用公用线路规划走廊的,由供电企业统一管理;供电企业应当在交接前,与用户协商,就供电设施运行维护管理达成协议;对统一运行维护管理的公用供电设施,供电企业应当保留原所有者在上述协议中确认的容量;

(二)属于用户专用性质,但不在公用变电站内的供电设施,由用户运行维护管理;如用户运行维护管理确有困难,可以委托具有相应资质的企业代为运维管理,并签订协议;

(三)属于用户共用性质的供电设施,由拥有产权的用户共同运行维护管理;如用户共同运行维护管理确有困难,可以委托具有相应资质的企业代为运维管理,并签订协议;

(四)在公用变电站内由用户投资建设的供电设备,如变压器、通信设备、开关、刀闸等，由供电企业统一运维管理；建成投运前，双方应当就运行维护、检修、备品备件等项事宜签订交接协议；

（五）属于临时用电等其他性质的供电设施，原则上由产权所有者运行维护管理，或由双方协商确定，并签订协议。

第五十条 供电设施的运行维护管理范围，按照产权归属确定。产权归属不明确的，责任分界点按照下列各项确定：

（一）公用低压线路供电的，以电能表前的供电接户线用户端最后支持物为分界点，支持物属供电企业；

（二）10（6、20）千伏以下公用高压线路供电的，以用户厂界外或配电室前的第一断路器或第一支持物为分界点，第一断路器或第一支持物属供电企业；

（三）35 千伏以上公用高压线路供电的，以用户厂界外或用户变电站外第一基电杆为分界点，第一基电杆属供电企业；

（四）采用电缆供电的，本着便于维护管理的原则，分界点由供电企业与用户协商确定；

（五）产权属于用户且由用户运行维护的线路，以公用线路分支杆或专用线路接引的公用变电站外第一基电杆为分界点，专用线路第一基电杆属用户。

在电气上的具体分界点，由供用双方协商确定。

第五十一条 供电企业和用户分工维护管理的供电和受电设备，除另有约定者外，未经管辖单位同意，对方不得操作或更动；如因紧急事故必须操作或更动者，事后应当迅速通知管辖单位。

第五十二条 由于工程施工或线路维护的需要，供电企业须在用户处凿墙、挖沟、掘坑、巡线等作业时，应当征得用户同意，用户应当给予方便，供电企业应当遵守用户的有关安全保卫制度。用户到供电企业维护的电力设施保护范围和保护区作业时，须经县级以上地方政府电力管理部门批准，并按照要求采取安全措施后，在供电企业人员监护下工作。作业完工后，双方均应当及时予以修复。

第五十三条 因建设引起建筑物、构筑物与供电设施相互妨碍，需要迁移供电设施或采取防护措施时，应当按照建设先后的原则，确定其担负的责任。如供电设施建设在先，建筑物、构筑物建设在后，由后续建设单位负担供电设施迁移、防护所需的费用；如建筑物、构筑物建设在先，供电设施建设在后，由供电设施建设单位负担建筑物、构筑物迁移所需的费用；不能确定建设先后的，由双方协商解决。

供电企业需要迁移用户或其他供电企业的设施时，参照上述原则办理。

城乡建设与改造需迁移供电设施时，供电企业和用户都应当积极配合，迁移所需的材料和费用,应当在城乡建设与改造投资中解决。

第五十四条 供电设施产权所有者对在供电设施上发生的事故承担法律责任,但法律法规另有规定的除外。

第五章 供电质量与安全供用电

第五十五条 供电企业和用户都应当加强供电和用电的运行管理,切实执行国家和电力行业制定的有关安全供用电的规程制度。用户执行其上级主管机关颁发的电气规程制度,除特殊专用的设备外,如与电力行业标准或规定有矛盾时,应当以国家和电力行业标准或规定为准。供电企业和用户在必要时应当制定本单位的现场规程。

第五十六条 在电力系统正常状况下,供电频率的允许偏差为:

(一)电网装机容量在300万千瓦以上的,为±0.2赫兹;

(二)电网装机容量不足300万千瓦的,为±0.5赫兹。

在电力系统非正常状况下,供电频率允许偏差不应超过±1.0赫兹。

第五十七条 在电力系统正常状况下,供电企业供到用户受电端的供电电压允许偏差为:

(一)35千伏以上电压供电的,电压正、负偏差的绝对值之和不超过额定值的10%;

(二)10(6、20)千伏以下三相供电的,为额定值的±7%;

(三)220伏单相供电的,为额定值的+7%、-10%。

在电力系统非正常状况下,用户受电端的电压最大允许偏差不应超过额定值的±10%。用户用电功率因数达不到本规则第四十五条规定的,其受电端的电压偏差不受此限制。

第五十八条 电网公共连接点电压正弦波畸变率和用户注入电网的谐波电流不得超过国家标准的规定。用户的非线性阻抗特性的用电设备接入电网运行所注入电网的谐波电流和引起公共连接点电压正弦波畸变率超过标准时,用户应当采取措施予以消除。否则,供电企业可以中止对其供电。

第五十九条 用户的冲击负荷、波动负荷、非对称负荷对供电质量产生影响或对安全运行构成干扰和妨碍时,用户应当采取措施予以消除。如不采取措施或采取措施不力,达不到国家标准规定的要求时,供电企业可以中止对其供电。

第六十条 供电企业应当不断改善供电可靠性,减少设备检修和电力系统事故对用户的停电次数及每次停电持续时间。供用电设备计划检修应当做到统一安排。供电设备计划检修时,对35千伏以上电压供电的用户的停电次数,每年不应超过一次;对10(6、20)千伏供电的用户,每年不应超过三次。

第六十一条 供电企业和用户应当共同加强电能质量管理。对电能质量有异议的可以由具有相应资质的技术检测机构进行技术判断。

第六十二条 供电企业和用户的供用电设备计划检修应当相互配合,尽量做到统一检修。用电负荷较大,开停对电网有影响的设备,其停开时间,用户应当提前与供电企业联系。

遇有紧急检修需停电时,供电企业应当按照规定提前通知重要用户,用户应当予以配合;事故断电,应当尽快修复。

第六十三条 供电企业应当根据电力系统情况和电力负荷的重要性,编制事故限电序位方案,并按照有关规定程序报批后执行。

第六十四条 用户应当定期进行电气设备和保护装置的检查、检修和试验,消除设备隐患,预防电气设备事故和误动作发生。

用户电气设备危及人身和运行安全时,应当立即检修。

多路电源供电的用户应当加装连锁装置,或按照供用双方签订的协议进行调度操作。

第六十五条 用户发生用电事故,应当按照法律法规规定向地方政府有关部门报告,供电企业应当协助有关部门开展调查。发生下列事故的,还应当同时告知供电企业:

(一)人身触电死亡;

(二)导致电力系统停电;

(三)专线掉闸或全厂停电;

(四)电气火灾;

(五)重要或大型电气设备损坏;

(六)停电期间向电力系统倒送电。

第六十六条 用户受电侧的继电保护装置、安全自动装置应当与电力系统的继电保护方式相互配合,并按照国家及行业有关标准或规程进行整定和检验。由供电企业整定、加封的继电保护装置及其二次回路和供电企业规定的继电保护整定值,用户不得擅自变动。

第六十七条 承装、承修、承试受电工程的单位,应当取得《承装(修、试)电力设施许可证》。

第六十八条 供电企业和用户应当经常开展安全供用电宣传教育,普及安全用电常识。

第六十九条 在发供电系统正常情况下,供电企业应当连续向用户供应电力。

有下列情形之一的,可以按照规定的程序中止供电:

(一)危害供用电安全,扰乱供用电秩序的;

(二)逾期未交付电费超过三十日,经催交在合理期限内仍未交付的;

(三)受电装置经检验不合格,在指定期间未改善的;

(四)用户注入电网的谐波电流超过标准,以及冲击负荷、非对称负荷等对电能质量产生干扰与妨碍,在规定限期内不采取措施的;

(五)拒不在限期内拆除私增用电容量的;

(六)拒不在限期内交付违约用电引起的费用的;

(七)违反安全用电、有序用电有关规定,拒不改正的;

(八)私自向外转供电力的。

有下列情形之一的,可立即中止供电:

(一)发生不可抗力和紧急避险的;

(二)发现确有窃电行为并已告知将中止供电的。

第七十条 除因故需要中止供电和可以立即中止供电的情形外,供电企业需对用户停止供电时,应当按照下列程序办理:

(一)在停电前三至七日内,将停电通知书送达用户,对重要用户的停电,应当将停电通知书报送同级电力管理部门;

(二)在停电前三十分钟,将停电时间再通知用户一次,方可在通知规定时间实施停电。

第七十一条 因故需要中止供电时,供电企业应当按照下列要求事先通知用户或公告:

(一)因供电设施计划检修需要停电时,应当提前七日通知用户或公告;

(二)因供电设施临时检修需要停止供电时,应当提前二十四小时通知重要用户或公告;

(三)发供电系统发生故障需要停电、限电或者计划限、停电时,供电企业应当按照批准的有序用电方案或限电序位执行,有序用电方案或限电序位应当事前公告用户。

第七十二条 引起停电或限电的原因消除后,供电企业应当在二十四小时内恢复供电。不能在二十四小时内恢复供电的,供电企业应当向用户说明原因。

第六章 电能计量与电费结算

第七十三条 供电企业应当在用户每一个受电点内按照不同电价类别,

分别安装电能计量装置,每个受电点作为用户的一个计费单位。用户为满足内部核算的需要,可以自行在其内部装设考核能耗用的电能表,但该表所示读数不得作为供电企业计费依据。

第七十四条 在用户受电点内难以按照电价类别分别装设电能计量装置时,可以装设总的电能计量装置,然后按其不同电价类别的用电设备容量的比例或实际可能的用电量,确定不同电价类别用电量的比例或定量进行分算,分别计价。供电企业每年至少对上述比例或定量核定一次,用户不得拒绝。

第七十五条 电能计量装置包括计费电能表(有功、无功电能表及最大需量表)和电压、电流互感器及二次连接导线。计费电能表及附件的购置、安装、移动、更换、检验、拆除、加封及表计接线等,均由供电企业负责办理,用户应当提供工作上的方便。

供电企业不得违反国家有关规定向用户收取电能计量装置费用。高压用户的成套设备中装有自备互感器时,经供电企业检验合格并加封,可以作为计费互感器。

供电企业在新装、换装及现场校验后应当对电能计量装置加封,并请用户在工作凭证上签章。

第七十六条 对10(6、20)千伏以下电压供电的用户,应当配置专用的电能计量柜(箱);对35千伏以上电压供电的用户,应当有专用的电流互感器二次线圈和专用的电压互感器二次连接线,并不得与保护、测量回路共用。电压互感器专用回路的电压降不得超过允许值。超过允许值时,应当予以改造或采取必要的技术措施予以更正。

第七十七条 电能计量装置原则上应当装在供电设施的产权分界处。如产权分界处不适宜装表的,对专线供电的高压用户,可以在供电变压器出口装表计量;对公用线路供电的高压用户,可以在用户受电装置的低压侧计量。当电能计量装置不安装在产权分界处时,线路与变压器损耗的有功与无功电量均须由产权所有者负担。在计算用户容(需)量电费(按照最大需量计收时)、电度电费及功率因数调整电费时,应当将上述损耗电量计算在内。

第七十八条 城镇居民用电一般应当实行一户一表。因特殊原因不能实行一户一表计费时,供电企业可以根据其容量按照公安门牌或楼门单元、楼层安装共用的计费电能表,居民用户不得拒绝合用。共用计费电能表内的各用户,可以自行装设分户电能表,自行分算电费,供电企业在技术上予以指导。

第七十九条 临时用电的用户,应当安装电能计量装置。对不具备安装条件的,可以按照其用电容量、使用时间、规定的电价计收电费。

第八十条 安装在用户处的电能计量装置、电能信息采集装置,用户应当妥为保护,不得存在妨碍抄表、运行维护或者影响计量准确、安全和数据传输的行为。如发生计费电能表丢失、损坏或过负荷烧坏等情况,用户应当及时告知供电企业,以便供电企业采取措施。如因用户原因引起的,用户应当负担赔偿费或修理费;其他原因引起的,供电企业应当负责换表,不收费用。

第八十一条 供电企业应当按照规定的周期校验、轮换计费电能表,并对计费电能表进行不定期检查。发现计量失常时,应当查明原因。电能表运行出现问题的,应当更换。

用户认为供电企业装设的计费电能表不准时,有权向供电企业提出校验申请,供电企业受理申请后,应当在五个工作日内检验,并将检验结果通知用户。如计费电能表的误差超出允许范围时,供电企业应当按照本规则第八十二条规定退补电费。用户对检验结果有异议时,可以向有资质的计量检定机构申请检定。用户在申请验表期间,其电费仍应当按期交纳,验表结果确认后,再行退补电费。

第八十二条 由于计费计量互感器、电能表的误差及其连接线电压降超出允许范围或者其他非人为原因致使计量记录不准时,供电企业应当按照下列规定退补相应电量的电费:

(一)互感器或者电能表误差超出允许范围时,以"0"误差为基准,按照验证后的误差值退补电量;退补时间以误差发生之日起至误差更正之日止计算;时间无法确定的,从上次校验或者换装后投入之日起至误差更正之日止的二分之一时间计算;

(二)连接线的电压降超出允许范围时,以允许电压降为基准,按照验证后实际值与允许值之差退补电量;退补时间从连接线投入或负荷增加之日起至电压降更正之日止;

(三)其他非人为原因致使计量记录不准时,以考核能耗用的计量装置或者其它电能量测量装置记录为基准计算;无上述装置的,以用户正常月份用电量为基准计算;退补时间按照电能计量装置运行数据确定。

退补期间,用户先按照抄见电量如期交纳电费,误差确定后,再行退补。

第八十三条 电能计量装置接线错误、互感器故障、倍率不符等原因,使电能计量或者计算出现差错时,供电企业应当退补从差错发生之日起至差错更正之日止相应电量的电费,并按照下列规定执行:

(一)计算电量的倍率或铭牌倍率与实际不符的,以实际倍率为基准,按照正确与错误倍率的差值退补电量;退补时间无法确定的,以抄表记录为准确定;

(二)因计费电能计量装置接线错误、互感器故障的,以考核能耗用的电能

计量装置或者其它电能量测量装置记录为基准计算,无上述装置的,可以按照以下方法计算:

1. 计费电能计量装置接线错误的,以其实际记录的电量为基数,按照正确与错误接线的差额率退补电量;退补时间无法确定的,从上次校验或换装投入之日起至接线错误更正之日止;

2. 互感器故障的,按照电工理论计算方法确定的差额率计算退补电量;无法计算的,以用户正常月份用电量为基准,按照正常月与故障月的差额计算退补电量。

退补电量未正式确定前,用户先按照正常月用电量如期交纳电费。

第八十四条 供电企业应当依据电能计量装置的记录计算电费,按期向用户收取或通知用户按期交纳电费。供电企业可以与用户协商确定收取电费的方式。

用户应当按照双方约定的期限和交费方式交清电费,不得拖延或拒交电费。

第八十五条 供电企业应当在规定的日期抄录计费电能表读数,可以运用数字信息手段远程自动采集。

由于用户原因或远程采集异常,且无法如期抄录计费电能表读数的,可以通知用户待期补抄或暂按照前次用电量计收电费,待下次抄表时一并结清。

电力市场交易规则对电能计量有规定的,按照相关规定执行。

第八十六条 容(需)量电费以月计算,但新装、增容、变更与终止用电当月的容(需)量电费,应当按照实用天数计算,每日按照全月容(需)量电费除以当月日历天数收取,日用电不足二十四小时的,按照一天计算。事故停电、检修停电、有序用电不扣减容(需)量电费。

第八十七条 容(需)量电费按照变压器容量或最大需量计收,同一计费周期内用户可以选择其中一种。

以变压器容量计算容(需)量电费的用户,其备用的变压器(含不通过变压器的高压电动机),属冷备用状态并经供电企业加封的,不收容(需)量电费;属热备用状态的或未经加封的,不论使用与否都计收容(需)量电费。用户专门为调整用电功率因数的设备,如电容器、调相机等,不计收容(需)量电费。

在受电设施一次侧装有连锁装置互为备用的变压器(含不通过变压器的高压电动机),按照可能同时使用的变压器(含不通过变压器的高压电动机)容量之和的最大值计算其容(需)量电费。

以最大需量方式计收需量电费的用户,计收方式按照相关电价政策规定执行。

第八十八条 对月用电量较大的用户，供电企业可以按照用户月电费确定每月分若干次收费，并于抄表后结清当月电费。收费次数由供电企业与用户协商确定，一般每月不少于三次。对于银行划拨电费的，供电企业、用户、银行三方应当签订电费划拨和结清的协议书。

供用双方改变开户银行或账号时，应当及时通知对方。

第八十九条 临时用电用户未装电能计量装置的，供电企业应当根据其用电容量，按照双方约定的每日使用时数和使用期限预收全部电费。用电终止时，供电企业按照实际用电天数对预收电费进行清算。到约定期限时，应当终止供电。

第九十条 供电企业依法对用户终止供电时，双方应当结清全部电费和与供电业务相关的其他债务。否则，供电企业有权依法追缴。

第七章 并网电厂

第九十一条 在供电营业区内建设的各类发电厂，未经许可，不得从事电力供应业务。

并网运行的发电厂，应当在发电厂建设项目立项前，与并网的电网经营企业联系，就并网容量、发电时间、上网电价、上网电量等达成电力输送或电量购销意向性协议。

第九十二条 电网经营企业与并网发电厂应当根据国家法律、行政法规和有关规定，签订并网调度协议，并在并网发电前签订购售电合同或相关交易合同。

第九十三条 用户自备电厂应当自发自供厂区内的用电，自发自用有余的电量可以与供电企业签订购售电合同。

用户自备电厂应当公平承担发电企业社会责任、政府规定的基金和费用，在成为合格市场主体情况下，可以按照交易规则参与市场化交易。

第八章 供用电合同与违约责任

第九十四条 供电企业和用户应当在供电前，根据用户用电需求和供电企业的供电能力以及办理用电申请时双方已认可或协商一致的下列文件，签订供用电合同：

（一）用户的用电申请报告或用电申请书；

（二）供电企业答复的供电方案；

(三)用户受电装置施工竣工检验报告;

(四)其他双方事先约定的有关文件。

在签订供用电合同时,可以单独签订电费结算协议和电力调度协议等。

第九十五条 供用电合同应当采用纸质或电子合同签订,经双方协商同意的有关修改合同的文书、电报、电传和图表等也是合同的组成部分。

供用电合同书面形式可以分为标准格式和非标准格式两类。标准格式合同适用于供电方式简单、一般性用电需求的用户;非标准格式合同适用于供用电方式特殊的用户。

供电企业可以根据用电类别、用电容量、电压等级的不同,分类制定出适应不同类型用户需要的标准格式供用电合同。

第九十六条 供用电合同的变更或者解除,应当依法进行。

因国家法律法规或政策变化,影响供用电合同主要内容时,应当根据调整后的国家法律法规或政策执行。

第九十七条 供用电双方在合同中订有电力运行事故责任条款的,按照下列规定办理,双方另有约定的除外:

(一)由于供电企业电力运行事故造成用户停电时,供电企业应当按照用户在停电时间内可能用电量乘以当期同类用户平均电量电价的四倍(两部制电价为五倍)给予赔偿;用户在停电时间内可能用电量,按照停电前用户正常用电月份或正常用电一定天数内的每小时平均用电量乘以停电小时计算;

(二)由于用户责任造成供电企业对外停电时,用户应当按照供电企业对外停电时间少供电量,乘以上月供电企业平均售电单价给予赔偿;

因用户过错造成其他用户损害的,受害用户要求赔偿时,该用户应当依法承担赔偿责任;

虽因用户过错,但由于供电企业责任而使事故扩大造成其他用户损害的,该用户不承担事故扩大部分的赔偿责任;

(三)对停电责任的分析和停电时间及少供电量的计算,均按照供电企业的事故记录及有关规定办理;停电时间不足一小时按照一小时计算,超过一小时按照实际时间计算。

第九十八条 供用电双方在合同中订有电压质量责任条款的,按照下列规定办理,双方另有约定的除外:

(一)用户用电功率因数达到规定标准,而供电电压超出本规则规定的允许偏差,给用户造成损失的,供电企业应当按照用户每月在电压不合格的累计时间内所用的电量,乘以用户当月用电的平均电价的百分之二十给予赔偿;

(二)用户用电功率因数未达到规定标准或其他用户原因引起电压质量不

合格的,供电企业不承担赔偿责任;

(三)电压偏差超出允许偏差的时间,以用户自备并经供电企业认可的电压自动记录仪表的记录为准,如用户未装此项仪表,则以供电企业的电压记录为准。

第九十九条 供用电双方在合同中订有频率质量责任条款的,按照下列规定办理,双方另有约定的除外:

(一)供电频率超出允许偏差,给用户造成损失的,供电企业应当按照用户每月在频率不合格的累计时间内所用的电量,乘以用户当月用电的平均电价的百分之二十给予赔偿;

(二)频率变动超出允许偏差的时间,以用户自备并经供电企业认可的频率自动记录仪表的记录为准,如用户未装此项仪表,则以供电企业的频率记录为准。

第一百条 用户在供电企业规定的期限内未交清电费时,应当承担电费滞纳的违约责任。电费违约金从逾期之日起计算至交纳日止。每日电费违约金按照下列规定计算,双方另有约定的除外:

(一)居民用户每日按照欠费总额的千分之一计算;

(二)其他用户:

1. 当年欠费部分,每日按照欠费总额的千分之二计算;

2. 跨日历年欠费部分,每日按照欠费总额的千分之三计算。

电费违约金收取总额按日累加计收。

第一百零一条 供电企业对用户危害供用电安全、扰乱正常供用电秩序等行为应当及时予以制止。用户有下列行为的,应当承担相应的责任,双方另有约定的除外:

(一)在电价低的供电线路上,擅自接用电价高的用电设备或私自改变用电类别的,应当按照实际使用日期补交其差额电费,并承担不高于二倍差额电费的违约使用电费,使用起讫日期难以确定的,实际使用时间按照三个月计算;

(二)私增或更换电力设备导致超过合同约定的容量用电的,除应当拆除私增容设备或恢复原用电设备外,属于两部制电价的用户,应当补交私增设备容量使用天数的容(需)量电费,并承担不高于三倍私增容量容(需)量电费的违约使用电费;其他用户应当承担私增容量每千瓦(千伏安视同千瓦)五十元的违约使用电费,如用户要求继续使用者,按照新装增容办理;

(三)擅自使用已在供电企业办理减容、暂拆手续的电力设备或启用供电企业封存的电力设备的,应当停用违约使用的设备;属于两部制电价的用户,应当补交擅自使用或启用封存设备容量和使用天数的容(需)量电费,并承担不高于二倍补交容(需)量电费的违约使用电费;其他用户应当承担擅自使用或启用封存设备容量每次每千瓦(千伏安视同千瓦)三十元的违约使用电费,启用属于私增容被封存的设备的,违约使用者还应当承担本条第二项规定的违约责任;

(四)私自迁移、更动和擅自操作供电企业的电能计量装置、电能信息采集装置、电力负荷管理装置、供电设施以及约定由供电企业调度的用户受电设备者,属于居民用户的,应当承担每次五百元的违约使用电费;属于其他用户的,应当承担每次五千元的违约使用电费;

(五)未经供电企业同意,擅自引入(供出)电源或将备用电源和其他电源私自并网的,除当即拆除接线外,应当承担其引入(供出)或并网电源容量每千瓦(千伏安视同千瓦)五百元的违约使用电费。

第一百零二条 供电企业与用户签订的供用电合同相关违约责任条款,不得超出本规则规定的违约责任限度,不得擅自增加用户义务,减损用户权利。

第九章 窃电的制止与处理

第一百零三条 禁止窃电行为。窃电行为包括:

(一)在供电企业的供电设施上,擅自接线用电;

(二)绕越供电企业电能计量装置用电;

(三)伪造或者开启供电企业加封的电能计量装置封印用电;

(四)故意损坏供电企业电能计量装置;

(五)故意使供电企业电能计量装置不准或者失效;

(六)采用其他方法窃电。

第一百零四条 供电企业对查获的窃电者,应当予以制止并按照本规则规定程序中止供电。窃电用户应当按照所窃电量补交电费,并按照供用电合同的约定承担不高于应补交电费三倍的违约使用电费。拒绝承担窃电责任的,供电企业应当报请电力管理部门依法处理。窃电数额较大或情节严重的,供电企业应当提请司法机关依法追究刑事责任。

第一百零五条 能够查实用户窃电量的,按已查实的数额确定窃电量。窃电量不能查实的,按照下列方法确定:

(一)在供电企业的供电设施上,擅自接线用电或者绕越供电企业电能计量装置用电的,所窃电量按照私接设备额定容量(千伏安视同千瓦)乘以实际使用时间计算确定；

（二）以其他行为窃电的，所窃电量按照计费电能表标定电流值（对装有限流器的，按照限流器整定电流值）所指的容量（千伏安视同千瓦）乘以实际窃用的时间计算确定。

窃电时间无法查明时，窃电日数以一百八十天计算。每日窃电时长，电力用户按照十二小时计算、照明用户按照六小时计算。

第一百零六条 因违约用电或窃电造成供电企业的供电设施损坏的，责任者应当承担供电设施的修复费用或进行赔偿。

因违约用电或窃电导致他人财产、人身安全受到侵害的，受害人有权要求违约用电或窃电者停止侵害，赔偿损失。供电企业应予协助。

第一百零七条 供电企业对检举、查获窃电或违约用电的有关人员应当给予奖励。

第十章 附 则

第一百零八条 电力行业协会推动制定供用电活动的国家标准和行业标准，推广供用电先进技术，促进技术进步和节能减排。

第一百零九条 本规则所称的“以上”“以下”“内”“以内”“提前”“至少”“不超过”“不高于”，包括本数；所称的“不足”“超出”“超过”“少于”，不包括本数。

第一百一十条 本规则自2024年6月1日起施行。1996年10月8日原电力工业部发布的《供电营业规则》同时废止。

全额保障性收购可再生能源电量监管办法

（2024年2月8日国家发展和改革委员会令第15号公布 自2024年4月1日起施行 国司备字[2024010479]）

第一条 为促进可再生能源高质量发展，推动新型电力系统建设，规范电力市场相关成员全额保障性收购可再生能源电量行为，依照《中华人民共和国可再生能源法》《电力监管条例》《企业投资项目核准和备案管理条例》和国家有关规定，制定本办法。

第二条 本办法适用于风力发电、太阳能发电、生物质能发电、海洋能发电、地热能发电等非水可再生能源发电。水力发电参照执行。

第三条　本办法所称全额保障性收购范围是指至少同时满足以下条件的可再生能源发电项目的上网电量：

（一）符合可再生能源开发利用规划（沼气发电除外）；

（二）项目依法取得行政许可或者报送备案；

（三）符合并网技术标准。

第四条　可再生能源发电项目的上网电量包括保障性收购电量和市场交易电量。保障性收购电量是指按照国家可再生能源消纳保障机制、比重目标等相关规定，应由电力市场相关成员承担收购义务的电量。市场交易电量是指通过市场化方式形成价格的电量，由售电企业和电力用户等电力市场相关成员共同承担收购责任。

第五条　电网企业、电力调度机构、电力交易机构等应按照国家相关政策要求，组织可再生能源发电企业、售电企业和电力用户等电力市场相关成员，按照以下分工完成可再生能源电量全额保障性收购工作：

（一）电网企业应组织电力市场相关成员，确保可再生能源发电项目保障性收购电量的消纳；

（二）电力交易机构应组织电力市场相关成员，推动可再生能源发电项目参与市场交易；

（三）电力调度机构应落实可再生能源发电项目保障性电量收购政策要求，并保障已达成市场交易电量合同的执行。

对未达成市场交易的电量，在确保电网安全的前提下，电网企业、电力调度机构可按照相关规定，采用临时调度措施充分利用各级电网富余容量进行消纳。

第六条　因可再生能源发电企业原因、电网安全约束、电网检修、市场报价或者不可抗力等因素影响可再生能源电量收购的，对应电量不计入全额保障性收购范围，电网企业、电力调度机构、电力交易机构应记录具体原因及对应的电量。

第七条　国家能源局及其派出机构（以下简称电力监管机构）依照本办法对电网企业、电力调度机构、电力交易机构等电力市场相关成员全额保障性收购可再生能源电量情况实施监管。

第八条　电力企业应依照法律、行政法规和规章的有关规定，从事可再生能源电力的建设、生产和交易，并依法接受电力监管机构的监管。

第九条　电网企业应按照相关规划和规定要求，统筹建设或者改造可再生能源发电项目配套电网设施。电网企业与可再生能源发电企业应加强协调，根据项目建设合理工期安排建设时序，力争实现同步投产。如遇客观原因接入工程无法按期投入运行，电网企业应通过临时接入等方式最大限度保障可再生能源发电机组接入并网。

第十条 电网企业应为可再生能源发电企业提供接入并网设计必要信息、办理流程时限查询、受理咨询答疑等规范便捷的并网服务，并在接网协议中明确接网工程建设时间，提高接网服务效率。

电网企业、电力调度机构应按规定与可再生能源发电企业签订并网调度协议、购售电合同等。售电企业、电力用户、可再生能源发电企业之间应签订代理售电协议、电力交易合同等，并在电网企业、电力调度机构、电力交易机构的组织下完成可再生能源电力消纳。

第十一条 电网企业和可再生能源发电企业应严格落实安全生产主体责任，加强安全生产管理，强化电力可靠性管理，保障设备安全，避免或者减少设备原因影响可再生能源电量收购。双方应按照国家有关规定，确定设备维护和保障设备安全的责任分界点。国家有关规定未明确的，由双方协商确定。

第十二条 电力调度机构应按照相关规定要求，编制可再生能源发电调度计划并组织实施。电力调度机构进行日计划安排和实时调度时，应按照国家有关规定和市场交易规则，保障可再生能源发电优先调度。

第十三条 电力调度机构应根据可再生能源发电机组特性，编制保障可再生能源发电优先调度的具体操作规程。

第十四条 电力交易机构应按照国家有关规定和电力市场公平公正交易的要求，为可再生能源发电企业、售电企业、电力用户等电力市场相关成员做好市场注册服务，严格按照市场交易规则要求组织完成可再生能源电力交易。

第十五条 电网企业和可再生能源发电企业应按要求做好可再生能源电量收购监测统计，真实、完整地记载和保存有关数据资料，及时记录未收购电量（不含自发自用电量），必要时互相进行对照核实，并进行具体原因分析。

第十六条 省级及以上电网企业应于每月 8 日前按对应级别向国家发展改革委、国家能源局及其派出机构报送上一月度可再生能源发电相关信息：

（一）上网电量、保障性收购电量、市场交易电量和临时调度电量等；

（二）未收购电量及相关原因。

第十七条 电力调度机构和电力交易机构应于每月 8 日前向可再生能源发电企业披露上一月度可再生能源电量收购相关信息：

（一）上网电量、电价，保障性收购、市场交易和临时调度的电量、电价；

（二）未收购电量及相关原因。

第十八条 电力监管机构依法对电网企业、电力调度机构、电力交易机构、可再生能源发电企业进行现场检查，被检查单位应予以配合，提供与检查事项有关的文件、资料,并如实回答有关问题。电力监管机构对电网企业、电力调度机构、电力交易机构、可再生能源发电企业提供的统计数据和文件资料可依法进行核查,对核查中发现的问题,应责令限期改正。

第十九条 可再生能源发电并网双方达不成协议,影响可再生能源电力正常消纳的,电力监管机构应进行协调;经协调仍不能达成协议的,由电力监管机构按照有关规定予以裁决。

电网企业、电力调度机构、电力交易机构和可再生能源发电企业因履行合同或协议发生争议,可向电力监管机构申请调解。

电力监管机构对电网企业、电力调度机构、电力交易机构、可再生能源发电企业违反本办法,损害公共利益的行为及其处理情况,可定期向社会公布。

电力监管机构工作人员未依照本办法履行监管职责的,依法追究其责任。

第二十条 电网企业、电力调度机构、电力交易机构有下列行为之一,未按规定收购可再生能源电量造成可再生能源发电企业经济损失的,应承担赔偿责任,并由电力监管机构责令限期改正;拒不改正的,电力监管机构可处以可再生能源发电企业经济损失额一倍以下的罚款:

(一)未按有关规定建设或者未及时完成建设可再生能源发电项目接入工程的;

(二)拒绝或者阻碍与可再生能源发电企业签订购售电合同、并网调度协议和电力交易合同的;

(三)未提供或者未及时提供可再生能源发电并网服务的;

(四)未优先调度可再生能源发电的;

(五)因电网企业、电力调度机构或者电力交易机构原因造成未能全额保障性收购可再生能源电量的其他情形。

第二十一条 电力调度机构、电力交易机构不按照电力市场运行规则组织交易的,由电力监管机构责令改正;拒不改正的,依照《电力监管条例》等规定追究其责任。

第二十二条 电网企业、电力调度机构、电力交易机构、可再生能源发电企业未按照国家有关规定记载和保存可再生能源发电相关资料的,依照《电力监管条例》等规定追究其责任。

第二十三条 国家能源局各派出机构可根据实际制定辖区监管办法实施细则。

第二十四条 本办法自 2024 年 4 月 1 日起施行,2007 年 9 月 1 日起施行的《电网企业全额收购可再生能源电量监管办法》(原国家电力监管委员会令第 25 号)同时废止。

交通运输部关于修改《民用航空产品和零部件合格审定规定》的决定

（2024年2月18日交通运输部令2024年第5号公布　自2024年4月1日起施行　国司备字[2024010447]）

交通运输部决定对《民用航空产品和零部件合格审定规定》(交通运输部令2017年第23号)作如下修改：

一、将第21.2D条第(二)款修改为：

“(二)民航局负责对全国范围内适航审定行政许可及其相关活动实施统一监督管理；负责以下行政许可证件的审批工作：

“1.正常类、实用类、特技类、通勤类和运输类飞机，正常类和运输类旋翼航空器，民用航空发动机及螺旋桨等国产民用航空产品型号合格证；

“2.正常类、实用类、特技类、通勤类和运输类飞机，正常类和运输类旋翼航空器，民用航空发动机及螺旋桨等国产民用航空产品补充型号合格证；

“3.型号认可证；

“4.补充型号认可证；

“5.零部件设计批准认可证；

“6.辅助动力装置、航电类机载设备和航空油料技术标准规定项目批准书。”

第(三)款修改为：

“(三)民航地区管理局负责对所辖区域内的以下行政许可及其活动实施监督管理，包括：

“1.实施以下行政许可证件的审批工作：

“(1)改装设计批准书；

“(2)生产许可证；

“(3)零部件制造人批准书；

“(4)特许飞行证；

“(5)适航批准标签。

“2.受民航局委托实施以下行政许可证件的审批工作：

“(1)载人自由气球、特殊类别、初级类、限用类和轻型运动类民用航空器的型号合格证；

“(2)除国产正常类、实用类、特技类、通勤类和运输类飞机,国产正常类和运输类旋翼航空器,国产民用航空发动机及螺旋桨外的民用航空产品的补充型号合格证;

“(3)除辅助动力装置、航电类机载设备和航空油料外的技术标准规定项目批准书;

“(4)适航证;

“(5)出口适航证;

“(6)外国适航证认可书。”

二、将第21.35条第(二)款第2项修改为:

“2.除载人自由气球、滑翔机和按《正常类飞机适航规定》(CCAR23)确定审定等级为1级或者2级的低速飞机外,对于按适航规章进行合格审定的航空器,是否能合理地确保航空器及其零部件和设备是可靠的且功能是正常的。”

三、将条文中所有“《正常类、实用类、特技类和通勤类飞机适航规定》”统一修改为“《正常类飞机适航规定》”,所有“民用航空规章”统一修改为“涉及民航管理的规章”。

删去第21.17条中的“《正常类、实用类、特技类和通勤类飞机适航规定》(CCAR23)的第23.2条”、第21.24条中的“按第23.49条定义的”;将第21.50条中的“第23.1529条”修改为“第23.2625条”。

本决定自2024年4月1日起施行。

《民用航空产品和零部件合格审定规定》根据本决定作相应修改,重新公布。

民用航空产品和零部件合格审定规定

(2017年5月24日交通运输部公布　根据2024年2月18日《交通运输部关于修改〈民用航空产品和零部件合格审定规定〉的决定》修订)

第一章　总　　则

第21.1条　目的和依据

为保障民用航空产品和零部件的适航性,根据《中华人民共和国民用航空法》《中华人民共和国行政许可法》和《中华人民共和国民用航空器适航管理条例》制定本规定。

第 21.2A 条　适用范围

本规定适用于民用航空产品和零部件的型号合格审定、生产许可审定和适航合格审定,包括下列证件的申请、颁发和管理:

(一)型号合格证;

(二)补充型号合格证;

(三)改装设计批准书;

(四)型号认可证;

(五)补充型号认可证;

(六)零部件设计批准认可证;

(七)生产许可证;

(八)零部件制造人批准书;

(九)技术标准规定项目批准书;

(十)适航证;

(十一)出口适航证;

(十二)外国适航证认可书;

(十三)特许飞行证;

(十四)适航批准标签。

第 21.2B 条　定义

(一)局方:指中国民用航空局(以下简称民航局)、中国民用航空地区管理局(以下简称民航地区管理局)。

(二)民用航空产品:指民用航空器、航空发动机或者螺旋桨。

(三)零部件:指任何用于民用航空产品或者拟在民用航空产品上使用和安装的材料、零件、部件、机载设备或者软件。

(四)符合性:指民用航空产品和零部件的设计符合规定的适航规章和要求。

(五)制造符合性:指民用航空产品和零部件的制造、试验、安装等符合经批准的设计。

(六)设计批准:指局方颁发的用以表明该航空产品或者零部件设计符合相关适航规章和要求的证件,其形式可以是型号合格证、型号认可证、型号合格证更改、型号认可证更改、补充型号合格证、改装设计批准书、补充型号认可证、零部件设计批准认可证,或者零部件制造人批准书、技术标准规定项目批准书对设计部分的批准,或者其他方式对设计的批准。

(七)生产批准:指局方颁发用以表明允许按照经批准的设计和经批准的

质量系统生产民用航空产品或者零部件的证件,其形式可以是生产许可证或者零部件制造人批准书、技术标准规定项目批准书对生产部分的批准。

(八)适航批准:指局方为某一航空器、航空发动机、螺旋桨或者零部件颁发的证件,表明该航空器、航空发动机、螺旋桨或者零部件符合经批准的设计并且处于安全可用状态。

(九)关键件:指失效会对继续安全飞行和着陆产生直接危害性影响的零部件。

(十)标准件:指在完全符合国家标准或者行业规范的情况下生产的零部件,其中国家标准或者行业规范应当包含设计、生产和统一识别的要求,应当包括生产零部件和确保零部件制造符合性所需的所有信息,已经公开发布并且能够使得任何人都可以生产出该零部件。

(十一)权益转让协议:指设计批准持有人与生产批准持有人或者申请人之间签署的、以确定双方为生产民用航空产品或者零部件使用所需的设计资料的权利及责任的合同或者安排。

(十二)新航空器:指一直由航空器的制造商、改装站或者经销商所有,其间没有被他人所有或者出租给他人,仅进行过必要的生产试飞、制造人为训练机组而进行的飞行或者交付飞行的航空器。

(十三)使用过航空器:指"新航空器"以外的航空器。

(十四)延程运行(ETOPS):指在标准大气条件下静止空气中,有部分飞行阶段在《大型飞机公共航空运输承运人运行合格审定规则》(CCAR121)中规定的使用经批准的一台发动机不工作巡航速度所确定的时间门槛值之外的飞机飞行运行,两台以上发动机飞机的全货机运行除外。

(十五)ETOPS 重要系统:指失效或者故障时可能对 ETOPS 飞行的安全或者对在 ETOPS 改航过程中飞机的继续安全飞行和着陆具有不利影响的飞机系统,包括推进系统。

1. ETOPS 组类 1 重要系统同时符合以下条件:

(1)具有与飞机的发动机数量提供的冗余度直接相关的失效安全特性;

(2)失效或者故障时可能导致空中停车、丧失推力控制或者其他动力丧失的系统;

(3)对由于发动机不工作导致的任何系统动力源丧失的情况,通过提供额外的冗余度而对 ETOPS 改航的安全有重要贡献;

(4)对于飞机在发动机不工作飞行高度延长运行非常关键。

2. ETOPS 组类 2 重要系统:指除 ETOPS 组类 1 重要系统之外的 ETOPS 重要系统。

（十六）设计国：指对负责航空器型号设计的机构拥有管辖权的国家。

（十七）制造国：指对负责航空器最后组装的机构拥有管辖权的国家。

第21.2C条　溯及力

（一）1987年6月1日（含）以后设计、制造民用航空产品，应当遵守本规定。

（二）1987年6月1日以前已经按照中华人民共和国的有关规定进行过设计定型的航空产品，如果用于民用航空活动应当符合下列规定：

1. 可以不再申请型号合格证，但是对涉及安全和适航性的缺陷，局方将按照有关适航规章，要求对其进行必要的改装或者规定必要的使用限制；

2. 1987年6月1日（含）以后对上述民用航空产品进行设计更改，应当遵守本规定第三章、第四章；

3. 民用航空产品的设计人或者制造人如继续生产，应当遵守本规定第五章、第六章和第七章；

4. 军用航空产品的设计人或者制造人如继续生产，应当遵守本规定第二章、第五章、第六章和第七章。

第21.2D条　合格审定程序和职责

（一）申请人申请本规定第21.2A条所述的民用航空产品和零部件的证件的合格审定程序包括：

1. 申请人按照局方规定的统一格式填写相应的申请书并提交规定的文件资料；

2. 对于申请材料不齐全或者不符合格式要求的，局方应当在收到申请之后的五个工作日内一次性书面通知申请人需要补正的全部内容。申请材料齐全或者申请人按照局方的通知提交全部补正材料的，局方应当受理申请，并书面通知申请人。不予受理的，局方应当书面说明理由；

3. 申请人应当按照受理通知书的要求，缴纳相关费用；

4. 在确认收到申请人缴纳的相关费用后，局方根据需要组织审定委员会、审查组或者监察员开展专家技术评审工作；

5. 局方自受理申请之日二十个工作日内作出是否颁发合格证件的决定。不予颁发证件的，应当书面说明理由。前项所需的专家技术评审时间不计算在内。

（二）民航局负责对全国范围内适航审定行政许可及其相关活动实施统一监督管理；负责以下行政许可证件的审批工作：

1. 正常类、实用类、特技类、通勤类和运输类飞机，正常类和运输类旋翼航空器，民用航空发动机及螺旋桨等国产民用航空产品型号合格证；

2. 正常类、实用类、特技类、通勤类和运输类飞机,正常类和运输类旋翼航空器,民用航空发动机及螺旋桨等国产民用航空产品补充型号合格证;

3. 型号认可证;

4. 补充型号认可证;

5. 零部件设计批准认可证;

6. 辅助动力装置、航电类机载设备和航空油料技术标准规定项目批准书。

(三)民航地区管理局负责对所辖区域内的以下行政许可及其活动实施监督管理,包括:

1. 实施以下行政许可证件的审批工作:

(1)改装设计批准书;

(2)生产许可证;

(3)零部件制造人批准书;

(4)特许飞行证;

(5)适航批准标签。

2. 受民航局委托实施以下行政许可证件的审批工作:

(1)载人自由气球、特殊类别、初级类、限用类和轻型运动类民用航空器的型号合格证;

(2)除国产正常类、实用类、特技类、通勤类和运输类飞机,国产正常类和运输类旋翼航空器,国产民用航空发动机及螺旋桨外的民用航空产品的补充型号合格证;

(3)除辅助动力装置、航电类机载设备和航空油料外的技术标准规定项目批准书;

(4)适航证;

(5)出口适航证;

(6)外国适航证认可书。

第 21.3 条　豁免

(一)受适航规章和环境保护要求中有关条款约束的人,可以因技术原因向民航局申请暂时或者永久豁免某些条款。

(二)申请人应当向民航局提交包括下述内容的申请豁免报告:

1. 请求豁免的适航规章或者环境保护要求及其具体条款;

2. 豁免的原因以及为保证具有可接受的安全水平所采取的措施和限制;

3. 豁免涉及的范围,包括航空器及适用期限;

4. 申请人的名称、地址,如为法人还应当包括法定代表人的姓名、职务。

(三)民航局应当在收到评审组提交的评审报告后做出是否批准豁免的决

定，必要时在批准前征求公众意见。

第21.4条　飞行手册

航空器型号合格证、补充型号合格证、改装设计批准书持有人或者其权益转让协议受让人，或者型号认可证、补充型号认可证持有人应当在每架航空器交付给使用人时，在航空器上提供现行有效的飞行手册。

第21.5条　故障、失效和缺陷的报告

（一）设计批准持有人应当建立系统，收集、调查和分析其设计的民用航空产品或者零部件出现的故障、失效和缺陷。

（二）民用航空产品或者零部件出现下述情形时，应当按照本条第（三）款至第（六）款规定向局方报告：

1. 由于航空器系统或者设备的故障、失效或者缺陷而引起着火；

2. 由于发动机排气系统的故障、失效或者缺陷而使发动机或者相邻的航空器结构、设备或者部件损伤；

3. 驾驶舱或者客舱内出现有毒或者有害气体；

4. 螺旋桨操纵系统出现故障、失效或者缺陷；

5. 螺旋桨、旋翼桨毂或者桨叶结构发生损坏；

6. 在正常点火源附近，有易燃液体渗漏；

7. 使用期间由于结构或者材料损坏而引起刹车系统失效；

8. 任何自发情况（如疲劳、腐蚀、强度不够等）引起的航空器主要结构的严重缺陷或者损坏；

9. 由于结构或者系统的故障、失效或者缺陷而引起的任何异常振动或者抖振；

10. 发动机失效；

11. 干扰航空器的正常操纵并降低飞行品质的任何结构或者飞行操纵系统的故障、失效或者缺陷；

12. 在航空器规定的一次运行期间内，一套或者一套以上的发电系统或者液压系统完全失效；

13. 在航空器规定的一次运行期间内，一个以上的空速仪表、姿态仪表或者高度仪表出现故障或者失效。

（三）型号合格证、补充型号合格证、改装设计批准书、零部件制造人批准书或者技术标准规定项目批准书的持有人或者型号合格证、补充型号合格证、改装设计批准书的权益转让协议受让人，在确认其设计或者制造的任何民用航空产品或者零部件出现的故障、失效或者缺陷造成了本条第（二）款所述的任一情况时，应当向局方报告。

(四)型号合格证、补充型号合格证、改装设计批准书、生产许可证、零部件制造人批准书或者技术标准规定项目批准书的持有人或者型号合格证、补充型号合格证或者改装设计批准书的权益转让协议受让人,在确认其制造的任何民用航空产品或者零部件由于偏离了质量系统而出现的缺陷可能造成本条第(二)款所述的任一情况时,应当向局方报告。

(五)如果已经确认是由于不恰当的维修或者非正常的使用而造成本条第(二)款所述任一情况,或者知道使用人或者其他人已经向局方提交报告,则本条第(三)、(四)款所述证书持有人或者权益转让协议受让人不必再提交报告。

(六)在确认故障、失效或者缺陷存在后48小时内,本条第(三)、(四)款规定的证书持有人或者证书权益转让协议受让人应当按照规定的格式向局方提交报告。报告的内容包括:

1. 航空器的序列号;

2. 如果故障、失效或者缺陷涉及机载设备,则该机载设备的系列号和型别代号;

3. 如果故障、失效或者缺陷涉及发动机或者螺旋桨,则该发动机或者螺旋桨的系列号;

4. 民用航空产品型别;

5. 涉及的零部件、组件或者系统的标志,包括零件件号;

6. 故障、失效或者缺陷的性质;

7. 故障、失效或者缺陷出现的时间、地点和初步原因分析。

(七)如果事故调查或者使用困难报告表明根据本规定生产的民用航空产品或者零部件由于制造或者设计缺陷而处于不安全的状态,该民用航空产品或者零部件的设计批准持有人应当向局方报告调查的结果,以及用于纠正该缺陷已采取的和拟采取的措施。如果要求对现有的民用航空产品或者零部件采取纠正缺陷的措施,设计批准持有人应当向局方提供颁发适航指令所需的资料。

第21.6条　ETOPS报告要求

(一)早期ETOPS:报告、跟踪和解决问题。被批准使用《运输类飞机适航标准》(CCAR25)附录K规定的早期ETOPS方法的飞机和发动机组合的型号合格证持有人,应当建立系统,报告、跟踪和解决导致本款第6项中任一情况的问题。

1. 系统应当明确型号合格证持有人如何迅速辨识问题、向局方报告问题、并向局方提出每一问题的解决方案。提出的解决方案应当包括如下之一:

(1)飞机或者发动机型号的设计更改;

(2)制造工艺的更改;

(3)运行或者维修程序的更改;

(4)局方可接受的其他方案。

2. 两发以上的飞机,针对经批准的飞机和发动机组合,该系统应当在全球机队的发动机运行时间首次达到250000小时期间正常工作。

3. 双发飞机,针对经批准的飞机和发动机组合,该系统应当在全球机队的发动机运行时间首次达到250000小时期间正常工作,并且在此后保持该系统直至:

(1)全球机队12个月滚动平均空中停车(IFSD)率不高于本条第(二)款第2项中的要求;并且

(2)局方确认该平均空中停车率是稳定的。

4. 对于以前批准ETOPS运行的飞机和发动机组合的衍生型飞机和发动机组合,如果型号合格证持有人事先获得了局方的批准,则该系统只需要解决如下问题:

(1)如果更改不需要颁发新的飞机型号合格证但是需要颁发新的发动机型号合格证,则该系统应当解决适用于新发动机安装的所有问题;对于飞机的其他部分,该系统应当解决仅限于系统更改部分的问题;

(2)如果更改不需要颁发新的飞机型号合格证并且也不需要颁发新的发动机型号合格证,则该系统应当解决仅限于系统更改部分的问题。

5. 型号合格证持有人应当确定该系统所使用的数据来源和内容。这些数据应当足够用于评估根据本条或者第21.5条第(四)款报告的、可能影响ETOPS安全的使用中问题的具体原因。

6. 在实施该系统的过程中,型号合格证持有人应当报告以下事件:

(1)空中停车,飞行训练中计划实施的空中停车除外;

(2)双发飞机的空中停车率;

(3)无法控制一台发动机或者无法获得预期的推力或者功率;

(4)主动推力或者功率下降;

(5)发动机空中起动能力下降;

(6)非有意的燃油丧失或者不可供应燃油,或者空中不可纠正的燃油不平衡;

(7)因与ETOPS组类1重要系统有关的失效、故障或者缺陷返航或者改航;

(8)ETOPS组类1重要系统的动力源丧失,包括任何设计上为该系统的备份动力源；

(9)任何可能危害 ETOPS 飞行的飞机安全飞行或者着陆的事件；

(10)任何因可能导致本项中需要报告的事件的状况的非计划换发。

(二)双发飞机的可靠性

1. 报告双发飞机运营可靠性。获得 ETOPS 批准的飞机的型号合格证持有人以及获得 ETOPS 批准的飞机上安装的发动机的型号合格证持有人应当每月向局方报告这些飞机和发动机在全球机队的可靠性。飞机及发动机型号合格证持有人的报告都应当涉及经批准用于 ETOPS 的每一飞机和发动机组合。如果飞机和发动机组合能够证明空中停车率在局方可接受的一段时期内不高于本款第 2 项的规定,则可每季度向局方报告可靠性。该报告可以与第 21.5 条要求的报告结合。相关的型号合格证持有人应当调查由于产品设计造成空中停车的原因,并将调查结果报告局方。该报告应当包括：

(1)发动机空中停车,飞行训练中计划实施的空中停车除外；

(2)由于各种原因造成的全球机队 12 个月滚动平均空中停车(IFSD)率,飞行训练中计划实施的空中停车除外；

(3)ETOPS 机队的使用情况,包括运营人清单、授权(批准)ETOPS 改航时间、飞行小时和飞行循环数。

2. 双发飞机全球机队空中停车率。获得 ETOPS 批准的飞机的型号合格证持有人以及获得 ETOPS 批准的飞机上安装的发动机的型号合格证持有人应当按照需要向这些飞机和发动机的运营人发布服务信息,以保持全球机队 12 个月滚动平均空中停车率不高于下述水平：

(1)对于批准用于不超过 120 分钟 ETOPS 的飞机和发动机组合,每 1000 全球机队发动机小时的空中停车率 0.05。当所有的 ETOPS 运营人都已经采纳在 ETOPS 批准所需的构型维护程序(CMP)文件中要求的纠正措施时,每 1000 全球机队发动机小时的空中停车率应当保持在不高于 0.02；

(2)对于批准用于不超过 180 分钟 ETOPS 的飞机和发动机组合,每 1000 全球机队发动机小时的空中停车率 0.02；

(3)对于批准用于超过 180 分钟 ETOPS 的飞机和发动机组合,每 1000 全球机队发动机小时的空中停车率 0.01。

第 21.7 条　生产航空器、航空发动机和螺旋桨

根据型号合格证生产航空器、航空发动机或者螺旋桨,制造人应当符合以下所有规定：

(一)是型号合格证持有人或者是型号合格证权益转让协议受让人；

(二)符合本规定第五章或者第六章的要求。

第 21. 8 条　运输类飞机的持续适航和安全改进

（一）设计批准持有人和申请人应当符合《运输类飞机的持续适航和安全改进规定》（CCAR26）中适用的持续适航和安全改进的要求。

（二）新生产的运输类飞机，设计批准持有人或者设计批准权益转让协议受让人应当符合《运输类飞机的持续适航和安全改进规定》（CCAR26）中适用于新生产的飞机的持续适航和安全改进要求。

第 21. 9 条　零部件的批准

零部件的批准方式包括：

（一）根据本规定第九章的第 21. 301 条至第 21. 320 条颁发零部件制造人批准书；

（二）根据本规定第十章的第 21. 351 条至第 21. 370 条颁发技术标准规定项目批准书；

（三）根据本规定第十章的第 21. 371 条颁发零部件设计批准认可证；

（四）随民用航空产品的型号合格审定、补充型号合格审定或者改装设计批准合格审定一起批准；

（五）随民用航空产品的型号认可合格审定或者补充型号认可合格审定一起批准；

（六）民航局规定的其他方式。

第 21. 10 条　替换件和改装件

（一）安装在经型号合格审定或者经型号认可审定的民用航空产品上的替换件或者改装件应当符合下列条件之一：

1. 依据型号合格证生产的；

2. 依据局方的生产批准生产的；

3. 标准件（例如螺栓或者螺母）；

4. 航空器所有人或者占有人按照局方规定为维修或者改装自己的航空器而生产的零部件；

5. 根据《民用航空器维修单位合格审定规定》（CCAR145）的规定，在维修许可证持有人批准维修项目范围内，在其质量系统控制下制造的、在民用航空产品或者零部件修理或者改装中消耗的零部件。

（二）除第（一）款第 1 项和第 2 项外，任何人不得声明其生产用于销售目的的替换件或者改装件适合安装在经型号合格审定或者经型号认可审定的民用航空产品上。

第二章　型号合格证和型号认可证

第 21.11 条　适用范围

本章适用于民用航空产品的型号合格证和型号认可证的申请、颁发和对证件持有人的管理。

第 21.13 条　型号合格证申请人的资格

已经表明或者正在表明具有符合第十四章要求的设计保证系统的人具备申请型号合格证的资格。

第 21.15 条　型号合格证申请书和申请文件

型号合格证申请人应当提交申请书并提交下列文件：

（一）申请航空器型号合格证的，提交设计特征、三面图和现有的基本数据；

（二）申请航空发动机型号合格证的，提交设计特征、工作特性曲线和使用限制说明；

（三）申请螺旋桨型号合格证的，提交设计特征、工作原理和使用限制说明；

（四）对第十四章要求的设计保证系统的符合性说明；

（五）相应的合格审定的取证计划。

第 21.16 条　专用条件

（一）对提交进行型号合格审定的民用航空产品，由于下述原因之一使得有关的适航规章没有包括适当的或者足够的安全要求，由民航局制定并颁发专用条件，必要时应当在颁发前征求公众意见：

1. 民用航空产品具有新颖或者独特的设计特点；

2. 民用航空产品的预期用途是非常规的；

3. 从使用中的类似民用航空产品或者具有类似设计特点的民用航空产品得到的经验表明，可能产生不安全状况。

（二）专用条件应当具有与适用的适航规章等效的安全水平。

第 21.17 条　适用规章的确定

申请型号合格审定应当根据下列规定确定适用的涉及民航管理的规章：

（一）除非《运输类飞机适航标准》（CCAR25）的第 25.2 条、《正常类旋翼航空器适航规定》（CCAR27）的第 27.2 条、《运输类旋翼航空器适航规定》（CCAR29）的第 29.2 条、《运输类飞机的持续适航和安全改进规定》（CCAR26）、《载人自由气球适航规定》（CCAR31）、《涡轮发动机飞机燃油排泄和排气排出物规定》(CCAR34)和《航空器型号和适航合格审定噪声规定》(CCAR36)另有规定,型号合格证申请人应当表明其提交进行型号合格审定的航空器、航空发动机和螺旋桨符合下述规定:

1. 型号合格证申请之日有效适用的适航规章和环境保护要求,以下情况除外:

(1)民航局另有特别规定;

(2)选择或者根据本条被要求符合申请之日以后的有效适用的适航规章和环境保护要求。

2. 民航局制定的专用条件。

(二)特殊类别航空器指局方指定的尚未颁布适航规章的某些种类航空器,如滑翔机、飞艇、甚轻型飞机和其他非常规航空器。对于特殊类别航空器,包括安装其上的发动机、螺旋桨,其型号设计应当符合《正常类飞机适航规定》(CCAR23)、《运输类飞机适航标准》(CCAR25)、《正常类旋翼航空器适航规定》(CCAR27)、《运输类旋翼航空器适航规定》(CCAR29)、《载人自由气球适航规定》(CCAR31)、《航空发动机适航规定》(CCAR33)、《螺旋桨适航标准》(CCAR35)中适用的要求或者民航局确认适用于该具体的设计和预期用途且具有等效安全水平的其他适航要求。

(三)运输类航空器型号合格证申请书的有效期为五年。其他类别航空器型号合格证及航空发动机、螺旋桨型号合格证的申请书的有效期为三年。有效期自申请之日起计算。

(四)如果在本条所规定的期限内未取得或者已经明确不可能取得型号合格证,申请人可以采用下述方法之一:

1. 按照本条第(一)款的规定,提出新的型号合格证申请书;

2. 申请延长原申请书的有效期。在此种情况下,申请人应当使其设计符合某一日期有效适用的适航规章和环境保护要求,该日期由申请人自己确定,但不得早于申请书延长期到期前本条所规定的有效期的时间。

(五)如果申请人欲使其民用航空产品符合提交型号合格证申请书之后生效的适航规章和环境保护要求的修订版本,则也应当符合局方确认与该适航规章和环境保护要求直接有关的修订版本。

(六)对于初级类航空器,以及装在其上的发动机和螺旋桨,其型号设计应当符合《正常类飞机适航规定》(CCAR23)、《正常类旋翼航空器适航规定》(CCAR27)、《载人自由气球适航规定》(CCAR31)、《航空发动机适航规定》(CCAR33)、《螺旋桨适航标准》(CCAR35)中适用的要求,或者局方确认适用于该具体设计和预期用途且具有可接受的安全水平的其他适航要求;并且符合《航空器型号和适航合格审定噪声规定》(CCAR36)中适用于初级类航空器的噪声标准。

第 21.19 条　需要申请新型号合格证或者型号认可证的民用航空产品的更改

如果对民用航空产品的设计、动力、推力或者重量的更改为实质性更改，以致需要对该民用航空产品与适用规章的符合性进行实质的全面审查，应当申请新型号合格证或者型号认可证。

第 21.20 条　适用要求的符合性

型号合格证或者型号认可证的申请人应当按照以下规定证明对适用规章的符合性：

(一)表明对所有适用要求的符合性，并且向局方提供表明符合性的方法；

(二)提供一份声明，证明申请人已经符合适用要求。

第 21.21 条　型号合格证的颁发：正常类、实用类、特技类、通勤类和运输类航空器；载人自由气球；特殊类别航空器；航空发动机；螺旋

已经建立符合第十四章要求的设计保证系统并且具备下列条件之一的申请人可以取得航空器(正常类、实用类、特技类、通勤类、运输类、载人自由气球或者特殊类别航空器)、航空发动机或者螺旋桨的型号合格证：

(一)申请人提交的型号设计、试验报告和各种计算证明申请型号合格审定的民用航空产品符合适航规章和环境保护要求，以及民航局规定的专用条件。局方确认符合以下条件：

1. 局方在完成所有试验和检查等审定工作后，确认其型号设计和民用航空产品符合适航规章和专用条件及环境保护的要求，或者任何未符合这些要求的部分具有局方认可的等效安全水平；

2. 对于航空器，相对其申请的型号合格审定类别没有不安全特征或者特性。

(二)军用航空产品的型号合格证申请人已经提供鉴定验收资料和实际使用记录，证实该产品实质上具有与适航规章要求相同的适航性水平。对于利用军方使用经验证明具有等效安全水平或者规定相应的使用限制保证飞行安全的，局方可以同意该产品不必符合会使申请人负担过重的某些适用条款。

第 21.24 条　型号合格证的颁发：初级类航空器

已经建立符合第十四章要求的设计保证系统并且具备下列条件的申请人可以取得初级类航空器的型号合格证：

(一)该航空器同时符合下列条件：

1. 无动力驱动的航空器；或者由一台自然吸气式发动机驱动、V_{S0} 失速速度不大于113公里/小时(61节)的飞机;或者在海平面标准大气条件下主旋翼桨盘载荷限制值为29.3公斤/平方米(6磅/平方英尺)的旋翼航空器;

2. 最大重量不大于1225公斤(2700磅);或者对于水上飞机,不大于1530.9公斤(3375磅);

3. 包括驾驶员在内,最大座位数不超过4人;

4. 客舱不增压。

(二)申请人提交的型号设计、试验报告和各种计算可表明申请型号合格审定的民用航空产品符合适用的适航规章、环境保护要求和民航局制定的专用条件。局方确认符合以下条件:

1. 局方在完成所有试验和检查等审定工作后,确认其型号设计和民用航空产品符合适用的适航规章和专用条件及环境保护的要求,或者任何未符合这些要求的部分具有局方认可的等效安全水平;

2. 没有不安全的特征或者特性。

第21.25条　型号合格证的颁发:限用类航空器

(一)已经建立符合第十四章要求的设计保证系统并且具备下列条件的申请人可以取得限用类航空器的型号合格证:

1. 申请人表明该航空器满足某个航空器类别的适航要求和环境保护要求,局方确定对该航空器将被用于的专门作业不适用的那些要求除外;

2. 局方在完成所有试验和检查等审定工作后,确认其型号设计和民用航空产品符合适用的适航规章和专用条件及环境保护的要求,或者任何未符合这些要求的部分具有局方认可的等效安全水平;

3. 申请人表明该航空器在为其预期使用规定的限制条件下运行时没有不安全的特征和特性。

(二)本条中的"专门作业"指:

1. 农业(喷洒药剂和播种等);

2. 森林和野生动植物保护;

3. 航测(摄影、测绘、石油及矿藏勘探等);

4. 巡查(管道、电力线和水渠的巡查等);

5. 天气控制(人工降雨等);

6. 空中广告;

7. 局方规定的任何其他用途。

第21.26条　型号合格证的颁发:轻型运动类航空器

已经建立符合第十四章要求的设计保证系统并且具备下列条件的申请人可以取得轻型运动类航空器的型号合格证:

(一)该航空器是符合下述轻型运动航空器定义的轻型运动飞机(固定翼)、滑翔机、自转旋翼机或者轻于空气的航空器:

1. 最大起飞重量不超过下列条件之一:

(1)600公斤(1320磅)的轻于空气的航空器;

(2)600公斤(1320磅)的不用于水上运行的航空器;

(3)650公斤(1430磅)的用于水上运行的航空器。

2. 在海平面标准大气条件下,最大连续功率状态下最大平飞空速(V_H)不超过120节校正空速。

3. 对于滑翔机,最大不可超越速度(V_{NE})不超过120节校正空速。

4. 在最大审定起飞重量和最临界的重心位置,并不使用增升装置的条件下,航空器最大失速速度或者最小定常飞行速度(V_{S1})不超过45节校正空速。

5. 包括飞行员的最大座位数不超过2座。

6. 如果是动力航空器,为单台活塞式发动机。

7. 如果是除动力滑翔机外的动力航空器,为定距或者桨距可地面调节的螺旋桨。

8. 如果是动力滑翔机,为定距或者顺桨螺旋桨。

9. 如果是旋翼机,为定距、半铰接、跷跷板式、两片桨叶旋翼系统。

10. 如果具有座舱,为非增压座舱。

11. 除了用于水上运行的航空器或者滑翔机外,为固定起落架。

12. 对于用于水上运行的航空器,为固定或者可收放起落架或者浮筒。

13. 对于滑翔机,为固定或者可收放起落架。

(二)申请人提交的型号设计、试验报告和各种计算可表明申请型号合格审定的民用航空产品符合局方接受的标准。

(三)局方在完成所有试验和检查等审定工作后,确认其型号设计和民用航空产品符合局方接受的标准,或者任何未符合局方接受的标准的部分具有局方认可的等效安全水平。

(四)没有不安全的特征或者特性。

第21.29条　型号认可证的颁发

进口民用航空产品应当取得局方颁发的型号认可证。设计国适航当局颁发的型号合格证持有人可以申请型号认可证,取得型号认可证应当符合以下要求:

(一)在受理型号认可证申请之前,局方应当确认中国与该民用航空产品的设计国已经签署民用航空产品进口和出口的适航协议、备忘录或者技术性协议。

（二）型号认可证申请人应当向局方提交下述资料：

1. 按照局方规定格式填写的型号认可证申请书；

2. 设计国适航当局颁发的型号合格证、型号合格证数据单，以及生产许可说明；

3. 型号设计所依据的适航规章、修正案、专用条件及豁免条款的批准书；

4. 本规定第 21.21 条第（一）款所列举的证明性资料的适用部分；

5. 符合局方确定的审定基础的声明书；

6. 局方确认必要的其他资料。

（三）运输类航空器型号认可证申请书的有效期为五年，其他类别航空器、航空发动机或者螺旋桨的型号认可证申请书的有效期为三年。有效期自申请之日起计算。

（四）局方审查本条第（二）款规定的资料并且进行必要的实地检查后，确认该民用航空产品满足下述要求，应当颁发型号认可证：

1. 第 21.17 条所确定的有关适航要求，或者民用航空产品设计国的有关适航要求和为使安全水平等效于第 21.17 条的规定局方提出的任何其他要求；

2. 第 21.17 条所确定的环境保护要求，或者民用航空产品设计国的环境保护要求和为使噪音和燃油排放物水平不超过第 21.17 条的规定局方提出的任何其他要求。

（五）有关适航规章、噪声规定所要求的手册、标牌、目录清单和仪表标记应当用中文或者英文书写，下列各项应当至少有中文表述：

1. 机上所有对旅客进行的提示、警告和通知的文字标记和标牌；

2. 机上所有向旅客或者机外营救人员指示应急出口和门的位置以及开启方法的文字标记和标牌；

3. 旅客可能使用的机上所有应急设备的操作、使用说明。

第 21.31 条　型号设计

型号设计包括下列内容：

（一）定义民用航空产品构型和设计特征符合有关适航规章和环境保护要求所需要的图纸、技术规范及其清单；

（二）确定民用航空产品结构强度所需要的尺寸、材料和工艺资料；

（三）《正常类飞机适航规定》（CCAR23）、《运输类飞机适航标准》（CCAR25）、《运输类飞机的持续适航和安全改进规定》（CCAR26）、《正常类旋翼航空器适航规定》（CCAR27）、《运输类旋翼航空器适航规定》（CCAR29）、《载人自由气球适航规定》（CCAR31）、《航空发动机适航规定》（CCAR33）、

《螺旋桨适航标准》(CCAR35)要求的持续适航文件中的适航性限制部分,第21.17条第(二)款中定义的特殊类别航空器适航要求中规定的持续适航文件中的适航性限制部分;

(四)通过对比法来确定同一型号后续民用航空产品的适航性和适用的环境保护特性所必需的其他资料。

第21.33条 检查和试验

(一)申请人应当接受局方进行的为确定对涉及民航管理的规章有关要求的符合性所必需的检查及飞行试验和地面试验,而且:

1. 除非局方同意,民用航空产品或者其零部件在提交局方试验之前,应当表明符合本条第(二)款第2、3、4项的要求;

2. 除非局方同意,民用航空产品或者其零部件符合本条第(二)款第2、3、4项后到提交局方进行试验的期间内,不得作任何更改。

(二)申请人应当进行检查和试验,以确定:

1. 符合有关的适航规章和环境保护要求;

2. 材料和民用航空产品符合型号设计的技术规范;

3. 零部件符合型号设计的图纸;

4. 制造工艺、构造和装配符合型号设计的规定。

第21.35条 飞行试验

(一)申请人应当进行本条第(二)款所列举的各种飞行试验,试验前申请人应当向局方表明:

1. 符合适航规章中有关的结构要求;

2. 完成了必要的地面检查和试验;

3. 航空器符合型号设计;

4. 申请人进行了必要的飞行试验,并提交了试验报告。

(二)在满足本条第(一)款的要求后,申请人应当进行局方规定的各项飞行试验,以便确定:

1. 是否符合适航规章和环境保护要求;

2. 除载人自由气球、滑翔机和按《正常类飞机适航规定》(CCAR23)确定审定等级为1级或者2级的低速飞机外,对于按适航规章进行合格审定的航空器,是否能合理地确保航空器及其零部件和设备是可靠的且功能是正常的。

(三)在切实可行的情况下,申请人应当利用曾经用于证明符合下列要求的航空器进行本条第(二)款第2项所述的试验:

1. 符合第(二)款第1项;

2. 对于旋翼航空器,符合《正常类旋翼航空器适航规定》(CCAR27)的第

27.923 条或者《运输类旋翼航空器适航规定》(CCAR29)的第 29.923 条中适用的旋翼传动的耐久性试验。

(四)除滑翔机或者载人气球外,申请人应当证明每次飞行试验时均采取了足够措施,以便试飞组成员能应急离机和使用降落伞。

(五)遇有下列情况之一时,申请人应当中断按本条进行的飞行试验,直到他证明已采取了纠正措施:

1. 试飞员不能或者不愿进行任何一项规定的飞行试验;

2. 发现存在可能使以后的试验数据失去意义或者使继续试验带有不必要的危险性的问题。

(六)本条第(二)款第 2 项所述的飞行试验应当包括:

1. 装有未曾在已有型号合格证的航空器上使用过的某型涡轮发动机的航空器,应当以符合其型号合格证的该型全套发动机为动力至少飞行 300 小时;

2. 对于所有其他航空器,至少飞行 150 小时。

第 21.37 条　试飞驾驶员

申请型号合格证的申请人应当提供一名持有相应类别驾驶执照的驾驶员进行本规定所要求的飞行试验。

第 21.39 条　试飞仪器校准和修正报告

(一)申请型号合格证的申请人应当向局方提交报告,说明试验所用仪器的校准以及试验结果修正到标准大气条件下的有关计算和试验。

(二)局方可以进行必要的飞行试验,以校验按本条第(一)款所提交报告的精确性。

第 21.41 条　型号合格证和型号认可证

(一)型号合格证和型号认可证内容应当包括型号设计、使用限制、数据单、局方审查确认已符合的有关适航要求和环境保护要求,以及对民用航空产品所规定的其他条件或者限制。

(二)型号认可证的内容还应当包括设计国适航当局颁发的型号合格证的适用内容。

第 21.44 条　持证人的责任

型号合格证持有人应当符合下述所有要求:

(一)持续保持符合第十四章要求的设计保证系统,并且承担第 21.5 条、第 21.6 条、第 21.8 条、第 21.50 条、第 21.99 条和第十五章的规定责任;

(二)按照第十二章“标牌或者标记”的要求设置标牌或者标记。

第 21.45 条　持证人的权利

型号合格证持有人或者型号合格证的权益转让协议受让人享有以下权利:

(一)对于航空器,符合本规定第七章有关规定时,可以获得适航证;

(二)对于发动机或者螺旋桨,可以安装在经审定的航空器上;

(三)对于所有产品,符合本规定第六章规定时,可以获得该产品的生产许可证;

(四)可以获得该产品的更换用零部件的适航批准标签。

第 21.47 条　转让性

(一)型号合格证持有人可以将其设计资料根据权益转让协议供他人使用。证件持有人应当在权益转让协议签署生效和终止后 30 天内书面通知局方。通知书应当写明权益转让协议受让人的姓名、地址、权限范围和生效日期。

(二)型号认可证不得转让。

第 21.50 条　持续适航文件

型号合格证或者型号认可证持有人向用户交付取得适航证的第一架航空器时,应当同时提供至少一套适航规章要求制订的完整的持续适航文件,并应当使得这些持续适航文件可被那些被要求符合它的其他人员或者单位获得。该持续适航文件应当按照《正常类飞机适航规定》(CCAR23)的第 23.2625 条,《运输类飞机适航标准》(CCAR25)的第 25.1529 条、第 25.1729 条,《正常类旋翼航空器适航规定》(CCAR27)的第 27.1529 条,《运输类旋翼航空器适航规定》(CCAR29)的第 29.1529 条,《载人自由气球适航规定》(CCAR31)的第 31.82 条,《航空发动机适航规定》(CCAR33)的第 33.4 条,《螺旋桨适航标准》(CCAR35)的第 35.4 条或者《运输类飞机的持续适航和安全改进规定》(CCAR26)编写。对于特殊类别航空器,应当按照第 21.17 条第(二)款规定的适用适航要求编写。此外,这些持续适航文件的修订应当可被那些被要求符合它的任何人员或者单位获得。

第 21.51 条　有效期和证件检查

除局方另行规定终止日期外,型号合格证、型号认可证长期有效。局方确认必要时,型号合格证、型号认可证持有人应当提交相应证件供检查。

第 21.53 条　制造符合性声明

申请人将民用航空产品或者其零部件提交局方进行检查或者试验时,应当向局方提交制造符合性声明,声明申请人已符合本章第 21.33 条第(一)款的要求。

第 21.55 条　型号合格证持有人提供书面权益转让协议的责任

当型号合格证持有人允许他人使用型号合格证制造新的航空器、航空发动机或者螺旋桨时,证件持有人应当向受让人提供局方可接受的书面权益转让协议。

第三章 型号合格证和型号认可证更改

第 21.91 条 适用范围

本章适用于型号合格证或者型号认可证持有人申请型号合格证更改或者型号认可证更改。

第 21.93 条 型号设计更改的分类

(一)型号设计更改分为“小改”和“大改”:

1.“小改”指对民用航空产品的重量、平衡、结构强度、可靠性、使用特性以及对民用航空产品适航性没有显著影响的更改;

2.“大改”指除“小改”以外的其他更改。

(二)除本条第(一)款的分类方法外,出于符合《航空器型号和适航合格审定噪声规定》(CCAR36)的目的,型号设计更改还可以分为“声学更改”和“非声学更改”。“声学更改”指可能增加航空器噪声级的自愿的航空器的型号设计更改。声学更改应当符合航空器噪声标准。

(三)除本条第(一)款和第(二)款的分类方法外,出于符合《涡轮发动机飞机燃油排泄和排气排出物规定》(CCAR34)的目的,型号设计更改还可以分为“排放更改”和“非排放更改”。“排放更改”指在飞机或者发动机设计中可能增加燃油排泄或者燃气排放的型号设计更改。排放更改应当符合航空器排放标准。

第 21.95 条 型号设计小改的批准

型号设计小改可以在向局方提供验证资料或者说明性资料之前按照局方接受的方式进行批准。

第 21.97 条 型号设计大改的批准

型号设计大改批准的申请人应当符合以下规定:

(一)向局方提交验证资料和必要的说明资料;

(二)表明该更改及其影响的区域符合相关规章的适用要求,并且向局方提交表明符合性的方法;

(三)提交一份声明,申明申请人已经符合适用要求。

第 21.99 条 要求的设计更改

(一)局方颁发的适航指令涉及的民用航空产品,其设计批准持有人应当符合以下规定:

1. 在局方确定需要进行设计更改以纠正产品的不安全状况时,提交适当的设计更改以供批准;

2. 在该设计更改得到批准后，使得有关该更改的说明材料可被此前按照该型号合格证审定的产品的所有使用人获得。

（二）目前没有不安全状态，但局方或者设计批准持有人根据使用经验确定设计更改将对该民用航空产品的安全性有帮助时，设计批准持有人可将适当的设计更改提交局方批准。更改经批准后，该设计批准持有人应当使得有关该设计更改的信息可被相同型号产品的所有使用人获得。

第 21.101 条　适用规章的确定

（一）除本条第（二）款和第（三）款的规定外，型号合格证更改或者型号认可证更改的申请人应当表明更改的民用航空产品符合更改申请之日有效适用的适航要求，并且符合《涡轮发动机飞机燃油排泄和排气排出物规定》（CCAR34）和《航空器型号和适航合格审定噪声规定》（CCAR36）要求。

（二）如果本款的第 1、2 或者 3 项适用，申请人应当表明更改的民用航空产品符合本条第（一）款要求的适航条款的较早修订版以及局方确认有直接关系的其他适航条款的较早修订版。但是，该较早修订的适航条款不得早于型号合格证或者型号认可证中引以为据的相应条款或者适航规章中有关该更改的特别追溯要求。对下述情况，申请人可以表明符合较早修订的适航条款：

1. 局方确认不是重大更改。确定某个更改是否重大更改，局方考虑所有在该更改之前与之相关的设计更改和该民用航空产品型号合格证或者型号认可证中所列的适用规章的相关修正案。符合下列准则之一的更改被自动确认是重大更改：

（1）未保持民用航空产品原有的总体构型或者构造原理；

（2）欲更改的民用航空产品在合格审定时曾采用的前提条件不再有效。

2. 局方确认不受更改影响的每个区域、系统、部件、设备或者机载设备；

3. 受更改影响的每个区域、系统、部件、设备或者机载设备，局方确认要它们符合本条第（一）款中所述的规章对被更改的民用航空产品的安全水平没有实质作用或者不切实际。

（三）申请更改最大重量不大于 2700 公斤（6000 磅）的航空器（不包括旋翼航空器）或者最大重量不大于 1360 公斤（3000 磅）的非涡轮驱动的旋翼航空器的申请人，可以表明其更改的民用航空产品符合型号合格审定所依据的规章。但是，如果局方确认某一区域更改重大，可以要求申请人符合型号合格审定所依据的规章中适用于产品更改的较晚修订的适航条款以及任何局方确认有直接关系的其他规章，除非局方确认其符合这些适航条款或者规章对被更改的民用航空产品的安全水平没有实质性作用或者不切实际。

（四）如果局方确认，因所申请更改具有新颖或者独特的设计特点，更改申请之日有效的适航规章无法提供充分的标准,则申请人还应当符合专用条件及其修正案,从而达到等同于更改申请之日有效的适航规章所确定的安全水平。

(五)运输类航空器型号合格证或者型号认可证更改的申请书有效期为五年,任何其他的型号合格证或者型号认可证更改的申请书有效期为三年。如果在本款规定的时间期限内更改未取得批准或者已经明确不可能取得批准,申请人应当符合以下要求之一:

1. 提出新的型号合格证或者型号认可证更改的申请,并符合本条第(一)款中适用于原始更改申请的所有规定;

2. 提出型号合格证或者型号认可证更改的申请书的延期,并符合本条第(一)款的规定。此时,申请人必须选择一个新的申请日期。这个新的申请日期不得早于更改获得批准日期前本款规定的有效期的时间。

(六)对于根据第 21.17 条第(二)款、第 21.24 条、第 21.25 条和第 21.26 条颁发型号合格证的航空器,在更改申请之日有效的适用于该民用航空产品类别的适航要求包括局方确认对该航空器型号合格审定适用的每一适航要求。

(七)无论本条第(二)款有何规定,运输类飞机的申请人都应当符合《运输类飞机的持续适航和安全改进规定》(CCAR26)的要求,除非其表明符合《运输类飞机适航标准》(CCAR25)第四次修订版及以后修订版的相关要求。

第四章 补充型号合格证、改装设计批准书和补充型号认可证

第 21.111 条 适用范围

本章适用于补充型号合格证、改装设计批准书和补充型号认可证的颁发以及对上述证件持有人的管理。

第 21.112 条 补充型号合格证、改装设计批准书和补充型号认可证的要求

(一)型号合格证持有人对型号设计进行尚未达到按本规定第 21.19 条要求应当申请新型号合格证的大改时,该证件持有人可以申请补充型号合格证,或者按照第三章的规定申请对原证件的更改。

(二)除本条第(三)款规定外,非型号合格证持有人对民用航空产品的型号设计进行尚未达到按本规定第 21.19 条要求应当申请新型号合格证的大改时,该申请人应当申请补充型号合格证;进行小改时,该申请人可申请改装设

计批准书。

（三）如果民用航空产品已获得型号合格证或者型号认可证，国外适航当局颁发的补充型号合格证持有人可以申请补充型号认可证。

（四）已经表明或者正在表明具有符合第十四章要求的设计保证系统的人具备申请补充型号合格证或者改装设计批准书的资格。

（五）申请人应当按照规定的格式向局方申请补充型号合格证或者改装设计批准书。

第 21.113 条　适用要求

（一）补充型号合格证、改装设计批准书或者补充型号认可证申请人应当表明更改后的民用航空产品符合第 21.101 条规定的适用要求；对于第 21.93 条第（二）款规定的噪声更改，应当表明符合《航空器型号和适航合格审定噪声规定》（CCAR36）中的相关噪声要求；对于第 21.93 条第（三）款规定的排放更改，应当表明符合《涡轮发动机飞机燃油排泄和排气排出物规定》（CCAR34）中的相关燃油排泄和排气排出物要求。

（二）对于对型号设计的每一更改，补充型号合格证、改装设计批准书或者补充型号认可证申请人应当符合第 21.33 条和第 21.53 条的规定。

第 21.114 条　补充型号合格证和改装设计批准书的颁发

（一）局方确定申请人符合第 21.112 条和第 21.113 条的要求并且具有符合第十四章要求的设计保证系统后，申请人可以取得补充型号合格证或者改装设计批准书。

（二）补充型号合格证数据单是补充型号合格证的一部分，改装设计批准书数据单是改装设计批准书的一部分，应当包括以下内容：

1. 民用航空产品型号设计更改的批准；

2. 该民用航空产品原型号合格证或者型号认可证；

3. 型号设计更改的描述、使用限制、局方审查确认已符合的有关适航要求和环境保护要求，以及对民用航空产品所规定的其他条件或者限制。

（三）除局方另行规定终止日期外，补充型号合格证、改装设计批准书长期有效。

（四）局方确认必要时，补充型号合格证、改装设计批准书持有人应当提交相应证件供检查。

第 21.115 条　补充型号认可证的颁发

（一）在受理补充型号认可证的申请之前，局方应当确认中国与该民用航空产品的设计国已经签署民用航空产品进口和出口的适航协议、备忘录或者技术性协议。

（二）补充型号认可证申请人应当向局方提交下述资料：

1. 按照局方规定格式填写的补充型号认可证申请书；

2. 国外适航当局颁发的补充型号合格证；

3. 设计更改所依据的适航规章、修正案、专用条件及豁免条款的批准；

4. 证明符合本规定第21.113条的资料；

5. 符合局方确定的审定基础的声明书；

6. 局方确认必要的其他资料。

（三）局方审查本条第（二）款规定的资料并且进行必要的实地检查后，确认该设计更改符合下述要求，颁发补充型号认可证：

1. 第21.113条所确定的有关适航要求，或者民用航空产品设计国的有关适航要求和局方为使安全水平等效于第21.113条的规定而提出的任何其他要求；

2. 第21.113条所确定的环境保护要求，或者民用航空产品设计国的环境保护要求和为使噪声和燃油排放物水平不超过第21.113条的规定局方提出的任何其他要求。

（四）补充型号认可证数据单是补充型号认可证的一部分，内容应当包括：

1. 民用航空产品型号设计更改的批准；

2. 该民用航空产品原型号合格证和型号认可证；

3. 型号设计更改的描述、使用限制、局方审查确认已符合的有关适航要求和环境保护要求，以及对民用航空产品所规定的其他条件或者限制；和

4. 设计国适航当局颁发的补充型号合格证的适用内容。

（五）有关适航规章、噪声规定所要求的手册、标牌、目录清单和仪表标记应当用中文或者英文书写，下列各项应当至少有中文表述：

1. 机上所有对旅客进行的提示、警告和通知的文字标记和标牌；

2. 机上所有向旅客或者机外营救人员指示应急出口和门的位置以及开启方法的文字标记和标牌；

3. 旅客可能使用的机上所有应急设备的操作、使用说明。

（六）除局方另行规定终止日期外，补充型号认可证长期有效。局方确认必要时，补充型号认可证持有人应当提交相应证件供检查。

第21.116条　转让性和持续适航文件

（一）补充型号合格证或者改装设计批准书持有人可以将其设计资料根据权益转让协议供他人使用。证件持有人应当在权益转让协议签署生效和终止后30天内书面通知局方。通知书应当写明权益转让协议受让人的姓名、地址、权限范围和生效日期。

（二）补充型号合格证、改装设计批准书或者补充型号认可证持有人应当向用户提供一套符合第21.50条要求的完整的持续适航文件，并应当使得这些持续适航文件可被那些被要求符合它的其他人员或者单位获得。此外，这些持续适航文件的修订应当可被那些被要求符合它的任何人员或者单位获得。

（三）补充型号认可证不得转让。

第21.117条　持证人的责任

补充型号合格证或者改装设计批准书持有人应当承担以下所有责任：

（一）持续保持符合第十四章要求的设计保证系统；

（二）承担第21.5条、第21.6条、第21.8条、第21.99条和第21.116条规定的责任；

（三）按照第十二章“标牌或者标记”的要求设置标牌或者标记。

第21.118条　持证人的权利

补充型号合格证和改装设计批准书持有人享有以下权利：

（一）对于航空器，符合本规定第七章相关规定时，可以获得适航证；

（二）对于发动机或者螺旋桨，可以安装在经审定的航空器上；

（三）符合本规定第六章相关规定时，可以获得该补充型号合格证或者改装设计批准书批准的型号设计更改的生产许可证。

第21.119条　补充型号合格证或者改装设计批准书持有人提供书面许可协议的责任

补充型号合格证或者改装设计批准书持有人允许他人使用其持有的证件改装航空器、航空发动机或者螺旋桨时，应当向对方提供局方可接受的书面许可协议。

第五章　依据型号合格证进行生产

第21.121条　适用范围

本章适用于依据型号合格证进行生产的管理。

第21.123条　依据型号合格证生产

制造人如果依据型号合格证生产应当符合下列要求：

（一）确保每一民用航空产品和零部件均可供局方检查；

（二）在制造地点保存所有第21.31条和第21.41条规定的技术资料和图纸；

（三）完成第21.127条和第21.128条要求的所有检查和试验后，将其记录保持至该民用航空产品永久退役；

（四）允许局方实施任何用于确定符合涉及民航管理的规章必要的检查或者试验，包括在供应商的设施实施检查或者试验；

（五）按照局方要求为包括关键件在内的民用航空产品设置标牌或者标记；

（六）用制造人的件号和名称、商标、代号或者局方接受的制造人其他标识方法，标识从制造人设施出厂的民用航空产品的任何部分（例如，组件、部件或者替换件）；

（七）除非局方同意，在型号合格证颁发6个月之内应当按照第六章取得该民用航空产品的生产许可证。

第21.127条　航空器的试验

制造人依据型号合格证生产航空器，应当按以下要求进行航空器的试验：

（一）制定符合局方要求的生产试飞程序和试飞项目检查单，生产的航空器均应当按此检查单进行试飞；

（二）生产试飞程序应当包含以下内容：

1. 对配平、操纵性或者其他飞行特性进行操作检查，以确定生产的航空器的操纵范围及角度与原型机相同；

2. 由试飞机组人员在飞行中对操作的每一部分或者每一系统进行检查，以确定在试飞过程中，仪表指示正常；

3. 试飞后确定所有仪表均有正确的标记，并已配齐各种标牌和所需的飞行手册；

4. 在地面检查航空器的操作特性；

5. 检查航空器所特有的其他任何项目，该项检查应当在地面或者飞行操作中有利于检查的状态下进行。

第21.128条　发动机和螺旋桨的试验

（一）制造人依据型号合格证生产发动机，应当按以下要求进行发动机的试验：

1. 对每台发动机进行以下内容的验收试车：

(1)包括测定燃油和滑油的耗量，以及在额定最大连续功率（或者推力）状态下和在额定起飞功率（或者推力）状态下（适用时）测定功率特性在内的磨合试车；

(2)在额定最大连续功率（或者推力）状态下至少运转5小时。对于额定起飞功率（或者推力）大于额定最大连续功率（或者推力）的发动机，5小时运行中应当包括以额定起飞功率（或者推力）运转30分钟。

2. 本款第1项所要求的发动机试车可以在适当的安装条件下利用现有型号的功率(或者推力)测量设备进行。

(二)制造人依据型号合格证生产螺旋桨,应当对每副变距螺旋桨进行功能验收试验,以确定在其整个工作范围内是否正常工作。

第21.130条　制造符合性声明

型号合格证持有人或者权益转让协议受让人,在依据型号合格证生产时,为其民用航空产品申请航空器适航证或者发动机、螺旋桨的适航批准标签,应当向局方提交由制造人授权的代表签字的制造符合性声明,其内容包括:

(一)每一民用航空产品均符合经批准的型号设计,并处于安全可用状态;

(二)每架航空器均作过地面及试飞检查;

(三)每台发动机或者每副变距螺旋桨均作过最终试车或者工作检查。

第六章　生产许可证

第21.131条　适用范围

(一)本章适用于生产许可证的申请、颁发和对生产许可证持有人的管理。

(二)在本章中:

1. 责任经理,是指生产机构中能对本单位满足本规定的要求负责,并有权为满足本规定的要求支配本单位的人员、财产和设备的人员;

2. 质量经理,是指生产机构中由责任经理授权对质量系统进行管理和监督并直接向责任经理负责的人员。

第21.133条　申请人的资格

生产许可证申请人的资格及要求如下:

(一)持有下列文件之一的任何人均可申请生产许可证:

1. 持有或者已经申请型号合格证;

2. 持有或者已经申请补充型号合格证或者改装设计批准书;

3. 持有上述证件的权益转让协议书;

4. 利用位于中华人民共和国之内的生产设施生产具有型号认可证或者补充型号认可证的民用航空产品,并持有该民用航空产品的型号合格证或者补充型号合格证的权益转让协议书。

(二)本条第(一)款第3项或者第4项的申请人应当持有与型号合格证、补充型号合格证或者改装设计批准书的申请人或者持有人的适当协议,确保生产和设计之间能够进行必要的沟通与交流,以保证对特定设计的制造符合性。

（三）申请人应当按照规定的格式填写生产许可证申请书，同时提交第21.138条规定的质量手册。

第21.135条　机构

生产许可证的申请人或者持有人应当向局方提交相关说明文件，以表明其组织机构如何确保符合本章的要求。说明文件中至少应当描述组织机构中各个部门的职责和权限，责任经理、质量经理和质量系统人员的职责和权限，以及质量部门与行政管理部门和其他部门的职能关系。

第21.137条　质量系统

生产许可证的申请人或者持有人应当建立并书面描述一个质量系统，以确保每一民用航空产品及其零部件均能符合经批准的设计并处于安全可用状态。该质量系统应当包括以下内容：

（一）设计资料控制程序，用于控制设计资料和后续更改，确保使用的资料是现行有效的、准确无误的并且符合经批准的设计。

（二）与设计批准的申请人或者持有人的协调，用于确保生产许可证的申请人或者持有人和设计批准的申请人或者持有人能够实现良好的合作，以顺利地履行各自的职责。

（三）文件控制程序，用于控制质量系统文件和资料以及后续更改，确保使用的文件和资料是现行有效的、准确无误的并且符合经批准的设计。

（四）人员能力和资格。生产许可证的申请人或者持有人应当配备责任经理、质量经理和质量系统人员，并且具有确保责任经理、质量经理和质量系统人员具有适当能力和资格的程序。

（五）供应商控制程序，用于实现以下功能：

1. 确保供应商提供的每一民用航空产品或者零部件符合经批准的设计；

2. 如果供应商提供的民用航空产品或者零部件被发现存在不符合相应设计资料的情况，则要求该供应商向生产批准持有人报告。

（六）制造过程控制程序，用于确保每一民用航空产品及其零部件符合经批准的设计。

（七）检验和试验程序，用于确保每一民用航空产品及其零部件符合经批准的设计。该程序应当包括下列适用的内容：

1. 对生产的每架航空器进行飞行试验；

2. 对生产的每一航空发动机和螺旋桨进行功能试验。

（八）规定所有检验、测量和试验设备的校准和控制程序，这些检验、测量和试验设备是用于确定每一民用航空产品及其零部件符合经批准的设计。每一校准标准应当追溯到局方可接受的标准。

(九)检验和试验状态的记录程序，用于记录按照经批准的设计制造的或者由供应商提供的民用航空产品和零部件的检验和试验状态。

(十)不合格的民用航空产品和零部件的控制程序，用于实现以下功能：

1. 确保只有符合经批准的设计的民用航空产品或者零部件才能被安装在经型号合格审定的民用航空产品上。这些程序应当规定不合格的民用航空产品及其零部件的识别、文件记录、评估、隔离和处理。只有经授权的人才可以决定如何处理；

2. 确保将报废的零部件永久标记为不可使用。

(十一)纠正和预防措施的程序，用于实施纠正和预防措施，消除产生实际的或者潜在的不符合经批准的设计的原因，或者消除对经批准的质量系统的不符合性。

(十二)搬运和存储的程序，用于避免在搬运、存储、保存和包装过程中引起每一民用航空产品及其零部件损坏和性能退化。

(十三)质量记录的控制程序，用于识别、存储、保护、获取和保存质量记录。生产批准持有人应当保存按照该生产批准生产的民用航空产品及其零部件的相关记录至该民用航空产品永久退役。

(十四)内部审核的程序，用于规划、实施和文件记录内部审核，以确保符合经批准的质量系统。这些程序应当包括将内部审核结果向负责实施纠正和预防措施的负责人报告的要求。

(十五)航空器维护的程序，用于从生产完成之后直至交付之前，维护航空器以保持安全可用状态。

(十六)使用反馈的程序，用于接收和处理使用中出现失效、故障和缺陷的反馈信息。这些程序应当包括支持设计批准持有人完成下列工作的流程：

1. 确定涉及设计更改来解决的使用中问题；

2. 确定是否需要修改持续适航文件。

(十七)质量疏漏的程序，对已经经质量系统放行但是不符合适用的设计资料或者质量系统要求的民用航空产品及其零部件，进行识别、分析并启动适当纠正措施。

第 21.138 条　质量手册

生产许可证申请人或者持有人应当提供一份描述质量系统的手册供局方评审。该手册应当可被局方接受的形式获取。

第 21.139 条　生产地点或者生产设施的变更

(一)如果局方确认按照适用的涉及民航管理的规章的要求进行管理不会对局方造成过重负担，则生产许可证申请人可以为位于中华人民共和国之外的生产设施取得生产许可证。

（二）生产许可证持有人变更生产设施地点，应当向局方申请变更生产许可证。

（三）如果生产设施的任何变更可能会影响到民用航空产品或者零部件的检查、制造符合性或者适航性，生产许可证持有人应当立即以书面形式通知局方。

第 21.140 条　检查和试验

生产许可证申请人或者持有人应当接受局方为了确定符合涉及民航管理的规章，实施对质量系统、设施、技术资料和任何生产的民用航空产品或者零部件的检查，并且目击任何试验，包括在供应商设施进行的任何检查或者试验。

第 21.141 条　生产许可证的颁发

局方确定申请人符合本章的要求，应当颁发生产许可证，批准其按照第 21.138 条所规定的质量手册实施生产活动。如果民用航空产品具有相似的生产特性，可以在一个生产许可证之下生产多于一种型号的民用航空产品。

第 21.142 条　许可生产项目单

许可生产项目单是生产许可证的一部分。许可生产项目单列出准许生产许可证持有人生产的每一民用航空产品的型号合格证、补充型号合格证、改装设计批准书、型号认可证或者补充型号认可证的编号和型别。

第 21.143 条　生产许可证的有效期

除局方另行规定终止日期外，生产许可证长期有效。

第 21.144 条　生产许可证的转让性

生产许可证不得转让。

第 21.145 条　持证人的权利

生产许可证持有人享有下列权利：

（一）除局方要求检查是否符合型号设计外，生产的航空器无需进一步证明即可获得适航证；

（二）除局方要求检查是否符合型号设计外，生产的航空发动机或者螺旋桨无需进一步证明即可获得适航批准标签；

（三）除局方要求检查是否符合型号设计外，该航空产品的零部件无需进一步证明即可获得适航批准标签。

第 21.146 条　持证人的责任

（一）需要表明机构变化时，修订第 21.135 条要求的说明文件，并提交给局方。

（二）保持质量系统，符合获得生产许可证时批准的资料和程序，并且接受局方对质量系统的定期评审。

（三）确保每一提交适航审查或者批准的民用航空产品或者零部件均符合经批准的设计并处于安全可用状态，并且在交付前一直进行适当的维护以保持安全可用状态。

（四）按照局方要求为民用航空产品或者零部件设置标牌或者标记。

（五）用制造人的件号和名称、商标、代号或者局方接受的制造人其他标识方法，标识从制造人设施出厂的民用航空产品或者零部件的任何部分（例如，组件、部件或者替换件）。

（六）能够获取为确认依据生产许可证生产的每一民用航空产品和零部件的制造符合性和适航性所必需的型号设计资料。

（七）承担第21.5条规定的责任。

（八）保管生产许可证，确保在局方要求时可获取。

（九）局方可以获取其向供应商授权的所有相关信息。

第21.147条　生产许可证更改

生产许可证持有人应当按照局方规定的格式和方式申请生产许可证更改。增加型号合格证、补充型号合格证、改装设计批准书、型号认可证、补充型号认可证，或者增加民用航空产品型别，或者两者同时增加时，生产许可证更改的申请人应当符合第21.137条、第21.138条和第21.150条的适用要求。

第21.150条　质量系统的更改

生产许可证颁发后，质量系统的更改应当符合以下所有要求：

（一）质量系统的每一变更应当经局方审查；

（二）对可能影响到民用航空产品或者零部件的检验、制造符合性或者适航性的质量系统的更改，生产许可证持有人应当立即书面通知局方。

第21.151条　展示

生产许可证持有人应当在其主要办公地点的显著位置展示其生产许可证。

第七章　适航证、适航批准标签和外国适航证认可书

第21.170条　适用范围

本章适用于民用航空器适航证、航空发动机和螺旋桨适航批准标签及外国适航证认可书的申请、颁发和对持证人的管理。

第 21. 171 条　适航证的类别

适航证分成以下两种类别:

(一)标准适航证

对按照本规定取得第 21. 21 条的型号合格证或者第 21. 29 条的型号认可证的正常类、实用类、特技类、通勤类、运输类航空器,载人自由气球,特殊类别航空器(如滑翔机、飞艇、甚轻型飞机和其他非常规航空器)颁发标准适航证。

(二)特殊适航证

对本条第(一)款规定范围以外的取得第 21. 24 条、第 21. 25 条或者第 21. 26 条的型号合格证或者第 21. 29 条的型号认可证的初级类、限用类、轻型运动类航空器,以及局方同意的其他情况,颁发特殊适航证。特殊适航证分为初级类、限用类和轻型运动类三类。

第 21. 172 条　适航证和外国适航证认可书的申请

(一)具有中华人民共和国国籍的民用航空器的所有人或者占有人可以申请该航空器的适航证。

(二)合法占有、使用具有外国国籍和适航证的民用航空器的中国使用人,可以申请该航空器的外国适航证认可书,或者申请另发适航证。

(三)适航证申请人应当视具体情况向局方提交下列文件:

1. 按规定格式填写的完整属实的《中国民用航空局航空器适航证申请书》;

2.《制造符合性声明》;

3. 航空器制造国或者航空器出口国适航当局颁发的出口适航证;

4. 航空器构型与批准或者认可的型号的构型差异说明;

5. 重要改装或者重要修理后用以证明该航空器符合批准的型号设计以及确保持续适航性所需的有关技术资料;

6. 持续适航文件清单;

7. 航空器符合适用的适航指令的声明和所完成的适航指令的清单;

8. 局方确认必要的其他资料。

(四)外国适航证认可书申请人应当向局方提交下列申请资料:

1. 按规定格式填写的完整属实的《外国民用航空器适航证认可书申请书》;

2. 外国适航当局证明该航空器适航证现行有效的证明文件;

3. 外国适航证、国籍登记证、无线电台执照副本;

4. 航空器符合适用的适航指令的声明和所完成的适航指令的清单;

5. 局方确认必要的其他资料。

第 21.173 条　适航检查

（一）申请人应当在与局方商定的时间和地点提交申请适航证或者外国适航证认可书的航空器，以便局方对其进行必要的检查。

（二）适航检查应当包括对所申请的航空器的各种合格证件、技术资料、持续适航文件的评审及对航空器交付时的技术状态与批准的型号设计的符合性的检查。

（三）局方确认必要时，申请人应当对该航空器进行验证试飞，以证明其飞行性能、操纵性能和航空电子设备的功能符合适航要求。

（四）如果该航空器是使用过航空器，申请人应当提交曾在该航空器上所完成的所有改装、维修、检验、试飞和校正等工作记录以供检查，并提供适航指令、服务通告执行情况记录及局方确认必要的其他资料；必要时，申请人应当在局方适航检查前，对该航空器实施必要的检查，并向局方提交检查报告。

（五）申请人应当认真解决局方在上述检查过程中提出的问题，并提交该航空器已符合批准的型号设计，所有设计更改均得到批准，航空器处于安全可用状态的证明材料。

第 21.174 条　适航证和外国适航证认可书的颁发

（一）对于根据生产许可证制造的新航空器，适航证申请人在提交本规定第 21.172 条第（三）款所列的有关文件后，无需进一步证明，即可获得适航证；局方可以根据本规定第 21.173 条检查该航空器，以确认其是否符合经批准的型号设计并处于安全可用状态。

（二）对于依据型号合格证生产的新航空器，适航证申请人应当提交本规定第 21.172 条第（三）款所列的有关文件，并接受局方按本章的规定所进行的适航检查。局方确认其符合经批准的型号设计并处于安全可用状态，即可颁发适航证。

（三）对于依据本规定第 21.29 条和第 21.115 条，已取得型号认可证和补充型号认可证的进口航空器，如该航空器为新航空器，适航证申请人应当提交本规定第 21.172 条第（三）款所列的有关文件。经航空器制造国确认，并且局方按本规定第 21.173 条进行适航检查，确认其符合中国批准的型号设计并处于安全可用状态，即可颁发适航证。

（四）对于依据本规定第 21.29 条和第 21.115 条，已取得型号认可证和补充型号认可证的进口航空器，如该航空器为使用过航空器，适航证申请人除应当提交本规定第 21.172 条第（三）款所列的有关文件外，还应当确认：

1. 如使用过航空器从非制造国进口到中国，该航空器出口国与中国签署有相关双边协议；

2. 在获得局方颁发的适航证之前，该航空器已做过局方规定的维修工作，并被航空器原制造人或者有资质的机构或者人员证明是适航的。

经航空器出口国确认，并且局方按本规定第 21. 173 条进行适航检查，确认其符合中国批准的型号设计并处于安全可用状态，即可颁发适航证。

（五）具有外国国籍和适航证且其型号设计已经局方认可的航空器，其外国适航证认可书申请人或者适航证申请人应当提交本规定第 21. 172 条第（四）款所列的有关文件。局方按本规定第 21. 173 条进行适航检查，确认其符合中国的适航要求并处于安全可用状态，即可颁发外国适航证认可书或者另行颁发适航证。

（六）本条第（一）至（五）款未包括的其他民用航空器，适航证申请人应当提交本规定第 21. 172 条所列的有关文件，局方按本规定第 21. 173 条进行适航检查，确认其符合经批准的型号设计并处于安全可用状态，即可颁发适航证。

（七）适航证申请人如首次进口需到岸恢复组装的航空器，应当得到原制造人或者有资质的机构或者人员的技术支持，共同完成飞机恢复组装工作，并参照第 21. 127 条规定，在其完成该航空器试飞后，方可接受该航空器。在此之后，局方按本规定第 21. 173 条进行适航检查，确认其符合经批准的型号设计并处于安全可用状态，即可颁发适航证。

第 21. 175 条　对获得特殊适航证的航空器的基本要求和限制

（一）特殊适航证的分类

取得初级类航空器型号合格证的航空器，颁发初级类特殊适航证；取得限用类航空器型号合格证的航空器及局方同意的其他情况，颁发限用类特殊适航证；取得轻型运动类航空器型号合格证的航空器，颁发轻型运动类特殊适航证。

（二）为航空器设置标牌或者标识的要求

获得特殊适航证的航空器，应当在航空器的主舱门入口附近或者驾驶舱附近（或者局方同意的位置）标记“初级类”、“限用类”或者“轻型运动类”字样。设置的标牌或者标记应当采用耐久性的方法附着在该航空器上并清晰可见，其尺寸大小应当在 5 至 20 厘米之间。

（三）航空器取得特殊适航证后，不得从事商业性载客运行，并且应当在局方规定的限制条件下进行飞行。

第 21. 176 条　适航证的更换及重新颁发

（一）当发生下列情况之一时，申请人应当向局方申请更换航空器适航证：

1. 航空器适航证再次签发记录已填满；

2. 航空器适航证破损或者丢失。

（二）当发生下列情况之一时，申请人应当向局方申请重新颁发航空器适航证：

1. 适航证被吊销；

2. 适航证类别变更；

3. 航空器型号发生变化；

4. 航空器国籍登记号变更。

（三）申请人应当根据情况向局方提交下列资料：

1. 向局方提交一封说明性信函；

2.《中国民用航空局航空器适航证申请书》；

3. 该航空器自上次适航证签发后完成的各项工作的概要报告和一份清单，清单中应当列明各项工作记录，历次重大维修的内容，已经执行的和尚未执行的适航指令、服务通告和类似文件的工作情况记录以及重要设备、部件、零件的更换记录；

4. 该航空器的机体、发动机、螺旋桨等的使用时间（自开始使用或者自上次修理或者翻修后）；

5. 该航空器最近一次的重量和平衡报告，包括称重记录和重心图表以及航空器的基本设备清单；

6. 申请前对该航空器进行的必要的验证性试飞的报告；

7. 航空器适航证被吊销后所采取纠正措施的文件；

8. 申请更改的适航证类别的有关说明性文件及相应的技术资料；

9. 局方确认必要的其他资料。

第 21.179 条　适航证的有效期

（一）在中国注册登记期间，除非局方另行规定终止日期或者发生下列任何情况外，航空器在按照各项规定进行维修并按照各项运行限制运行时，其适航证长期有效。

1. 航空器存在某种可疑的危险特征；

2. 航空器遭受损伤而短期不能修复；

3. 航空器封藏停用；

4. 按批准的方案，对航空器进行维修或者加、改装期间。

（二）外国适航证认可书的有效期由局方规定。

第 21.180 条　适航证的展示

适航证或者外国适航证认可书应当置于航空器内明显处，以备检查。

第 21.181 条　适航证的转让性

适航证可以随航空器一起转让。

第 21.182 条　适航证或者外国适航证认可书的更改

对适航证和外国适航证认可书的任何更改,应当向局方提出申请。

第 21.183 条　航空发动机和螺旋桨适航批准标签的申请与颁发

申请人应当提交航空发动机和螺旋桨适航批准标签申请。局方对其进行适航检查,在确定该民用航空产品符合批准的型号设计并处于安全可用状态时,即可颁发适航批准标签。

第八章　特许飞行证

第 21.211 条　适用范围

本章适用于民用航空器特许飞行证的申请、颁发和管理。

第 21.212 条　特许飞行证分类

特许飞行证分为第一类特许飞行证和第二类特许飞行证。

(一)从事下列飞行之一的尚未取得有效适航证的民用航空器,应当取得第一类特许飞行证:

1. 为试验航空器新的设计构思、新设备、新安装、新操作技术及新用途而进行的飞行;

2. 为证明符合适航标准而进行的试验飞行,包括证明符合型号合格证、补充型号合格证和改装设计批准书的飞行、证实重要设计更改的飞行、证明符合标准的功能和可靠性要求的飞行;

3. 新航空器的生产试飞;

4. 制造人为交付或者出口航空器而进行的调机飞行;

5. 制造人为训练机组而进行的飞行;

6. 为航空比赛或者展示航空器的飞行能力、性能和不寻常特性而进行的飞行,包括飞往和飞离比赛、展览、拍摄场所的飞行;

7. 为航空器市场调查和销售而进行的表演飞行;

8. 交付试飞;

9. 局方同意的其他飞行。

(二)从事下列飞行之一的尚未取得有效适航证或者目前可能不符合有关适航要求但在一定限制条件下能安全飞行的航空器,应当取得第二类特许飞行证:

1. 为改装、修理航空器而进行的调机飞行;

2. 营运人为交付或者出口航空器而进行的调机飞行;

3. 为撤离发生危险的地区而进行的飞行;

4. 局方确认必要的其他飞行。

第 21.213 条　特许飞行证的申请和颁发

(一)民用航空器的所有人或者占有人可以申请该航空器的特许飞行证;

(二)申请人应当按照规定的格式提交申请书;

(三)局方接到申请后进行审查,提出确保飞行安全的限制条件,颁发规定了明确类别和必要限制的特许飞行证。

第 21.214 条　特许飞行的基本要求和限制

(一)尚未进行国籍登记的航空器做特许飞行前,应当向局方申请临时登记标志并获得临时登记证书。

(二)申请人应当按照规定在该航空器的外表上制作局方指定的临时登记标志。

(三)取得特许飞行证的航空器不得用于以营利为目的的运输或者作业飞行。

(四)做特许飞行的航空器应当由持有局方颁发或者认可的相应执照的飞行机组人员驾驶,并且不得载运与该次飞行作业无关的人员;该航空器的飞行机组成员和其他有关人员应当确知该次特许飞行的情况和有关要求与措施。

(五)特许飞行应当遵守相应的飞行规则,并且应当避开空中交通繁忙的区域、人口稠密地区以及可能对公众安全造成危害的区域。

(六)特许飞行应当在飞行手册所规定的性能限制以及局方对该次特许飞行所提出的其他限制条件下进行。

(七)除非得到飞越国的同意,否则不得使用特许飞行证飞越该国领空。

第 21.215 条　特许飞行证的有效期

特许飞行证的有效期由局方规定。

第九章　零部件制造人批准书

第 21.301 条　适用范围

本章适用于零部件制造人批准书的颁发及对其持有人的管理。

第 21.302 条　零部件制造人批准书申请人的资格

已经表明或者正在表明具有符合第十四章要求的设计保证系统的人具备申请零部件制造人批准书的资格。

第 21.303 条　零部件制造人批准书的申请

申请零部件制造人批准书的规定如下:

(一)申请人应当按照规定的格式和方式提交零部件制造人批准书的申请,并同时提交下列资料:

1. 拟装用该零部件的民用航空产品的名称和型号。

2. 生产该零部件的生产设施的名称和地址。

3. 零部件的设计,至少包括下列资料:

(1)说明该零部件构型所必需的图纸和规范;

(2)确定该零部件的结构强度所必需的尺寸、材料和工艺。

4. 表明该零部件的设计符合拟安装该零部件的民用航空产品适用的适航规章的必要的试验和计算报告,但申请人能证明该零部件的设计与型号合格证、补充型号合格证或者改装设计批准书中批准的零部件的设计相同的除外。如果该零部件的设计是根据设计转让协议获得的,还应当提供该协议。

5. 通过试验和计算报告表明符合性的零部件制造人批准书申请人应当提交一份声明,申明其已经符合适航规章的要求。

6. 对第十四章要求的设计保证系统的符合性说明。

(二)零部件制造人批准书的申请人应当进行所有必要的检验和试验,以确定:

1. 该零部件的设计符合有关的适航要求;

2. 该零部件的材料符合设计中的技术规范;

3. 该零部件符合经批准的设计;

4. 该零部件的制造工艺、构造和装配符合设计中的相应规定。

(三)申请书的有效期为二年。

(四)申请人在提交申请书的同时,还应当提交第21.308条规定的质量手册。

第21.305条　机构

零部件制造人批准书申请人或者持有人应当向局方提交相关说明文件,以表明其组织机构如何确保符合本章的要求。说明文件中至少应当描述组织机构中各个部门的职责和权限,责任经理、质量经理和质量系统人员的职责和权限,以及质量部门与行政管理部门和其他部门的职能关系。

第21.307条　质量系统

零部件制造人批准书申请人或者持有人应当建立符合第21.137条的质量系统。

第21.308条　质量手册

零部件制造人批准书申请人或者持有人应当提供一份描述质量系统的手册供局方评审。该手册应当可被局方接受的形式获取。

第21.309条　生产地点或者生产设施的变更

(一)如果局方确认按照适用的涉及民航管理的规章的要求进行管理不会造成过重负担,则零部件制造人批准书申请人可以为位于中华人民共和国之外的生产设施取得零部件制造人批准书。

(二)零部件制造人批准书持有人变更生产设施地点,应当向局方申请变更零部件制造人批准书。

(三)如果生产设施的任何变更可能会影响到零部件的检查、制造符合性或者适航性,零部件制造人批准书持有人应当立即以书面形式通知局方。

第21.310条　检查和试验

(一)零部件制造人批准书申请人和持有人应当接受局方为了确定符合涉及民航管理的规章,实施对设计保证系统、质量系统、设施、技术资料和任何生产的零部件的检查,并且目击任何试验,包括在供应商设施进行的任何检验或者试验。

(二)除非局方同意,申请人或者持证人应当遵守下列要求:

1. 在证明其符合第21.303条第(二)款2至4项的要求之前,不得将零部件提交局方进行检查或者试验;

2. 完成第21.303条第(二)款2至4项的工作之后,到提交局方进行检查或者试验之前,不得对该零部件作任何更改。

第21.311条　零部件制造人批准书的颁发

(一)局方确定申请人具有可接受的设计保证系统,符合本章的要求并且零部件设计符合拟装该零部件的民用航空产品适用的涉及民航管理的规章的要求,即可颁发零部件制造人批准书,批准其按第21.308条所规定的质量手册生产该零部件。

(二)零部件制造人批准书项目单是零部件制造人批准书的一部分,内容包括:零部件名称,型号,件号,适用的航空器、发动机或者螺旋桨的被替换的零部件制造人及其零部件件号,型别,序列号,注册号,设计批准依据,以及是否为关键件。

第21.313条　有效期和转让性

(一)除局方另行规定终止日期外,零部件制造人批准书长期有效,其项目单有效期为二年。

(二)零部件制造人批准书不得转让。

第21.314条　适航批准

除局方要求检查依据零部件制造人批准书生产的零部件(以下简称PMA件)是否符合经批准的设计外,零部件制造人批准书持有人无需进一步证明即可获得PMA件的适航批准标签。

第21.316条　零部件制造人批准书持有人的责任

(一)持续保持设计保证系统。

（二）需要表明机构变化时，修订第21.305条要求的说明文件，并提交给局方。

（三）保持质量系统符合获得零部件制造人批准书时批准的资料和程序，并且接受局方对质量系统的定期评审。

（四）确保每一零部件符合经批准的设计，并且处于安全可用状态。

（五）按照第十二章的要求为PMA件设置标牌或者标记。

（六）用制造人的件号和名称、商标、符号或者局方接受的制造人其他标识方法，标识从制造人设施出厂的PMA件的任何部分。

（七）对于每一PMA件，可获取用于确定制造符合性和适航性所需的设计资料。

（八）保管取得零部件制造人批准书的相关文件，确保在局方要求时可获取。

（九）局方可以获取其向供应商授权的所有相关信息。

第21.319条　设计更改

对零部件制造人批准书进行设计更改的规定如下：

（一）设计更改的分类

1. 对PMA件设计的"小改"是指对批准基础没有显著影响的更改；

2. 对PMA件设计的"大改"是指除"小改"以外的其他更改。

（二）设计更改的批准

1. 零部件制造人批准书持有人进行的PMA件设计小改。零部件制造人可以按照局方可接受的方式批准PMA件设计小改；

2. 零部件制造人批准书持有人进行的PMA件设计大改。在将设计大改纳入按PMA件的设计之前，零部件制造人批准书持有人应当获得局方的设计大改的批准。

第21.320条　质量系统的更改

零部件制造人批准书颁发后，质量系统的更改应当符合以下所有要求：

（一）质量系统的每一变更应当经局方审查；

（二）对可能影响到零部件的检查、制造符合性或者适航性的质量系统的更改，零部件制造人批准书持有人应当立即书面通知局方。

第十章　技术标准规定项目批准书和设计批准认可证

第21.351条　适用范围和定义

（一）本章适用于技术标准规定项目批准书和设计批准认可证的颁发，以及对相关证件持有人的管理。

（二）在本章中：

1. 技术标准规定（CTSO）是民航局颁布的民用航空器上所用的特定零部件的最低性能标准。

2. 技术标准规定项目批准书（CTSOA）是局方颁发给符合特定技术标准规定的零部件（以下简称 CTSO 件）的制造人的设计和生产批准书。除技术标准规定项目批准书的持有人外，任何人不得用 CTSOA 标记对 CTSO 件进行标识。按照技术标准规定项目批准书制造的零部件，只有得到相应的装机批准，才能安装到航空器上使用。装机批准的形式可以是型号合格证、补充型号合格证或者改装设计批准书。

3. 设计批准认可证是局方按照第 21.371 条的程序颁发给符合技术标准规定的零部件的设计批准。

4. 依据技术标准规定项目批准书生产的零部件，或者依据第 21.371 条规定的设计批准认可证生产的零部件均被视为经批准的 CTSO 件。

5. CTSO 件制造人是指对生产的 CTSO 件（或者准备申请生产的 CTSO 件）的设计和质量，包括外购的零部件、工艺或者服务实施控制的人。

第 21.352 条　技术标准规定项目批准书申请人的资格

已经表明或者正在表明具有符合第十四章要求的设计保证系统的人具备申请技术标准规定项目批准书的资格。

第 21.353 条　技术标准规定项目批准书的申请

申请技术标准规定项目批准书的规定如下：

（一）已经表明或者正在表明具有符合第十四章要求的设计保证系统的申请人应当按照局方规定的格式和方式提交技术标准规定项目批准书的申请，并同时提交下列资料：

1. 一份符合性声明，申明申请人已经符合本章的要求，并且 CTSO 件符合其申请之日有效适用的技术标准规定；

2. 相应的技术标准规定要求的技术资料的复印件；

3. 对第十四章要求的设计保证系统的符合性说明。

（二）如果预计要按照第 21.369 条进行一系列 CTSO 件的小改，申请人应当在其申请书中列出 CTSO 件的基本型号和组件件号，并在其后加上空白括号，以备将来添加更改字母或者编号或者两者组合的尾缀。

（三）申请书的有效期为二年。

（四）申请人在提交申请书的同时，还应当提交第 21.358 条规定的质量手册。

第 21.355 条　机构

技术标准规定项目批准书申请人或者持有人应当向局方提交相关说明文

件，以表明其组织机构如何确保符合本章的要求。说明文件中至少应当描述组织机构中各个部门的职责和权限，责任经理、质量经理和质量系统人员的职责和权限，以及质量部门与行政管理部门和其他部门的职能关系。

第 21.357 条　质量系统

技术标准规定项目批准书申请人或者持有人应当建立符合第 21.137 条的质量系统。

第 21.358 条　质量手册

技术标准规定项目批准书申请人或者持有人应当提供一份描述质量系统的手册供局方评审。该手册应当可被局方接受的形式获取。

第 21.359 条　生产地点或者生产设施的变更

（一）如果局方确认按照适用的涉及民航管理的规章的要求进行管理不会对局方造成过重负担，则技术标准规定项目批准书申请人可以为位于中华人民共和国之外的生产设施取得技术标准规定项目批准书。

（二）技术标准规定项目批准书持有人变更生产设施地点，应当向局方申请变更技术标准规定项目批准书。

（三）如果生产设施的任何变更可能会影响到 CTSO 件的检查、制造符合性或者适航性，技术标准规定项目批准书持有人应当立即以书面形式通知局方。

第 21.360 条　检查和试验

技术标准规定项目批准书申请人和持有人应当接受局方为了确定符合涉及民航管理的规章，实施对设计保证系统、质量系统、设施、技术资料和任何生产的 CTSO 件的检查，并且目击任何试验，包括在供应商设施进行的任何检验或者试验。

第 21.361 条　技术标准规定项目批准书的颁发

（一）局方确定申请人已表明 CTSO 件符合相关涉及民航管理的规章的要求，并且确定申请人具有局方可接受的设计保证系统，即可向申请人颁发技术标准规定项目批准书，包括所有准许申请人对技术标准规定的偏离，批准其按照第 21.358 条所规定的质量手册生产该 CTSO 件。

（二）技术标准规定项目批准书项目单是技术标准规定项目批准书的一部分，内容包括零部件名称、型号、件号、批准标记的 CTSO 编号和批准的偏离。

第 21.363 条　有效期和转让性

（一）除局方另行规定终止日期外，技术标准规定项目批准书长期有效，其项目单有效期为二年。

（二）如果修订或者废止技术标准规定，技术标准规定项目批准书或者设计批准认可证持有人可以继续按照原技术标准规定生产 CTSO 件,无需获得新的技术标准规定项目批准书或者设计批准认可证,但应当符合涉及民航管理的规章的要求。

(三)技术标准规定项目批准书不得转让。

第 21.364 条　适航批准

除局方要求检查技术标准规定项目批准书持有人生产的 CTSO 件或者 CTSO 件的部分是否符合经批准的设计外,技术标准规定项目批准书持有人无需进一步证明即可获得 CTSO 件的适航批准标签。

第 21.366 条　技术标准规定项目批准书持有人的责任

技术标准规定项目批准书持有人应当遵守下列规定:

(一)持续保持设计保证系统;

(二)需要表明机构变化时,修订第 21.355 条要求的说明文件,并提交给局方;

(三)保持质量系统符合获得技术标准规定项目批准书时批准的资料和程序,并且接受局方对质量系统的定期评审;

(四)确保每一生产的零部件符合经批准的设计,处于安全可用状态,并且符合适用的技术标准规定;

(五)按照第十二章的要求为 CTSO 件设置标牌或者标记;

(六)用 CTSO 件制造人的件号和名称、商标、符号或者局方接受的 CTSO 件制造人其他标识方法,标识从 CTSO 件制造人设施出厂的零部件的任何部分;

(七)对于每一依据技术标准规定项目批准书生产的零部件,可获取用于确定制造符合性和适航性所需的设计资料。CTSO 件制造人应当保存这些资料直至其不再生产为止,因不再生产而不保存时,应当向局方递交资料的复印件;

(八)保管技术标准规定项目批准书,确保在局方要求时可获取;

(九)确保局方了解其向供应商授权的所有相关信息。

第 21.368 条　偏离批准

(一)申请偏离技术标准规定中任何性能标准的 CTSO 件制造人应当表明申请偏离的部分已经由提供等效安全水平的措施或者设计特征加以弥补。

(二)CTSO 件制造人应当将偏离的申请和所有相关资料提交给局方。如果该零部件是在其他国家管辖下生产的,则上述申请和资料应当通过该国的民航当局提交给局方。

第 21.369 条　设计更改

(一)技术标准规定项目批准书持有人进行的小改。CTSO 件制造人依据按本规章颁发的技术标准规定项目批准书可以对CTSO件进行设计小改(大改以外的任何更改),而无需得到局方的进一步批准。在这种情况下,被更改的CTSO件保留原来的型别号(可以用件号来标记小改),并且TSO件制造人应当向局方提交表明符合第21.353条第(二)款所需的修订资料。

(二)技术标准规定项目批准书持有人进行的大改。设计大改是指更改程度使局方确认需要进行实质性的全面验证以确定该设计更改后的CTSO件是否符合技术标准规定的更改。在进行大改前,CTSO件制造人应当确定该CT-SO件的新型号或者型别代号,并且按照第21.353条重新申请技术标准规定项目批准书。

(三)CTSO件制造人以外的人进行的更改。局方不批准技术标准规定项目批准书持有人之外的任何人对CTSO件进行设计更改,除非其按照本章单独申请技术标准规定项目批准书。

第21.370条　质量系统的更改

技术标准规定项目批准书颁发后,质量系统的更改应当符合以下所有要求:

(一)质量系统的每一变更应当经局方审查;

(二)对局方可能影响到零部件的检查、制造符合性或者适航性的质量系统的更改,技术标准规定项目批准书持有人应当立即书面通知局方。

第21.371条　进口零部件的设计批准认可证

局方为符合下列要求的进口零部件颁发零部件设计批准认可证:

(一)在国外设计和制造的零部件,该零部件属于与中国签署民用航空产品进口和出口适航协议或者备忘录的范围内。

(二)进口到中国的零部件应当符合以下要求:

1. 设计国进行合格审定,证明该零部件已经过检查、试验并符合适用的技术标准规定或者设计国适用的性能标准,并且符合局方规定的、为达到该技术标准规定的等效安全水平的任何其他性能标准;

2. 零部件制造人已通过其设计国当局向局方提交了申请书及一套适用性能标准要求的技术资料的副本;

3. 局方经对本款第2项规定的资料进行审查,并在必要时进行实地检查后,确认提交审定的零部件符合适用的技术标准规定,即为该零部件颁发设计批准认可证。

(三)按照第21.368条准许的任何偏离应当在零部件设计批准认可证上列出。

(四)除放弃、撤销或者局方另行规定终止日期外,零部件设计批准认可证长期有效。

（五）零部件设计批准认可证不得转让。

第十一章　出口适航批准

第 21.401 条　适用范围

本章适用于民用航空产品、零部件的出口适航证、适航批准标签的申请、颁发以及对证书持有人的管理。

第 21.403 条　出口适航批准申请人的资格

（一）对于民用航空产品，任何出口人或者其授权的代表可以申请民用航空产品的出口适航证或者适航批准标签作为出口适航批准。

（二）对于零部件，持有下列证件之一的制造人可以申请零部件的适航批准标签作为出口适航批准：

1. 生产许可证；

2. 零部件制造人批准书；

3. 技术标准规定项目批准书。

第 21.405 条　出口适航批准的形式

出口适航批准有以下两种形式：

（一）对民用航空器颁发出口适航证，此种证书不得作为批准航空器运行的文件；

（二）对航空发动机、螺旋桨或者零部件颁发适航批准标签。

第 21.407 条　出口适航批准的申请

（一）申请出口民用航空产品或者零部件，应当按规定的格式和方式向局方提交申请书。

（二）民用航空产品属于下列情形之一的，在提交申请书的同时，应当提交进口国适航当局对下列具体情形的认可声明：

1. 出口民用航空产品不符合进口国的特殊要求；

2. 出口民用航空产品不符合本规定第 21.409 条或者第 21.411 条有关颁发出口适航证或者适航批准标签的要求。

第 21.409 条　出口适航证的颁发

（一）局方确认民用航空器符合下列条件后，向申请人颁发出口适航证：

1. 航空器符合本规定第 21.174 条相关规定；

2. 使用过的航空器的所有人或者占有人证明该航空器符合持续适航要求，且该航空器已进行规定的适航检查；

3. 符合进口国的特殊要求。

（二）同时符合下列要求的，航空器可以不符合本条第（一）款中的要求：

1. 进口国以局方可接受的形式和方法接受偏离；

2. 在出口适航证上做为例外列出出口的航空器与型号设计之间差异。

第 21.411 条　适航批准标签的颁发

（一）局方确认航空发动机或者螺旋桨符合下列条件后，向申请人颁发适航批准标签：

1. 新制造的或者使用过的航空发动机或者螺旋桨符合型号设计，并处于安全可用状态；

2. 符合进口国的特殊要求。

（二）局方确认零部件符合下列条件后，向申请人颁发适航批准标签：

1. 新制造的或者使用过的零部件符合经批准的设计资料，并处于安全可用状态；

2. 零部件上标有制造人的名称、件号、型别号和序列号或者等同的编号；

3. 符合进口国的特殊要求。

（三）同时符合下列要求的，航空发动机、螺旋桨或者零部件可以不符合本条第（一）款或者第（二）款中的要求：

1. 进口国以局方可接受的形式和方法接受偏离；

2. 在适航批准标签上做为例外列出出口的航空发动机、螺旋桨或者零部件与型号设计之间差异。

第 21.415 条　出口人的责任

除非进口国另有规定，民用航空产品或者零部件出口人应当承担下列责任：

（一）向进口国适航当局提供出口民用航空产品或者零部件正常运行所需的文件和资料，例如飞行手册、维护手册、安装说明书等，以及进口国特殊要求中规定的其他资料。民用航空产品或者零部件出口人为制造人的，还应当提供上述资料后续的更改版。

（二）必要时保存和包装民用航空产品和零部件，以防止民用航空产品和零部件在运输或者存储过程中腐蚀或者损坏；并且说明保存和包装的有效期。

（三）完成交付飞行时，拆除为出口交付临时安装的装置，并将航空器恢复至经批准的型号设计。

（四）用于销售表演或者交付飞行的，应当向有关国家申请入境许可。出口后应当：

1. 向局方申请注销并交还被转让航空器的国籍登记证和适航证，并且说明所有权转让日期和外国受让人的名称和地址；

2. 按照有关规定从被转让航空器上除去中国国籍标记和登记号。

第十二章　标牌或者标记

第21.421条　民用航空产品的标牌或者标记

（一）根据第五章或者第六章生产的民用航空产品上应当设置防火和不易损坏的清晰的标牌或者标记，其内容应当包括型号合格证编号或者生产许可证编号、制造人名称或者姓名、制造序列号、民用航空产品型号、制造日期。

（二）航空器上的标牌应当固定在主舱门或者后舱门入口附近或者机尾附近的机身处明显位置；为进行合格审定而生产的原型航空器，在取得局方颁发的特许飞行证和临时登记证之前，应当在航空器上安装标牌，其内容应当包括制造人名称或者姓名、制造序列号、民用航空产品型号、制造日期。

（三）航空发动机上的标牌应当固定在易于接近并在正常维护中不可能磨损或者丢失的位置。

（四）螺旋桨的桨叶和桨毂上的标记应当固定在非关键表面上。

（五）非常规航空器上的标牌或者标记应当固定在便于检查的适当位置。

第21.423条　PMA件、CTSO件和关键件的标牌或者标记

（一）应当为PMA件设置永久性的和清晰可辨的标牌或者标记，标牌或者标记应当包括以下内容：

1. 制造人的名称、商标或者代号；

2. PMA件的件号；

3. "CPMA"的字样。

（二）应当为CTSO件设置永久性的和清晰可辨的标牌或者标记，标牌或者标记应当包括以下内容：

1. 制造人的名称和地址；

2. CTSO件的名称、型号、件号或者型别代号；

3. CTSO件的序列号或者制造日期；

4. 对应的CTSO标准的编号。

（三）在制造人的维修手册或者持续适航文件的适航限制部分中规定有更换时间、检查间隔或者相关工作程序的关键件，除了应当按照本条为其设置标牌或者标记之外，还应当将序列号永久性地和清晰可辨地标记在零部件上。

（四）该零部件太小或者在该零部件上无法标记的，应当在该零部件随附的适航批准标签上标记不能在该零部件上标记的内容。

第 21.425 条　要求

（一）除非局方认定为必要的情形外，不得在航空器、发动机、螺旋桨、螺旋桨叶片或者轮毂上拆除、更改、损坏或者放置第 21.421 条规定的标牌或者标记，或者在辅助动力装置上拆除、更改或者放置第 21.423 条要求的标牌或者标记。

（二）局方认定为必要时，进行维修工作可以在维修过程中拆除或者安装第 21.421 条规定的标牌或者标记、或者第 21.423 条规定的辅助动力装置的标牌或者标记。

（三）按照本条第（二）款拆除的航空器、发动机、螺旋桨、螺旋桨叶片或者轮毂上的标牌只能安装回原始位置。

第十三章　修　　理

第 21.431 条　适用范围和定义

（一）本章适用于修理方案和修理件生产的管理。

（二）修理是指处理损伤并且将民用航空产品或者零部件恢复适航状态。

（三）通过更换零部件而无需任何设计活动来处理损伤应当视为维修活动，不需要按照本规章进行批准。

第 21.433 条　修理方案

（一）根据《一般运行和飞行规则》（CCAR91）第 91.313 条要求，对航空器及其部件实施修理时，应当符合以下规定：

1. 如果修理方案对飞机的重量、平衡、结构强度、性能、动力装置工作、飞行特性有显著影响或者影响适航性的其他特性，应当按照本规章的第二章、第三章或者第四章的适用要求，申请设计大改批准；

2. 除本款第 1 项的情况外，如果修理方案超出了航空器或者航空器部件制造厂家持续适航文件的规定，应当就修理方案的内容向局方申请批准后才能实施。

（二）修理方案的申请人应当符合以下要求：

1. 表明对型号合格证、型号认可证、补充型号合格证、改装设计批准书或者补充型号认可证中规定的适航规章和环境保护要求、以及局方为建立与这些适航规章相同的安全水平所要求的专用条件的符合性；

2. 提交所有的验证资料；

3. 声明对本款第 1 项的适航规章和环境保护要求的符合性。

（三）如果申请人不是型号合格证、型号认可证、补充型号合格证、改装设计批准书或者补充型号认可证持有人，则申请人可以通过使用其自己的资源或者通过与型号合格证、型号认可证、补充型号合格证、改装设计批准书或者补充型号认可证持有人之间的协议来符合本条第(一)款的要求。

(四)局方在评审验证资料和进行必要的检查等审定工作后，确认其修理方案符合本条第(二)款的要求，可以批准该修理方案。

(五)局方可以授权建立了局方可接受的设计保证系统的设计机构批准修理方案。

(六)修理方案批准持有人应当向修理实施单位提供所有必需的指导及文件。

第 21.435 条　修理件的生产

修理中用到的零部件应当依据修理方案批准持有人提供的经批准的设计资料、按照下述要求之一生产：

(一)按照第五章生产；

(二)按照第六章生产；

(三)按照第九章生产；

(四)按照第十章生产；

(五)由维修单位按照经批准的工作程序生产。

第 21.437 条　限制

修理方案批准可能会带有限制。在带有限制的情况下，修理方案批准应当包含所有必要的要求和限制。这些要求和限制应当由修理方案批准持有人按照局方可接受的方式提供给运营人。

第 21.439 条　记录保存

对每项修理，所有相关的信息、图纸、试验报告、根据第 21.437 条颁发的要求和限制以及批准证据都应当由修理方案批准持有人保存，直至实施了该项修理的民用航空产品永久退役，以便提供必要信息来确保修理过的民用航空产品和零部件的持续适航。

第 21.441 条　持续适航文件

(一)修理方案批准持有人应当为修理过的航空器的每一运营人至少提供一套由于修理方案产生的持续适航文件的修改部分，包含描述资料和需要完成的指令。修理过的民用航空产品或者零部件可以在提供持续适航文件的修改部分之前交付使用，但是应当限制使用时间并经局方批准。任何需要符合持续适航文件的修改部分中的要求的人都应当可以获得持续适航文件的修改部分。

(二)首次批准修理之后修理方案批准持有人对持续适航文件的修改部分

进行更新时,这些更新应当提供给每一运营人,并且任何需要符合持续适航文件的修改部分中的要求的人都应当可以获得这些更新。表明如何发放更新的持续适航文件的修改部分的程序应当提交局方。

第十四章　设计保证系统

第 21.471 条　适用范围和定义

(一)本章规定了针对型号合格证、型号合格证更改、补充型号合格证、改装设计批准书、零部件制造人批准书和技术标准规定项目批准书的申请人和持有人的设计保证系统的基本要求。

(二)在本章中:

1. 责任经理,是指设计机构中能对本单位满足本规定的要求负责,并有权为满足本规定的要求支配本单位的人员、财产和设备的人员;

2. 适航经理,是指设计机构中由责任经理授权对设计保证系统进行管理和监督并直接向责任经理负责的人员。

第 21.473 条　设计保证系统

(一)型号合格证、补充型号合格证、改装设计批准书、零部件制造人批准书和技术标准规定项目批准书的申请人和持有人应当建立适当的设计机构,表明该设计机构已经建立并能够保持一个设计保证系统,对申请范围内的民用航空产品和零部件的设计、设计更改进行控制和监督。该设计保证系统应当能够使得设计机构符合下述要求:

1. 确保民用航空产品和零部件的设计或者设计更改符合适用的适航规章和环境保护要求。

2. 确保其责任与下列相符:

(1)本规章的适用条款;

(2)第 21.481 条确定的设计保证系统的能力清单。

3. 独立地监督对设计保证手册规定的程序的符合性和充分性,并且具有反馈机制,向承担落实纠正措施职责的个人或者部门提供反馈。

(二)该设计保证系统应当具有确保设计机构向局方提交符合性声明和相关文件之前,独立地核查符合性声明的有效性和文件的符合性的功能。

(三)设计机构应当具有供应商管理的程序,按照该程序来接收由供应商设计的零部件或者接受由供应商实施的任务。

第 21.475 条　设计保证手册

(一)设计机构应当制定符合局方要求的设计保证手册。设计保证手册应当直接描述或者通过引用其他文件描述设计机构、相关的程序以及设计的民用航空产品或者民用航空产品的设计更改。

(二)对于供应商完成的任何零部件或者民用航空产品的设计更改,设计保证手册应当包括设计机构如何保证所有零部件符合第21.473条第(二)款要求的声明,并且应当在设计保证手册中直接给出或者通过引用其他文件给出提交这份声明所需的供应商的设计活动和设计机构的描述和资料。

(三)设计保证手册应当及时修订以保持对设计机构的最新描述,并且修订部分应当提交给局方。

(四)设计机构应当向局方提交包括责任经理和适航经理在内的管理人员和设计机构中负责适航规章和环境保护要求的人员的资历说明。

第21.477条　设计保证系统的人员要求

设计机构除了符合第21.473条的要求以外,还应当根据第21.475条提交的设计保证手册,表明符合下述要求:

(一)设计机构应当配备责任经理和适航经理;

(二)所有技术部门应当配备足够数量和经验的员工,并且被赋予适当的权限行使他们的职责。技术部门的办公环境、设施和设备应当使得技术部门的员工的工作能够保证民用航空产品符合适航规章和环境保护要求;

(三)部门之间和部门内部在适航和环境保护方面有充分、高效的沟通和协调。

第21.479条　设计保证系统的更改

如果设计保证系统的更改对表明符合性或者民用航空产品的适航和环境保护有显著影响,则该设计保证系统的更改应当符合本章的要求。设计机构应当在更改实施之前,根据提交的对设计保证手册的更改向局方表明,更改实施之后仍然能够继续符合本章的要求。

第21.481条　设计保证系统的能力清单

设计保证系统的能力清单应当体现出设计机构的设计工作的类型,获得设计批准的民用航空产品的种类,以及关于民用航空产品的适航和环境保护方面设计机构履行的职责。该能力清单应当作为设计保证系统的一部分,记录在设计保证手册中。

第21.483条　检查

(一)设计机构及其供应商应当接受局方的检查,以确定对本章适用要求的符合性和持续的符合性;存在不符合本章适用要求的情况时,设计机构及其供应商应当及时采取纠正措施。

(二)设计机构应当接受局方评审报告、进行检查以及实施或者目击必要的飞行及地面试验，以确认申请人按照第 21.473 条第(二)款提交的符合性声明的有效性。

第 21.487 条　设计机构的权利

建立了局方可接受的设计保证系统的设计机构，根据其设计保证系统的能力清单和设计保证系统的相关程序，享有如下权利：

(一)可以申请型号合格证、补充型号合格证、改装设计批准书、零部件制造人批准书或者技术标准规定项目批准书；

(二)确认设计更改是“大改”或者“小改”的分类；

(三)按照第 21.95 条、第 21.319 条或者第 21.369 条批准小改；

(四)按照第 21.433 条批准修理方案。

第 21.489 条　设计机构的责任

建立了局方可接受的设计保证系统的设计机构应当：

(一)维护设计保证手册，使其与设计保证系统一致；

(二)确保在设计机构内部使用设计保证手册作为基本的工作文件；

(三)接受局方对设计保证系统的定期评审；

(四)确认民用航空产品的设计或者对其的更改或者修理符合适用的规章要求并且没有不安全的特征；

(五)除根据第 21.487 条的权利批准设计小改或者修理方案之外，向局方提交证明符合本条第(四)款的声明及相关文件；

(六)设计批准持有人应当根据第 21.99 条的要求向局方提供相关设计更改的信息。

第十五章　运行符合性评审

第 21.501 条　适用范围

航空器运行符合性评审适用于按照《正常类飞机适航规定》(CCAR23)、《运输类飞机适航标准》(CCAR25)、《正常类旋翼航空器适航规定》(CCAR27)、《运输类旋翼航空器适航规定》(CCAR29)申请型号合格证或者型号认可证的航空器。

第 21.503 条　评审项目

航空器运行符合性评审包括如下项目：

(一)驾驶员资格规范；

(二)维修人员资格规范；

(三)主最低设备清单；

（四）计划维修要求；

（五）运行文件；

（六）运行规章符合性；

（七）其他申请人提出申请并经局方同意的项目。

第 21.505 条　申请

航空器型号合格证或者型号认可证申请人应当在申请型号合格证或者型号认可证的同时向民航局飞行标准部门提出运行符合性评审申请。

第 21.507 条　评审结论

运行符合性评审结论应当在首架航空器交付给使用人之前完成，并以航空器评审报告的方式予以发布。

第 21.509 条　持续评审

（一）航空器交付运行后，民航局飞行标准部门将根据下述情况开展运行符合性持续评审：

1. 使用人对评审结论的反馈；

2. 涉及影响运行符合性结论的航空器设计更改。

（二）运行符合性持续评审的结论以修订航空器评审报告的方式予以发布。

第十六章　法律责任

第 21.601 条　未报告故障、失效、缺陷或者 ETOPS 相关事件的处罚

有下列情形之一的，由局方责令限期整改；逾期未改正的，视情节轻重，处警告或者三万元以下的罚款：

（一）违反本规定的第 21.5 条，未报告或者未按时报告故障、失效和缺陷的；

（二）违反本规定的第 21.6 条，未报告 ETOPS 相关事件的。

第 21.603 条　未履行持证人责任的处罚

持证人未履行责任，有下列情形之一的，由局方责令限期整改；逾期未改正的，视情节轻重，处警告或者三万元以下的罚款：

（一）违反本规定的第 21.44 条，未履行型号合格证持有人责任的；

（二）违反本规定的第 21.117 条，未履行补充型号合格证或者改装设计批准书持有人责任的；

（三）违反本规定的第 21.146 条，未履行生产许可证持有人的责任的；

（四）违反本规定的第 21.316 条，未履行零部件制造人批准书持有人的责

任的;

(五)违反本规定的第21.366条,未履行技术标准规定项目批准书持有人的责任的;

(六)违反本规定的第21.415条,未履行出口人的责任的;

(七)违反本规定的第21.421条、第21.423条或者第21.425条,未按规定设置标牌或者标记的;

(八)违反本规定的第21.489条,建立了设计保证系统的设计机构未尽到设计机构的责任的。

第21.605条　未按规定获得设计更改批准的处罚

有下列情形之一的,由局方责令限期整改,并处警告或者三万元以下的罚款:

(一)违反本规定的第21.19条,对于需要重新申请新型号合格证而未重新申请;

(二)违反本规定的第21.97条,型号设计大改不经批准;

(三)违反本规定的第21.99条,不按照适航指令的要求提出相应的设计更改方案的或者实施提出设计更改方案而不经局方批准;

(四)违反本规定的第21.319条,对PMA件的设计大改不经批准;

(五)违反本规定的第21.369条,对CTSO件的设计更改不经批准。

第21.607条　未按规定展示证件的处罚

有下列情形之一的,由局方责令限期整改;逾期未改正的,视情节轻重,处警告或者三万元以下的罚款:

(一)违反本规定的第21.151条,未按规定展示生产许可证的;

(二)违反本规定的第21.180条,未按规定展示适航证的。

第21.609条　制造地点变更未通知局方的处罚

有下列情形之一的,由局方责令限期整改,并处警告或者三万元以下的罚款:

(一)违反本规定的第21.139条,生产许可证持有人的制造地点变更,但未向局方申请变更生产许可证却继续生产的;

(二)违反本规定的第21.309条,零部件制造人批准书持有人的制造地点变更,但未向局方申请变更零部件制造人批准书却继续生产的;

(三)违反本规定的第21.359条,技术标准规定项目批准书持有人的制造地点变更,但未向局方申请变更技术标准规定项目批准书却继续生产的。

第21.611条　违反规定变更质量系统或者设计保证系统的处罚

有下列情形之一的,由局方责令限期整改,并处警告或者三万元以下的罚款:

（一）违反本规定的第21.150条，生产许可证持有人对其质量系统的更改未通知局方或者未报局方审查和批准；

（二）违反本规定的第21.320条，零部件制造人批准书持有人对其质量系统的更改未通知局方或者未报局方审查和批准；

（三）违反本规定的第21.370条，技术标准规定项目批准书持有人对其质量系统的更改未通知局方或者未报局方审查和批准；

（四）违反本规定的第21.479条，建立了设计保证系统的设计机构对其设计保证系统的变更未通知局方或者未报局方审查。

第21.613条　未按规定获得证件更改批准的处罚

有下列情形之一的，由局方责令限期整改，并处警告或者三万元以下的罚款：

（一）违反本规定的第21.147条，生产许可证持有人未按规定申请更改生产许可证；

（二）违反本规定的第21.182条，适航证和外国适航证认可书的更改不向局方提出申请的。

第21.615条　违反规定转让证件的处罚

有下列情形之一的，由局方责令限期整改，并处警告或者三万元以下的罚款：

（一）违反本规定的第21.144条，转让生产许可证的；

（二）违反本规定的第21.313条，转让零部件制造人批准书的；

（三）违反本规定的第21.363条，转让技术标准规定项目批准书的。

第21.617条　未按规定设置标记标牌的处罚

违反本规定的第21.421条、第21.423条或者第21.425条，未按规定设置标牌或者标记的，由局方责令限期整改；逾期未改正的，视情节轻重，处警告或者三万元以下的罚款。

第21.619条　未按规定申请适航批准标签的处罚

违反本规定的第21.183条、第21.314条或者第21.364条，未按规定申请适航批准标签的，由局方责令限期整改，并处警告或者三万元以下的罚款。

第21.621条　拒不接受局方适航检查的处罚

违反本规定的第21.183条、第21.314条或者第21.364条，拒不接受局方进行适航检查的，由局方责令改正；拒不改正的，处二万以上二十万元以下的罚款。

第21.623条　对弄虚作假和不正当手段获得证件的处罚

（一）证件持有人以欺骗、贿赂等不正当手段取得第21.2A条中所列任何证件的,由局方撤销所持证件。

(二)证件持有人应当在接到撤销证件的通知后,立即将证件上交给局方。

第 21.625 条　生产质量问题造成严重事故的处罚

(一)生产许可证持有人,因生产的质量问题造成严重事故的,由局方吊销其所持证件。

(二)证件持有人应当在接到吊销证件的通知后,立即将证件上交给局方。

第 21.627 条　航空器未进行适当维护和修理的处罚

(一)航空器发生下列情况之一时,由局方责令限期整改;逾期未改正的,可以吊销适航证或者特许飞行证:

1. 航空器未按批准的维修方案进行维护和修理;
2. 航空器未在规定的时间内执行局方规定的适航指令。

(二)证件持有人应当在接到吊销证件的通知后,立即将证件上交给局方。

第 21.629 条　将未取得适航证件的民用航空产品投入运行的处罚

将未取得适航证、外国适航证认可书或者特许飞行证的民用航空器投入运行的,由局方责令停止飞行,没收违法所得,并处违法所得一倍以上五倍以下的罚款;没有违法所得的,处十万元以上一百万元以下的罚款。

第 21.631 条　对适航证件失效或者超出适航证件规定范围飞行的处罚

在适航证、外国适航证认可书或者特许飞行证失效情况下或者超出适航证、外国适航证认可书或者特许飞行证规定范围飞行的,由局方责令停止飞行,没收违法所得,并处违法所得一倍以上五倍以下的罚款;没有违法所得的,处十万元以上一百万元以下的罚款。

第十七章　附　　则

第 21.701 条　守法信用信息记录

对证件持有人的撤销许可、行政处罚、行政强制等处理措施及其执行情况记入守法信用信息记录,并按照有关规定进行公示。

第 21.702 条　附则

本规定自 2017 年 7 月 1 日起施行。2007 年 4 月 15 日施行的《民用航空产品和零部件合格审定规定》(民航总局令第 183 号)同时废止。

教育部关于废止部分规章的决定

（2024 年 2 月 22 日教育部令第 55 号公布　自公布之日起施行　国司备字[2024010446]）

为深入贯彻落实党的二十大精神，提升制度建设水平，我部组织开展了规章清理，现决定废止以下规章：

一、高等学校校园秩序管理若干规定（1990 年 9 月 18 日国家教育委员会令第 13 号公布）。

二、中等专业教育自学考试暂行规定（1991 年 6 月 12 日国家教育委员会令第 16 号公布）。

三、教育行政处罚暂行实施办法（1998 年 3 月 6 日国家教育委员会令第 27 号公布）。

四、实施教育行政许可若干规定（2005 年 4 月 21 日教育部令第 22 号公布）。

本决定自公布之日起施行。

中国人民银行 海关总署关于废止《对金银进出国境的管理办法》的决定

（2024 年 2 月 26 日中国人民银行、海关总署令〔2024〕第 2 号公布　自公布之日起施行　国司备字[2024010451]）

为完善制度，中国人民银行、海关总署根据工作实际对有关规章进行了清理，现决定废止《对金银进出国境的管理办法》（(84)银发字第 13 号文印发）。

对金银进出口（境）的管理按照《中华人民共和国海关法》和《黄金及黄金制品进出口管理办法》（中国人民银行 海关总署令〔2015〕第 1 号发布，中国人民银行 海关总署令〔2020〕第 3 号修订）等有关规定执行。

本决定自公布之日起施行。

具有重要地理方位意义的气象设施命名更名管理办法

（2024年3月4日中国气象局令第43号公布　自2024年5月1日起施行　国司备字[2024010445]）

第一条　为了加强和规范具有重要地理方位意义的气象设施命名、更名管理工作，根据《中华人民共和国行政许可法》《中华人民共和国气象法》和《地名管理条例》等有关法律法规的规定，制定本办法。

第二条　具有重要地理方位意义的气象设施是指同时符合以下条件的气象探测设施和大型气象专用技术装备：

（一）具有重要地理方位指示意义；

（二）位置固定；

（三）气象设施所在场址未被登记为法人住所地。

第三条　具有重要地理方位意义的气象设施命名、更名审批及监督管理，适用本办法。

法律、法规已有规定的，从其规定。

第四条　具有重要地理方位意义的气象设施命名、更名申请范围包括：

（一）申请冠名县级以上行政区划、国内著名的自然地理实体地名的气象观测站；

（二）独立设置的天气雷达站、气象卫星地面接收站、锚碇浮标、气象观测塔、综合气象观测基地；

（三）其他具有重要地理方位意义的气象设施。

第五条　具有重要地理方位意义的气象设施命名、更名应当执行行业标准《气象观测站分类及命名规则》的规定，并符合下列要求：

（一）含义明确、健康，不违背公序良俗；

（二）符合气象设施包含的实际地域、规模、性质等特征；

（三）使用国家通用语言文字，避免使用生僻字；

（四）一般不以人名作气象设施名称，不以国家领导人的名字作气象设施名称；

（五）不以外国人名、地名作气象设施名称；

（六）不以企业名称或者商标名称作气象设施名称；

（七）国家级管理的气象设施在省级行政区范围内不应重名，省级管理的气象设施在设区的市级行政区域范围内不应重名，并避免使用同音字。

第六条 国务院气象主管机构负责下列具有重要地理方位意义的气象设施命名、更名审批：

（一）冠以"中国"字样名称的；

（二）名称涉及两个省、自治区、直辖市以上的国内著名自然地理实体地名的；

（三）《气象观测站分类及命名规则》中划分为国家大气本底站、国家气候观象台、国家基准气候站、国家天气雷达站（S波段、C波段）、国家高空气象观测站的。

省、自治区、直辖市气象主管机构负责前款规定之外的其他具有重要地理方位意义的气象设施命名、更名审批。

第七条 具有重要地理方位意义的气象设施命名、更名，由气象设施所有权人提出申请。

申请人应当在气象设施安装完成后九十日内提出命名申请。因行政区划调整等原因需要更名的，应当在区划调整实施之日起九十日内提出更名申请。

第八条 申请人应当提交具有重要地理方位意义的气象设施命名、更名申请书，并对申请材料的真实性负责。

第九条 具有重要地理方位意义的气象设施命名、更名申请由国务院气象主管机构或者省、自治区、直辖市气象主管机构按照本办法第六条规定受理。

受理机关应当在收到全部申请材料之日起五个工作日内，按照《中华人民共和国行政许可法》第三十二条和本办法第四条的规定作出受理或者不予受理的决定，并出具书面凭证。

第十条 审批机关应当对申请材料进行审查，必要时可以组织技术审查（含现场踏勘）。国务院气象主管机构可以委托省、自治区、直辖市气象主管机构开展技术审查（含现场踏勘）。

技术审查（含现场踏勘）时间一般不超过一个月，所需时间不计入审批时限。审批机关应当将所需时间书面告知申请人。

第十一条 具有重要地理方位意义的气象设施的命名、更名名称一般应当与所在地地名统一，与所在地地名不一致的，审批机关应当征求气象设施所在地县级以上地方人民政府的意见。

第十二条 经审查符合有关法律法规和标准要求的，审批机关应当自受理之日起二十个工作日内作出书面审批决定;不符合要求的,不予批准,并书面说明理由。

第十三条 审批机关作出审批决定后,应当自作出决定之日起十个工作日内将审批决定送达申请人。

第十四条 气象设施灭失后九十日内,气象设施所有权人应当向原审批机关申请名称注销。

第十五条 气象设施命名、更名和注销后,由审批机关自批准之日起十五日内按照下列规定报送备案:

(一)国务院气象主管机构批准命名、更名和注销的气象设施名称报送国务院,备案材料径送国务院地名行政主管部门;

(二)省、自治区、直辖市气象主管机构批准命名、更名和注销的气象设施名称报送同级人民政府地名行政主管部门备案。

第十六条 国务院气象主管机构和省、自治区、直辖市气象主管机构应当配合同级人民政府地名行政主管部门做好公告工作,便于公众监督。

第十七条 申请人在取得命名、更名审批决定后三十日内,应当按照规定式样将气象设施名称标志悬挂于入口醒目位置,以便于公众识别地理方位。

气象设施名称式样由国务院气象主管机构规定。

第十八条 县级以上气象主管机构应当对辖区内具有重要地理方位意义的气象设施的命名、更名和注销活动进行监督检查。

第十九条 公民、法人或者其他组织发现违反本办法规定行为的,可以向气象主管机构举报,气象主管机构接到举报后应当及时核实、处理,对举报人的相关信息予以保密。

第二十条 违反本办法相关规定,擅自对具有重要地理方位意义的气象设施命名、更名的,由审批机关责令限期改正;逾期不改正的,予以取缔,并对违法单位通报批评。

第二十一条 违反本办法相关规定,有下列行为之一的,由县级以上气象主管机构责令限期改正;逾期不改正的,对违法单位通报批评,对违法单位的法定代表人或者主要负责人,直接负责的主管人员和其他直接责任人员,处2000元以上1万元以下罚款:

(一)取得审批决定后三十日内不挂牌的;

(二)挂牌名称与批准名称不一致的。

第二十二条 擅自设置、拆除、移动、涂改、遮挡、损毁具有重要地理方位意义的气象设施名称标志的,按照《地名管理条例》第三十八条的规定进行处罚。

第二十三条 国家工作人员在具有重要地理方位意义的气象设施命名、更名审批工作中有滥用职权、玩忽职守、徇私舞弊行为的，依法给予处分。

第二十四条 本办法自2024年5月1日起施行。

司法解释

最高人民法院　最高人民检察院
关于办理危害税收征管刑事案件适用法律若干问题的解释

（2024年1月8日最高人民法院审判委员会第1911次会议、2024年2月22日最高人民检察院第十四届检察委员会第二十五次会议通过　2024年3月15日最高人民法院、最高人民检察院公告公布　自2024年3月20日起施行　法释〔2024〕4号）

为依法惩治危害税收征管犯罪，根据《中华人民共和国刑法》《中华人民共和国刑事诉讼法》的有关规定，现就办理此类刑事案件适用法律的若干问题解释如下：

第一条　纳税人进行虚假纳税申报，具有下列情形之一的，应当认定为刑法第二百零一条第一款规定的"欺骗、隐瞒手段"：

（一）伪造、变造、转移、隐匿、擅自销毁账簿、记账凭证或者其他涉税资料的；

（二）以签订"阴阳合同"等形式隐匿或者以他人名义分解收入、财产的；

（三）虚列支出、虚抵进项税额或者虚报专项附加扣除的；

（四）提供虚假材料，骗取税收优惠的；

（五）编造虚假计税依据的；

（六）为不缴、少缴税款而采取的其他欺骗、隐瞒手段。

具有下列情形之一的，应当认定为刑法第二百零一条第一款规定的"不申报"：

（一）依法在登记机关办理设立登记的纳税人，发生应税行为而不申报纳税的；

（二）依法不需要在登记机关办理设立登记或者未依法办理设立登记的纳税人，发生应税行为，经税务机关依法通知其申报而不申报纳税的；

（三）其他明知应当依法申报纳税而不申报纳税的。

扣缴义务人采取第一、二款所列手段，不缴或者少缴已扣、已收税款，数额较大的，依照刑法第二百零一条第一款的规定定罪处罚。扣缴义务人承诺为纳税人代付税款，在其向纳税人支付税后所得时，应当认定扣缴义务人“已扣、已收税款”。

第二条 纳税人逃避缴纳税款十万元以上、五十万元以上的，应当分别认定为刑法第二百零一条第一款规定的“数额较大”、“数额巨大”。

扣缴义务人不缴或者少缴已扣、已收税款“数额较大”、“数额巨大”的认定标准，依照前款规定。

第三条 纳税人有刑法第二百零一条第一款规定的逃避缴纳税款行为，在公安机关立案前，经税务机关依法下达追缴通知后，在规定的期限或者批准延缓、分期缴纳的期限内足额补缴应纳税款，缴纳滞纳金，并全部履行税务机关作出的行政处罚决定的，不予追究刑事责任。但是，五年内因逃避缴纳税款受过刑事处罚或者被税务机关给予二次以上行政处罚的除外。

纳税人有逃避缴纳税款行为，税务机关没有依法下达追缴通知的，依法不予追究刑事责任。

第四条 刑法第二百零一条第一款规定的“逃避缴纳税款数额”，是指在确定的纳税期间，不缴或者少缴税务机关负责征收的各税种税款的总额。

刑法第二百零一条第一款规定的“应纳税额”，是指应税行为发生年度内依照税收法律、行政法规规定应当缴纳的税额，不包括海关代征的增值税、关税等及纳税人依法预缴的税额。

刑法第二百零一条第一款规定的“逃避缴纳税款数额占应纳税额的百分比”，是指行为人在一个纳税年度中的各税种逃税总额与该纳税年度应纳税总额的比例；不按纳税年度确定纳税期的，按照最后一次逃税行为发生之日前一年中各税种逃税总额与该年应纳税总额的比例确定。纳税义务存续期间不足一个纳税年度的，按照各税种逃税总额与实际发生纳税义务期间应纳税总额的比例确定。

逃税行为跨越若干个纳税年度，只要其中一个纳税年度的逃税数额及百分比达到刑法第二百零一条第一款规定的标准，即构成逃税罪。各纳税年度的逃税数额应当累计计算，逃税额占应纳税额百分比应当按照各逃税年度百分比的最高值确定。

刑法第二百零一条第三款规定的“未经处理”，包括未经行政处理和刑事处理。

第五条 以暴力、威胁方法拒不缴纳税款，具有下列情形之一的，应当认定为刑法第二百零二条规定的“情节严重”：

（一）聚众抗税的首要分子；

（二）故意伤害致人轻伤的；

（三）其他情节严重的情形。

实施抗税行为致人重伤、死亡，符合刑法第二百三十四条或者第二百三十二条规定的，以故意伤害罪或者故意杀人罪定罪处罚。

第六条 纳税人欠缴应纳税款，为逃避税务机关追缴，具有下列情形之一的，应当认定为刑法第二百零三条规定的“采取转移或者隐匿财产的手段”：

（一）放弃到期债权的；

（二）无偿转让财产的；

（三）以明显不合理的价格进行交易的；

（四）隐匿财产的；

（五）不履行税收义务并脱离税务机关监管的；

（六）以其他手段转移或者隐匿财产的。

第七条 具有下列情形之一的，应当认定为刑法第二百零四条第一款规定的“假报出口或者其他欺骗手段”：

（一）使用虚开、非法购买或者以其他非法手段取得的增值税专用发票或者其他可以用于出口退税的发票申报出口退税的；

（二）将未负税或者免税的出口业务申报为已税的出口业务的；

（三）冒用他人出口业务申报出口退税的；

（四）虽有出口，但虚构应退税出口业务的品名、数量、单价等要素，以虚增出口退税额申报出口退税的；

（五）伪造、签订虚假的销售合同，或者以伪造、变造等非法手段取得出口报关单、运输单据等出口业务相关单据、凭证，虚构出口事实申报出口退税的；

（六）在货物出口后，又转入境内或者将境外同种货物转入境内循环进出口并申报出口退税的；

（七）虚报出口产品的功能、用途等，将不享受退税政策的产品申报为退税产品的；

（八）以其他欺骗手段骗取出口退税款的。

第八条 骗取国家出口退税款数额十万元以上、五十万元以上、五百万元以上的，应当分别认定为刑法第二百零四条第一款规定的“数额较大”、“数额巨大”、“数额特别巨大”。

具有下列情形之一的，应当认定为刑法第二百零四条第一款规定的“其他严重情节”：

（一）两年内实施虚假申报出口退税行为三次以上，且骗取国家税款三十万元以上的；

（二）五年内因骗取国家出口退税受过刑事处罚或者二次以上行政处罚，又实施骗取国家出口退税行为，数额在三十万元以上的；

（三）致使国家税款被骗取三十万元以上并且在提起公诉前无法追回的；

（四）其他情节严重的情形。

具有下列情形之一的，应当认定为刑法第二百零四条第一款规定的“其他特别严重情节”：

（一）两年内实施虚假申报出口退税行为五次以上，或者以骗取出口退税为主要业务，且骗取国家税款三百万元以上的；

（二）五年内因骗取国家出口退税受过刑事处罚或者二次以上行政处罚，又实施骗取国家出口退税行为，数额在三百万元以上的；

（三）致使国家税款被骗取三百万元以上并且在提起公诉前无法追回的；

（四）其他情节特别严重的情形。

第九条　实施骗取国家出口退税行为，没有实际取得出口退税款的，可以比照既遂犯从轻或者减轻处罚。

从事货物运输代理、报关、会计、税务、外贸综合服务等中介组织及其人员违反国家有关进出口经营规定，为他人提供虚假证明文件，致使他人骗取国家出口退税款，情节严重的，依照刑法第二百二十九条的规定追究刑事责任。

第十条　具有下列情形之一的，应当认定为刑法第二百零五条第一款规定的“虚开增值税专用发票或者虚开用于骗取出口退税、抵扣税款的其他发票”：

（一）没有实际业务，开具增值税专用发票、用于骗取出口退税、抵扣税款的其他发票的；

（二）有实际应抵扣业务，但开具超过实际应抵扣业务对应税款的增值税专用发票、用于骗取出口退税、抵扣税款的其他发票的；

（三）对依法不能抵扣税款的业务，通过虚构交易主体开具增值税专用发票、用于骗取出口退税、抵扣税款的其他发票的；

（四）非法篡改增值税专用发票或者用于骗取出口退税、抵扣税款的其他发票相关电子信息的；

（五）违反规定以其他手段虚开的。

为虚增业绩、融资、贷款等不以骗抵税款为目的，没有因抵扣造成税款被骗损失的，不以本罪论处，构成其他犯罪的，依法以其他犯罪追究刑事责任。

第十一条　虚开增值税专用发票、用于骗取出口退税、抵扣税款的其他发票，税款数额在十万元以上的，应当依照刑法第二百零五条的规定定罪处罚；

虚开税款数额在五十万元以上、五百万元以上的，应当分别认定为刑法第二百零五条第一款规定的“数额较大”、“数额巨大”。

具有下列情形之一的，应当认定为刑法第二百零五条第一款规定的“其他严重情节”：

（一）在提起公诉前，无法追回的税款数额达到三十万元以上的；

（二）五年内因虚开发票受过刑事处罚或者二次以上行政处罚，又虚开增值税专用发票或者虚开用于骗取出口退税、抵扣税款的其他发票，虚开税款数额在三十万元以上的；

（三）其他情节严重的情形。

具有下列情形之一的，应当认定为刑法第二百零五条第一款规定的“其他特别严重情节”：

（一）在提起公诉前，无法追回的税款数额达到三百万元以上的；

（二）五年内因虚开发票受过刑事处罚或者二次以上行政处罚，又虚开增值税专用发票或者虚开用于骗取出口退税、抵扣税款的其他发票，虚开税款数额在三百万元以上的；

（三）其他情节特别严重的情形。

以同一购销业务名义，既虚开进项增值税专用发票、用于骗取出口退税、抵扣税款的其他发票，又虚开销项的，以其中较大的数额计算。

以伪造的增值税专用发票进行虚开，达到本条规定标准的，应当以虚开增值税专用发票罪追究刑事责任。

第十二条 具有下列情形之一的，应当认定为刑法第二百零五条之一第一款规定的“虚开刑法第二百零五条规定以外的其他发票”：

（一）没有实际业务而为他人、为自己、让他人为自己、介绍他人开具发票的；

（二）有实际业务，但为他人、为自己、让他人为自己、介绍他人开具与实际业务的货物品名、服务名称、货物数量、金额等不符的发票的；

（三）非法篡改发票相关电子信息的；

（四）违反规定以其他手段虚开的。

第十三条 具有下列情形之一的，应当认定为刑法第二百零五条之一第一款规定的“情节严重”：

（一）虚开发票票面金额五十万元以上的；

（二）虚开发票一百份以上且票面金额三十万元以上的；

（三）五年内因虚开发票受过刑事处罚或者二次以上行政处罚，又虚开发票，票面金额达到第一、二项规定的标准60%以上的。

具有下列情形之一的，应当认定为刑法第二百零五条之一第一款规定的“情节特别严重”：

（一）虚开发票票面金额二百五十万元以上的；

（二）虚开发票五百份以上且票面金额一百五十万元以上的；

（三）五年内因虚开发票受过刑事处罚或者二次以上行政处罚，又虚开发票，票面金额达到第一、二项规定的标准60%以上的。

以伪造的发票进行虚开，达到本条第一款规定的标准的，应当以虚开发票罪追究刑事责任。

第十四条 伪造或者出售伪造的增值税专用发票，具有下列情形之一的，应当依照刑法第二百零六条的规定定罪处罚：

（一）票面税额十万元以上的；

（二）伪造或者出售伪造的增值税专用发票十份以上且票面税额六万元以上的；

（三）违法所得一万元以上的。

伪造或者出售伪造的增值税专用发票票面税额五十万元以上的，或者五十份以上且票面税额三十万元以上的，应当认定为刑法第二百零六条第一款规定的“数量较大”。

五年内因伪造或者出售伪造的增值税专用发票受过刑事处罚或者二次以上行政处罚，又实施伪造或者出售伪造的增值税专用发票行为，票面税额达到本条第二款规定的标准60%以上的，或者违法所得五万元以上的，应当认定为刑法第二百零六条第一款规定的“其他严重情节”。

伪造或者出售伪造的增值税专用发票票面税额五百万元以上的，或者五百份以上且票面税额三百万元以上的，应当认定为刑法第二百零六条第一款规定的“数量巨大”。

五年内因伪造或者出售伪造的增值税专用发票受过刑事处罚或者二次以上行政处罚，又实施伪造或者出售伪造的增值税专用发票行为，票面税额达到本条第四款规定的标准60%以上的，或者违法所得五十万元以上的，应当认定为刑法第二百零六条第一款规定的“其他特别严重情节”。

伪造并出售同一增值税专用发票的，以伪造、出售伪造的增值税专用发票罪论处，数量不重复计算。

变造增值税专用发票的，按照伪造增值税专用发票论处。

第十五条 非法出售增值税专用发票的，依照本解释第十四条的定罪量刑标准定罪处罚。

第十六条 非法购买增值税专用发票或者购买伪造的增值税专用发票票

面税额二十万元以上的，或者二十份以上且票面税额十万元以上的，应当依照刑法第二百零八条第一款的规定定罪处罚。

非法购买真、伪两种增值税专用发票的，数额累计计算，不实行数罪并罚。

购买伪造的增值税专用发票又出售的，以出售伪造的增值税专用发票罪定罪处罚；非法购买增值税专用发票用于骗取抵扣税款或者骗取出口退税款，同时构成非法购买增值税专用发票罪与虚开增值税专用发票罪、骗取出口退税罪的，依照处罚较重的规定定罪处罚。

第十七条 伪造、擅自制造或者出售伪造、擅自制造的用于骗取出口退税、抵扣税款的其他发票，具有下列情形之一的，应当依照刑法第二百零九条第一款的规定定罪处罚：

（一）票面可以退税、抵扣税额十万元以上的；

（二）伪造、擅自制造或者出售伪造、擅自制造的发票十份以上且票面可以退税、抵扣税额六万元以上的；

（三）违法所得一万元以上的。

伪造、擅自制造或者出售伪造、擅自制造的可以用于骗取出口退税、抵扣税款的其他发票票面可以退税、抵扣税额五十万元以上的，或者五十份以上且票面可以退税、抵扣税额三十万元以上的，应当认定为刑法第二百零九条第一款规定的"数量巨大"；伪造、擅自制造或者出售伪造、擅自制造的可以用于骗取出口退税、抵扣税款的其他发票票面可以退税、抵扣税额五百万元以上的，或者五百份以上且票面可以退税、抵扣税额三百万元以上的，应当认定为刑法第二百零九条第一款规定的"数量特别巨大"。

伪造、擅自制造或者出售伪造、擅自制造刑法第二百零九条第二款规定的发票，具有下列情形之一的，应当依照该款的规定定罪处罚：

（一）票面金额五十万元以上的；

（二）伪造、擅自制造或者出售伪造、擅自制造发票一百份以上且票面金额三十万元以上的；

（三）违法所得一万元以上的。

伪造、擅自制造或者出售伪造、擅自制造刑法第二百零九条第二款规定的发票，具有下列情形之一的，应当认定为"情节严重"：

（一）票面金额二百五十万元以上的；

（二）伪造、擅自制造或者出售伪造、擅自制造发票五百份以上且票面金额一百五十万元以上的；

（三）违法所得五万元以上的。

非法出售用于骗取出口退税、抵扣税款的其他发票的，定罪量刑标准依照本条第一、二款的规定执行。

非法出售增值税专用发票、用于骗取出口退税、抵扣税款的其他发票以外的发票的，定罪量刑标准依照本条第三、四款的规定执行。

第十八条 具有下列情形之一的，应当认定为刑法第二百一十条之一第一款规定的“数量较大”：

（一）持有伪造的增值税专用发票或者可以用于骗取出口退税、抵扣税款的其他发票票面税额五十万元以上的；或者五十份以上且票面税额二十五万元以上的；

（二）持有伪造的前项规定以外的其他发票票面金额一百万元以上的，或者一百份以上且票面金额五十万元以上的。

持有的伪造发票数量、票面税额或者票面金额达到前款规定的标准五倍以上的，应当认定为刑法第二百一十条之一第一款规定的“数量巨大”。

第十九条 明知他人实施危害税收征管犯罪而仍为其提供账号、资信证明或者其他帮助的，以相应犯罪的共犯论处。

第二十条 单位实施危害税收征管犯罪的定罪量刑标准，依照本解释规定的标准执行。

第二十一条 实施危害税收征管犯罪，造成国家税款损失，行为人补缴税款、挽回税收损失，有效合规整改的，可以从宽处罚；犯罪情节轻微不需要判处刑罚的，可以不起诉或者免予刑事处罚；情节显著轻微危害不大的，不作为犯罪处理。

对于实施本解释规定的相关行为被不起诉或者免予刑事处罚，需要给予行政处罚、政务处分或者其他处分的，依法移送有关主管机关处理。有关主管机关应当将处理结果及时通知人民检察院、人民法院。

第二十二条 本解释自2024年3月20日起施行。《最高人民法院关于适用〈全国人民代表大会常务委员会关于惩治虚开、伪造和非法出售增值税专用发票犯罪的决定〉的若干问题的解释》（法发〔1996〕30号）、《最高人民法院关于审理骗取出口退税刑事案件具体应用法律若干问题的解释》（法释〔2002〕30号）、《最高人民法院关于审理偷税、抗税刑事案件具体应用法律若干问题的解释》（法释〔2002〕33号）同时废止；最高人民法院、最高人民检察院以前发布的司法解释与本解释不一致的，以本解释为准。

附：

2024年3月份报国务院备案并予以登记的地方性法规、自治条例、单行条例和地方政府规章目录

地方性法规

法规名称	公布日期	备案登记编号
山西省人民代表大会议事规则	2024年1月27日	国司备字〔2024010432〕
厦门市人民代表大会常务委员会关于修改《厦门经济特区城市管理相对集中行使行政处罚权规定》的决定	2024年2月22日	国司备字〔2024010480〕
江西省测绘管理条例	2023年7月26日	国司备字〔2024010428〕
山东省职业教育条例	2024年1月20日	国司备字〔2024010375〕
山东省人民代表大会常务委员会关于修改《山东省水资源条例》等六件地方性法规的决定	2024年1月20日	国司备字〔2024010376〕
山东省人民代表大会常务委员会关于废止《山东省行政复议条例》等二件地方性法规的决定	2024年1月20日	国司备字〔2024010377〕
济南市停车条例	2024年1月20日	国司备字〔2024010378〕
青岛市中小企业发展促进条例	2024年1月20日	国司备字〔2024010379〕
东营市人民代表大会常务委员会关于修改《东营市文明行为促进条例》的决定	2024年1月23日	国司备字〔2024010380〕
潍坊市志愿服务规定	2024年1月23日	国司备字〔2024010381〕

续表

法规名称	公布日期	备案登记编号
潍坊市防汛抗旱规定	2024年1月23日	国司备字［2024010382］
济宁市物业管理条例	2024年1月20日	国司备字［2024010383］
枣庄市停车管理条例	2024年1月29日	国司备字［2024010384］
日照市全域旅游促进条例	2024年1月22日	国司备字［2024010385］
滨州市海洋牧场管理条例	2024年1月29日	国司备字［2024010386］
长沙市燃气管理条例	2024年2月7日	国司备字［2024010431］
衡阳市平安村社区建设条例	2024年2月19日	国司备字［2024010429］
湘潭市电梯安全管理条例	2024年2月4日	国司备字［2024010388］
岳阳市居家养老服务条例	2024年1月31日	国司备字［2024010389］
怀化市鹤中一体化发展促进条例	2024年1月30日	国司备字［2024010390］
湘西土家族苗族自治州平安建设条例	2024年2月22日	国司备字［2024010430］
汕头市人民代表大会常务委员会关于修改《汕头经济特区行政复议条例》的决定	2024年2月22日	国司备字［2024010387］
南宁市会展业促进条例	2024年2月1日	国司备字［2024010416］
南宁市邕江滨水区域条例	2024年2月1日	国司备字［2024010423］
柳州市木结构房屋连片村寨消防条例	2024年2月5日	国司备字［2024010426］

续表

法规名称	公布日期	备案登记编号
河池市文明行为促进规定	2024年2月1日	国司备字［2024010427］
四川省人民代表大会关于修改《四川省人民代表大会及其常务委员会立法条例》的决定	2024年1月26日	国司备字［2024010373］
陕西省各级人民代表大会常务委员会规范性文件备案审查规定	2024年1月12日	国司备字［2024010454］
陕西省实施《中华人民共和国农村土地承包法》办法	2024年1月12日	国司备字［2024010455］
陕西省人民代表大会常务委员会关于废止《陕西省中小学保护条例》《陕西省国有土地使用权出让和转让办法》的决定	2024年1月12日	国司备字［2024010462］
陕西省人民代表大会常务委员会关于修改《陕西省实施〈中华人民共和国农业技术推广法〉办法》等四部地方性法规的决定	2024年1月12日	国司备字［2024010463］
陕西省人民代表大会关于修改《陕西省地方立法条例》的决定	2024年1月29日	国司备字［2024010465］
西安市会展业促进条例	2024年2月21日	国司备字［2024010456］
宝鸡市城市市容和环境卫生管理条例	2024年1月2日	国司备字［2024010457］
铜川市海绵城市建设管理条例	2024年1月2日	国司备字［2024010458］
安康市暴雨灾害预警与响应规定	2024年1月3日	国司备字［2024010459］
安康市汉调二黄艺术保护传承发展条例	2024年1月3日	国司备字［2024010464］
商洛市城市排水管理条例	2024年1月2日	国司备字［2024010460］
商洛市海绵城市建设管理条例	2024年1月2日	国司备字［2024010461］

续表

法规名称	公布日期	备案登记编号
新疆维吾尔自治区人民代表大会关于修改《新疆维吾尔自治区人民代表大会及其常务委员会立法条例》的决定	2024 年 2 月 2 日	国司备字［2024010374］

地方政府规章

规章名称	公布日期	备案登记编号
晋城市城市建筑垃圾管理办法	2024 年 3 月 5 日	国司备字［2024010483］
大连市轨道交通保护区管理办法	2024 年 3 月 4 日	国司备字［2024010486］
吉林市人民政府关于废止和修改部分政府规章的决定	2024 年 3 月 6 日	国司备字［2024010476］
长春市人民政府关于修改和废止部分政府规章的决定	2024 年 2 月 23 日	国司备字［2024010435］
哈尔滨市行政规范性文件备案审查规定	2024 年 2 月 1 日	国司备字［2024010474］
哈尔滨市 2025 年第九届亚洲冬季运动会知识产权保护办法	2024 年 3 月 2 日	国司备字［2024010475］
哈尔滨市人民政府关于废止《哈尔滨市城市内河管理办法》等九部市政府规章的决定	2024 年 3 月 2 日	国司备字［2024010489］
上海市税费征收服务和保障办法	2024 年 2 月 23 日	国司备字［2024010471］
上海市实施《防范和处置非法集资条例》办法	2024 年 2 月 25 日	国司备字［2024010472］
无锡市人民政府关于修改和废止部分政府规章的决定	2024 年 1 月 19 日	国司备字［2024010441］
徐州市人民政府关于修改和废止部分市政府规章的决定	2024 年 2 月 28 日	国司备字［2024010488］

续表

规章名称	公布日期	备案登记编号
常州市气象灾害防御办法	2024 年 2 月 19 日	国司备字〔2024010436〕
盐城市生活垃圾分类管理办法	2024 年 2 月 29 日	国司备字〔2024010490〕
扬州市人民政府关于废止《大运河扬州段世界文化遗产保护办法》等 2 部规章的决定	2024 年 1 月 27 日	国司备字〔2024010403〕
宁波市母婴设施建设与管理办法	2024 年 2 月 5 日	国司备字〔2024010407〕
宁波市公共消火栓管理办法	2024 年 2 月 5 日	国司备字〔2024010408〕
宁波市户外广告设施设置管理办法	2024 年 2 月 8 日	国司备字〔2024010409〕
合肥市人民政府关于修改《合肥市土地储备实施办法》的决定	2024 年 3 月 15 日	国司备字〔2024010492〕
滁州市二次供水管理办法	2023 年 12 月 29 日	国司备字〔2024010402〕
芜湖市建设算力中心城市促进办法	2024 年 2 月 7 日	国司备字〔2024010440〕
福建省食品安全信息追溯管理办法	2024 年 2 月 7 日	国司备字〔2024010470〕
福建省人民政府关于废止部分规章的决定	2024 年 2 月 22 日	国司备字〔2024010491〕
淄博市人民政府关于废止《淄博市城市管理相对集中行政处罚权试行办法》等 4 件政府规章的决定	2024 年 2 月 28 日	国司备字〔2024010482〕
新乡市封山育林管理办法	2024 年 3 月 2 日	国司备字〔2024010469〕
丹江口水利枢纽安全保卫规定	2024 年 2 月 3 日	国司备字〔2024010410〕
武汉市不动产登记若干规定	2024 年 2 月 8 日	国司备字〔2024010418〕

续表

规章名称	公布日期	备案登记编号
鄂州市人民政府关于废止《鄂州市城镇二次供水管理办法》的决定	2024年2月3日	国司备字［2024010411］
恩施土家族苗族自治州城市规划管理技术规定	2024年2月6日	国司备字［2024010443］
广州市公共信用信息管理规定	2024年1月30日	国司备字［2024010398］
广州市地质灾害防治管理规定	2024年2月5日	国司备字［2024010420］
广州市气瓶安全监督管理规定	2024年2月19日	国司备字［2024010438］
深圳市前海深港现代服务业合作区管理局办法	2024年3月10日	国司备字［2024010473］
珠海市人民政府关于废止《珠海市建筑节能办法》和《珠海市人民政府行政复议规定》的决定	2024年2月24日	国司备字［2024010421］
韶关市电动自行车消防安全管理办法	2024年2月7日	国司备字［2024010406］
江门市建筑垃圾管理办法	2024年1月29日	国司备字［2024010404］
清远市城市供水管理办法	2024年2月21日	国司备字［2024010439］
汕尾市气象灾害防御规定	2024年3月3日	国司备字［2024010484］
汕尾市社会消防宣传教育培训规定	2024年3月3日	国司备字［2024010487］
海口市人民政府关于修改《海口市城市建设档案管理办法》的决定	2024年2月28日	国司备字［2024010467］
三亚市非物质文化遗产保护规定	2024年2月20日	国司备字［2024010419］
四川省地震预警管理办法	2024年2月3日	国司备字［2024010412］

续表

规章名称	公布日期	备案登记编号
四川省自然资源督察办法	2024年3月7日	国司备字［2024010468］
宜宾市农村生产污染防治管理办法	2024年2月7日	国司备字［2024010449］
贵州省教育督导规定	2024年1月6日	国司备字［2024010414］
贵州省12345政务服务便民热线管理办法	2024年1月12日	国司备字［2024010415］
贵州省人民政府关于废止部分省政府规章的决定	2024年2月26日	国司备字［2024010444］
拉萨市出租汽车管理办法	2023年12月1日	国司备字［2024010391］
陕西省人民政府关于修改《陕西省行政区域界线管理办法》等七件省政府规章的决定	2024年1月28日	国司备字［2024010399］
陕西省小型客船运输管理办法	2024年2月4日	国司备字［2024010400］
陕西省人民政府关于废止《陕西省县级人民政府转送行政复议申请办法》的决定	2024年2月7日	国司备字［2024010401］
陕西省人民政府关于修改《陕西省实施〈幼儿园管理条例〉办法》的决定	2024年2月7日	国司备字［2024010437］
甘肃省行政处罚听证程序规定	2024年3月4日	国司备字［2024010442］
甘肃省医院安全秩序管理规定	2024年3月7日	国司备字［2024010450］
兰州市人民政府关于废止部分政府规章的决定	2024年3月13日	国司备字［2024010485］
西宁市人民政府关于修改和废止部分市政府规章的决定	2024年1月25日	国司备字［2024010466］
乌鲁木齐市人民政府关于修改和废止部分政府规章的决定	2024年2月9日	国司备字［2024010434］

续表

规章名称	公布日期	备案登记编号
博尔塔拉蒙古自治州扬尘污染防治管理办法	2024 年 1 月 30 日	国司备字 ［2024010433］

图书在版编目(CIP)数据

中华人民共和国新法规汇编. 2024年. 第4辑 ： 总第326辑 / 司法部编. -- 北京 ： 中国法制出版社, 2024. 8. -- ISBN 978-7-5216-4659-7

Ⅰ. D920.9

中国国家版本馆CIP数据核字第2024CB5974号

中华人民共和国新法规汇编

ZHONGHUA RENMIN GONGHEGUO XIN FAGUI HUIBIAN

(2024年第4辑)

编者/司法部

经销/新华书店

印刷/三河市紫恒印装有限公司

开本/850毫米×1168毫米　32开　　印张/7.75　字数/180千

版次/2024年8月第1版　　2024年8月第1次印刷

中国法制出版社出版

书号 ISBN 978-7-5216-4659-7　　定价:18.00元

北京市西城区西便门西里甲16号西便门办公区

邮政编码:100053　　传真:010-63141600

网址:http://www.zgfzs.com　　**编辑部电话:010-63141663**

市场营销部电话:010-63141612　　**印务部电话:010-63141606**

(如有印装质量问题,请与本社印务部联系。)